U0856496

马伯金融市场操作艺术

教你如何利用图表赚钱

布莱恩·马伯（Brian Marber）◎著　　吴　楠◎译

Marber on Markets:
How to Make Money from Charts

北方联合出版传媒（集团）股份有限公司
万卷出版公司
VOLUMES PUBLISHING COMPANY

著作权合同登记号： 06-2009 年第 352 号

图书在版编目（CIP）数据

马伯金融市场操作艺术：教你如何利用图表赚钱 / （英）马伯著；吴楠译. -- 沈阳：万卷出版公司，2010.3

（引领时代）

ISBN 978-7-5470-0717-4

Ⅰ. ①马… Ⅱ. ①马…②吴… Ⅲ. ①金融投资—基本知识 Ⅳ. ① F830.59

中国版本图书馆 CIP 数据核字（2010）第 029936 号

出 版 者	北方联合出版传媒（集团）股份有限公司 万卷出版公司（沈阳市和平区十一纬路 29 号 邮政编码 110003）
联系电话	024-23284090 **邮购电话** 024-23284627
电子信箱	vpc_tougao@163.com
印 刷	北京赛文印刷有限公司
经 销	各地新华书店发行
成书尺寸	165mm × 245mm **印张** 19
版 次	2010 年 5 月第 1 版 2010 年 5 月第 1 次印刷
责任编辑	王旖旎 **字数** 200 千字
书 号	ISBN 978-7-5470-0717-4
定 价	52.00 元

本书献给：

帕特里克（Patrick）、安德鲁（Andrew）、黛布拉（Debra）

艾尔比（Albie）、弗雷德（Fred）、西德尼（Sidney）

舒希（Shushi）

特别鸣谢

我衷心地感谢下面将提到的人，因为没有他们，我就不会成为一名技术分析师：

比尔·西特龙（Bill Citron），一个勇敢的投机者，他总能想出能让我们赚钱的新主意，当我问他“这次我们该怎么办”时，他说“看图表”，并把我介绍给大卫·布莱克威尔（David Blackwell）和乔·霍尔（Joe Hoare）。他们指点我如何来做时，真的令我茅塞顿开。

夏尔·阿兹纳武尔（Charles Aznavour）常在一首歌中唱道：“我谁都不用感谢，因为没有人帮助我。”这句歌词在我这里不完全适用。我真的要感谢威廉·科伦（William Curran），他把《股票趋势技术分析》（《Technical Analysis of Stock Trends》）这本书给了我，感谢作者罗伯特·爱德华（Robert Edwards）和约翰·马吉（John Magee）写了那本非常令人惊奇的书。感谢威廉·吉勒（William Jiler），西摩尔·弗里德兰德（Seymour Friedlander），亚历克·埃林杰（Alec Ellinger），史蒂夫·尼森（Steve Nison），在《欧洲货币杂志》任职的帕特里克·萨金特（Patrick Sargeant）和理查德·恩索尔（Richard Ensor）。感谢原来在阿马克斯公司任职的艾德·米勒（Ed Miller），他勇敢地给了我机会，从此改变了我的职业生涯。斯蒂芬·古德曼（Stephen Goodman）原任职于胜家公司（Singer Company），当时他做过一次调查研究，发现在一年内，我对外汇的预测达到世界最好的水平。感谢任职于投资者海外服务公司（IOS）的亨利·希利·哈钦森

（Henry Hely Hutchinson）和巴德·施莱弗（Bud Schleifer），感谢伊夫林·德·洛希尔（Evelyn de Rothschild）和雅各布·洛希尔（Jacob Rothschild）把我带入内森·梅尔·洛希尔公司（NMR）。大卫·塞克·沃克（David Secker Walker）把我从内森·梅尔·洛希尔公司（NMR）解雇却没对洛希尔家族的人说他在做什么、为什么这样做。在BBC录节目时，艾瑞克·马施威茨（Eric Maschwitz）认为我是对的，而汤姆·斯隆（Tom Sloane）却不这么想。安德里亚·弗里亚特（Andrea Fryatt）录入了寄给财富500强的所有信件，大卫·科恩（David Cohen）在我要求涨工资时没有答应我的要求（这也就激起了我创立自己事业的决心，真是谢天谢地），还有约翰·欧文（John Owen），了不起的幸存者。

感谢乔治·古德曼（George Goodman）鼓励了我，帕特里克·马伯（Patrick Marber）建议我每天写作不要超过600个词。杰弗里·凡赛尔（Geoffrey Wansell）告诉我格雷厄姆·格林（Graham Greene）所写的。如果那样做对他很好的话，对我也会起同样作用。我还要感谢他对我写文章应得到什么酬劳坦诚相告。感谢我的编辑史蒂芬·埃克特（Stephen Eckett）把我的口述整理编辑成文字，乔纳森·戴维斯（Jonathan Davis）把我引荐给史蒂芬并得到他的重视。我还要感谢我的客户，是他们使我得以谋生。

最后，尤其要感谢许许多多水平一般的盲目投资者，虽然这并没有使我的客户增多，但在技术分析方面确实对我有帮助。

Contents

目　录

Contents

目　录

前言

在一个看上去人人都崇尚金融市场而又常常偏执于自己的看法的世界里，很少有人关注市场实际上在说些什么。财经报纸和广播里充斥着各种相互矛盾的观点，而这些观点来自于市场中很多自封的专家、分析师和那些为了出名而来的投资者。但我们有几次能听到市场用它自己的语言表达自己的想法？我们几乎从没听到过，这缘自两个原因。

首先，市场有它自己独特的语言。这需要一个熟练而又经验丰富的翻译去把这种深奥的语言（用图表记录市场过去的交易变化）翻译成外行人和普通投资者可以看懂并可能以之获利的语言。这就是技术分析的真正内涵。我们从未听到市场对任何事物的真实看法的第二个原因是，大多数声称自己能解译和分析金融市场的分析师更喜欢以自己的观点看市场，而不顾市场自己要表述的意见。

在市场工作的人要能够摆脱互相矛盾的人类情感因素和事件，又要严格遵守所有根据统计发现的细微差别和微小变化，这样有助于揭示市场的真实秉性，做到这一点需要既谦逊又自信，这非常难得。布莱恩·马伯就是拥有这样品质的人，他也许是财经世界唯一符合以上要求的结合体。他观察市场时，总是秉承谦逊的态度尊重市场，把市场的变化看做不可改变的客观事实。他最引以自豪的就是从不将自己的智慧掺入对市场纯粹的经验观察："我是一部相机，我不参与思考，我只观察。"

然而，马伯也非常自信，有人形容他自大，他研发设计了精准的交易规则，并绝对严格地应用规则来提出条理清晰的交易信号和投资建议。这些交易规则让投资者们非常清楚应该在什么时候买、什么时候卖、止损或止盈。马伯对自己的交易规则和方法非常地自信，与其他大多数分析师不同的是，他很乐于对交易规则中具体数值的精密程度加以约束。

他所提供的方法是进出市场时应参照的级别限度的算法，他还指出不严格参照规则将会“功亏一篑”。

正是马伯看上去有些矛盾的自信而又谦逊的特点解释了为什么在50多年的职业生涯中他的技术分析赢得了成功。但是这个成功中还应归功于第三个特点，而这个特点能让他成为受读者欢迎的市场自身独特语言的翻译和市场潜在想法的向导。这就是幽默感和犀利的语言，这一点让读者在看他的书时感到充满了乐趣。

对于所有准备理解和学习布莱恩·马伯的投资方法的人来说，这本书不仅会给你赚钱的机会，它还会带给你无穷的快乐。

阿纳托尔·凯尔斯盖（Anatole Kaltesky）

2007年9月

译者序

在近几年A股的几次大涨大跌中，几乎很少看到或听见哪位天才预测到了顶或底。倒是有很多人在赌顶、赌底，为了众所周知的目的，有人甚至以跳楼下了注。专家、券商、研究所的分析报告也常常存在重大分歧，每次大盘在徘徊不前时总会有人纵身跃出，大放厥词。该听谁的呢，回答下面几个问题之后我们或许会理出头绪。

基本面分析与技术分析，你更喜欢哪一个？

你迷信经济学家吗？

你是否借助艾略特的波浪理论、江恩的周期理论或菲波纳奇数列增加了你的收益或成功判断了顶和底？

在我立身财经领域的多年工作中，曾翻阅大量国外作者的投资书籍，其中不乏各个门派的经典著作以及很多投资大师的经验总结，但每当我合上书页，回想他们的投资方法以及非凡的个人经历时，常觉得他们的经验难以在现实中充分应用。当我发现布莱恩·马伯的这本关于技术分析的书籍时，很多疑惑烟消云散，这也是我将它译给读者的主要目的。诚然，马伯的经验艺术立足的是成熟发达的欧美金融市场，但对于中国读者仍有一定借鉴作用。中国读者可以在其基础上总结出适合中国金融市场的操作艺术，并加以检验完善。

作为普通的投资者，我们不可能像彼得·林奇、巴菲特或索罗斯一样，动辄斥资几十亿甚至几百亿资金进行买卖，我们没有庞大而又专业的行业分析队伍，普通投资者几乎得不到这样的机会，我们必须面对因起点不同而导致的结果差异；我们也不愿像《股票作手回忆录》的主人公杰西·利弗莫尔一样大起大落：时而挥金如土，时而四处筹措资金，而在马伯看来，把过大的风险压给自己将会得不偿失；当我们沿艾略特的波浪理论开始数浪时，我们总觉得已经形成的浪形似乎总是有道理的，但当我们在推论下一波浪形时，常常摸不着头脑。

基本面分析与技术分析之争

在本书中马伯谈到过基本面分析师的预测常常不如技术分析师的成果，其理由除了基本面情况常存在变动以外，还包括：当基本面表现出色时，技术面常常并不理想；而从技术分析上看有利可图时，往往是基本面最差的时候。而且，不是谁基本面最好谁就可能带来最大的投资收益，而是谁以后会比现在强得更多，才可能获取最大的投资收益。书中马伯曾经用技术分析的方法准确预测了一场降雨，无论是真正预测还是巧合，反映的技术分析与基本面的关系是千真万确的。

一把尺子走天下

马伯的技术分析从头至尾都有精确的规定，正是对细节的过分注重，使他在众多的图表分析师中脱颖而出。

工欲善其事，必先利其器

马伯的武器并非自创，但他改装后的技术分析手段完全可以贴上“马伯牌”的标签，并且威力十分强大。正因他有自己严格的独门方法，才使他在50多年的投资生涯中披荆斩棘，并在20多年前就曾连续6年被评为伦敦最佳技术分析师，这一纪录至今无人打破。很多大家自以为了如指掌的图形和指标在应用时并不能给人们以足够的帮助，而马伯在将技术分析测量要求经过自己无数次的试验和摸索后，总结出了马伯式的规范，从而最大限度地减少了亏损，扩大了利润空间。

如何出神入化地使用蜡烛图分析是马伯的又一绝技。窗口、缺口、十字线这都是我们在观察图形时常提到的术语，经多年的实验和总结后，马伯将蜡烛图分析技术精心改进并加入到马伯武器库当中。在综合运用部分，我们可以看到马伯把多种武器组合在一起，其中包括蜡烛图技术、ROC、RSI、随机指标、布林带、估波指标、比率图。在所有这些技术的应用中马伯全部使用他自己的参数以及计量方法，能够在尽可能早的时间内发现顶和底的变化，这也是最令人惊叹的部分。

百科全书

马伯的投资生涯始于20世纪60年代，他丰富的投资经历使他可以告诉我们很多以后只能在博物馆里才能发现的故事。从简单的报价列表到用铅笔来绘走势图，从使用计算器到高级计算机的应用，从最古老的债券到保证金交易，马伯的技术分析经历了科技的进步、交易品种的增加以及经济周期的交替，其中还掺杂着资本市场尔虞我诈、财团的内幕交易等等。

本书的多功能性

我们很少看到一位化工行业分析师能够对黄金的走势做出恰当判断，让一位黄金行业分析师去了解新能源、新材料的股票也是强人所难。显而易见，是尺有所短，寸有所长。马伯的技术分析范围涵盖股票、汇率、指数、期货、黄金以及债券等品种，他不是这些行业的专家，但他对这些品种走势的判断绝不亚于任何一位专业的行业分析师，因为这些交易产品都有一个共同点就是价格。相信本书对有多种投资需求的读者会大有帮助。

致谢

感谢北京中驰时代会计师事务所有限公司的张艳菊女士及其领导曾给予我的巨大帮助。

如果说此书中文译本的出版对中国资本市场有微薄之功的话，无疑，张艳菊有一份贡献。

吴　楠

2009年12月

游戏规则

· 市场会上涨下跌，但不一定是按规律的。
· 当有人承诺给你不现实的收益时，你将什么都得不到。
· 即使你什么建议也没学到，你仍得买单。[①]
· 公认的智慧：当你学到公认的智慧时，为时已晚。
· 我的话就是我的承诺。[②]

所有的经济活动在本质上都是由集群心理学驱动的。如果没有对大众认可（经常表现出集群疯狂现象）具备应有的认识的话，那么我们的经济学理论将远不足以解决问题。这是一股完全难以掌控的力量（可能它既不能做分析，也不能提供指导），但是有了必要的了解之后就可以对过去的事情做正确的判断了。

你是否在晴朗静谧的树林中看到过像一团云一样飞着的牛虻，它们成千上万地悬浮着，在光柱中看着就像静止不动一样。你是否注意到它们飞的整个过程——每只小虫都保持着与其他小虫的距离——要是它们突然移动位置，比如向左或向右移动三英尺远时，它们是怎么办到的？究竟是什么使得它们这样做？是一股微风吗？我已经说了那天很安静。但尽力回想一下，它们是不是之后又保持着原来的阵形又飞回来了呢？那么，这是什么原因呢？

注释

①不要听这些建议（你已经花钱买了这本书了）。
②记住我说的话。

伟大的人类的大规模运动在形成伊始阶段都比较缓慢，但之后效果愈加明显……密西西比经济泡沫和南海经济泡沫，郁金香泡沫和佛罗里达房地产泡沫以及1929年疯狂的美国经济和由此导致的1930年和1931年的大衰退，所有这些都是无法用科学解释的冲动与控制下的集群现象。它们对任何静止的或正常趋势下的状态有着无法预知的影响力。出于这样的原因，从事世界经济状况研究的学者经常会把这部分内容作为他们研究的一部分。

这几段文字摘自伯纳德·巴鲁（Bernard Baruch）为查尔斯·麦基（Charles Mackay）写的1932年版《非同寻常的大众幻想与全民疯狂》（《Extraordinary Popular Delusions and the Madness of Crowds》，其中文版已由万卷出版）的前言内容。

职业投资对于没有赌博天性的人来说非常枯燥而又要求极其严格，若喜好这行想具备投资能力，必须要付出相当的努力。

——J. M. 凯恩斯（J. M. Keynes）

游戏，游戏！为什么凯恩斯说它是游戏？他本可以用业务、行业、职业或其他的词。什么是游戏？是“体育项目、剧作品、嬉戏、娱乐”？是方案还是追求某种目标或目的的艺术？是为娱乐、消遣、赢得奖金，根据某种固定规则而举办的比赛？这么说是不是像是拥有了美国工业的一只股票？或是参与了美国长期的经济发展？不，但听上去像是股票市场。

——《金钱游戏》（《The Money Game》），作者乔治·古德曼（George Goodman），笔名亚当·斯密（Adam Smith）

市场有市场的基本原则，但情感是难以探知的空间。所有的图表和广量指标以及繁琐的技术分析都是统计员为了描述一种情感状况所做的努力和尝试。

——爱德华·约翰逊三世（Edward Johnson III）

我们关心的不是一笔投资是否值得，而是在大众心理影响下，市场会怎样衡量它。可以这样形容，好像是玩“叫停（game of snap）”、“递物（old maid）”、“占位（musical chairs）”等游戏，是一种消遣，谁能不先不后地说出“停”字，谁能在游戏终了以前把东西递给邻座，谁能在音乐终了时占到一个座位，谁就是胜利者。

——J. M. 凯恩斯（J. M. Keynes）

每个人作为个体都是明智而又通情达理的，但当他成为群体的一员时，他立刻就会变成木头脑袋。

——弗里德里希·席勒（Friedrich Schiller）

任何古怪的看法一旦被普遍认为是正确的，人们马上就能欣然接受这个思想了。

——阿瑟·叔本华（Arthur Schopenhauer）

多数人的看法常常是错的。

——阿农（Anon）

序言

我是应出版商的要求才决定写这本书的。

如果他们让我写技术分析的规则和原理的话，我是不会有兴趣写的；那没有乐趣，没有钱赚，而且以前都有这些内容了。但我的编辑史蒂芬·埃克特希望我写出像乔治·古德曼的《金钱游戏》（以亚当·斯密为笔名写的）那样出色的作品，而这个愿望是我开始读这本书时就有了的。

应该是什么样的书呢？用一种读者可以了解的语言来描写我所做的事情，告诉他们我为什么这样做，我如何做到的，其中包括市场的陷阱和马伯的失败经历。尽管你在赚钱时可以学到一些技巧，但当你赔钱时你会学得更多，你会找到停止赔钱的办法。

这本书讲述了我的操作方法，当持有的仓位出现错误，你该采取什么措施。在这本书里，我对不常用的技术和指标只做了简短描述。如果我不使用某种技巧，很可能因为它不管用，因为我从未听说过它（我怀疑），甚至可能因为对它在理智上或情感上存有偏见。

我的客户最有权说我是不是做得很好。但我可以说我有很多的经验：这些经验是我干这一行51年得来的，而且我的工作还在继续着。

我读过很少几本技术分析的书，但那些书中从没提及什么时候或为什么一个技术指标会走错。这本书做到了。以前我认为图表总应该是正确的。但它并不是那样的，连本书的作者也不是总是正确的。

太多的人在一开始本打算只做短线投资，而做错赔钱之后就一直持有变成长线投资了：当时我根本就不知道什么是止损。如果图表或看得懂图表的人总是正确的，那么就不需要止损了，也不用看什么书了。

技术分析是关于如何利用技术来赚钱或止损。止损这种方法并不是在亏损时使用，而是当以技术的角度判断你的仓位已经不利于盈利时才使用的。

曾经有一个洛希尔家族的人说过，顶和底只不过是说给愚人准备的。我说：“也是给撒谎者的。”技术分析就像打猎、射击或钓鱼：“我们在猎捕一个趋势，而不是为了射中市场的顶部，更不是为了钓到市场的底部。”但我有点没学会走路就学跑步了。你只有在了解价格之后才能去学习这些本领。有一次我在位于日内瓦的国际管理学院——欧洲最早的商业学校当客座讲师。我总是从价格开始讲，然后讲价格变化所导致的趋势、支撑、阻力、形态、指标和比率。学生吸收了这些知识之后，我再讲如何卖出。

这本书与那次讲解的框架是一样的。在介绍了指标之后，还增加了一章蜡烛图分析方法。（我是直到20世纪90年代才听说蜡烛图这种技术。）

在过去的51年中我所遇到的陷阱、失败教训和经验是怎样的呢？你在本书的中间部分“顺便提一下”和最后的“我曾记得”这两章能找到答案。

在“我曾记得”这章之前我会介绍最真实本质的方法：毫无保留地介绍实时技术分析法，其中包括对富时指数、黄金、石油、美元的分析。

介绍

在开始于1955年的51年的职业生涯里，我曾在14家公司工作过或与他们合作过，其中包括8家股票经纪公司、2家出版公司（加上这本书就是3家出版公司，一共15个公司）、2家广播公司、1家投资管理公司和1家外汇顾问公司。

其中一家广播公司是彭博社（Bloomberg），这是一家投资新闻网络的公司。因为我是技术分析专家，也很善于讲解，所以他们雇我做市场评论，我唯一的也是最后的一个任务就是直播讲解当天的日全食对市场可能产生的影响。

这显然是对市场没有影响的，当天市场像平常一样一会儿涨一会儿跌，也没什么规律。于是当我被问及对日食的看法时，我叹气说："天太暗了，我什么也没看见。"

我不是个媒体小丑：我让彭博社的人把他们安装在我家的免费电视屏（这太不方便使用了）拆掉。我辞去了在彭博社的工作，也因此少了一份收入。

CNBC和我的经验不足

大约5年前，我回应CNBC的一则招聘广告，他们招聘电视主播和评论员做黄金、石油、外汇和股票的技术讲解工作。当时，我已经在这行工作39年（到今天43年）了。

我曾做过多年的瑞士国际经营管理发展研究院（IMI）的客座讲师，为包括通用汽车公司（该公司后来成为我的客户）的投资总监和比尔·夏普（Bill Sharpe，诺贝尔奖得主和斯坦福大学经济学教授）

等在内的高级领导上过技术分析的课程。

我还给新加坡财政部讲过我的理论。在几年前路透社准备推出他们的技术服务时我也给他们开过讲座。我还连续14年给《欧洲货币》杂志撰稿做外汇市场的技术评论。

我还担任了BBC电视节目的制片工作，我仍为自己以为自己就是CNBC所要找的人感到行为鲁莽。我错了，他们在找一个有更多经验的人。

财经广播的问题是，这家公司对他们的嘉宾说得对或错不感兴趣，也不关心他们的表达能力怎么样，他们仅仅希望把两段广告之间的空白时间填满就行。（有没有人觉得像报纸？）

有5家雇佣我的公司仅仅是因为他们的公司的缩写名字而闻名：英国广播公司（BBC），投资者海外服务公司（IOS），洛希尔公司（NMR），SKB和BM&Co。我一向都与带字母缩写的公司合作不理想。

我不会被BM&Co解雇，是因为BM就是我自己名字的缩写，但是在BBC或洛希尔公司的名字里没有BM的缩写，我就没这么幸运了。我之所以被两家公司解雇是因为同一个原因："权势集团里没有多余的位置。"洛希尔公司和BBC就是权势集团。至于SKB（一个我曾经参与的由男人和男孩组成的七人股票经纪公司），我从那里退出了，因为那里没有我应有的位置。

投资者海外服务公司（IOS）

这又是一个以起首字母为缩写的公司。投资者海外服务公司不仅不是任何的权势集团，他还是一个与我有过关系的最臭名昭著的一个公司。起初，创始人伯尼·科恩费尔德（Bernie Cornfeld）向战后（对我这一代人来说是"二战"）美国在德国和法国的武装部队的成员出售投资计划。

一段获益匪浅的时间后，伯尼·科恩费尔德说他愿意分一杯羹，分投资管理费的一杯羹。眼前的问题是他没有自己的投资管理人。没人来做具体的事情，于是他出去雇了一些"枪手"。

一个"枪手"或者称"一把枪"，一个具有伯尼风格的人，就是一个投资管理人（在那个时候他们不叫基金经理），这些人通常为一些知名而备受尊敬的机构服务。他们用枪射出的不是子弹，而是IOS要管理的资金，他们与一些老的公司仍保持雇佣关系。

伯尼分到了一杯羹是因为他卖的不是其他公司的基金而是IOS的。这些枪手根据他们在市场中的表现得到了他们的那杯羹。

那后来呢？我听见你问了。按照每个人的投资表现来付出报酬是最平常的事。这在当今时代是平常的事，但在60年代却不是这样。在那些死气沉沉的日子里，人们常说："要是施罗德（Schroders）或者弗莱明斯（Flemings）、汉布劳斯（Hambros）或是洛希尔（Rothschild）都不能为我们在市场中赚钱，那就更没人做得到了。"

可是伯尼改变了所有这些：他或他在IOS的同事发明了竞争式的基金管理方法。但这也不都是他们发明的。他们还引入了投资基金的基金，为此他们受到众多的谴责。谴责？有很多的人希望把伯尼关入监狱，因为他管理一只基金却厚颜无耻地收取两份基金管理费。

伯尼最终被关入了监狱，在瑞士——不是因为他的投资基金的基金，而是因为他提供了坏的投资建议。如果他们把伦敦所有提供不好的投资建议的人都关入监狱，那么这个城市里面几乎没有人能留下了。

起初我来IOS是因为我来参加亨利·布尔三世（Henry Buhl Ⅲ）的一个研讨会，是布尔一世还是二世我总分不清，大家都知道，是他把费希博汽车公司（Fisher Car Bodies）卖给了通用汽车公司；这个家族就是最大的私人股权拥有者。

亨利·布尔三世在研讨会上告诉我说他父亲小布尔希望把家里的资产交给一个曾与他同读过大学预科，与他系过同一种领带，参加过同一个社团，去过同一个网球俱乐部，甚至约会过同一个女孩的人。

亨利·布尔三世不怎么认可这个投资策略，这就是为什么会有业绩排名的出现。他质疑说：为什么不把钱平均分给几个管理者，定时考核他们的投资收益，把表现差的人撤掉，把剩下的钱转给表现最好的管理者，同时再招募新的管理者？

这真是我的主显节（注：主显节是一个天主教及基督教的重要节庆日，以纪念及庆祝耶稣在降生为人后首次显露给外邦人〔指东方三贤士〕；主显节在每年的1月6日，但因不同的宗教而有不同的庆日庆祝），我的一生中从未如此激动过。想一下吧，他要找的人不必上过伊顿公学，不必在嘉诚公司（Cazenove）、罗威皮特曼（Rowe Pitman）、德造埃特贝文公司（de Zoete & Bevan）或西巴格公司（Sebag）工作过，不用猎取、不用钓、不用射击，不用做游戏或说没用的话，也不需要讨论！

你所有要做的就是成为一个专业人员，“展览”你的业绩。我一直认为“展览”这个词是和汽车或娱乐行业相关的词。www.anker@investbiz.co.uk；我现在来了，去了当时我认为我想去的地方。在那个时代还没有因特网呢。

技术分析在1966年时就有了，从那时到现在我一直在努力成为一个图表分析专家。我曾写信给日内瓦（国际联盟〔HQ of the League of Nations〕、红十字会〔Red Cross〕、国际劳工组织〔ILO〕和IOS的总部都在那里）说，如果给我一个机会，我愿意为他们工作发挥我的最佳状态。

于是我与IOS在伦敦的经纪人赫伯特（G. S. Herbert）做了一次会谈。他当然不是真正的赫伯特，他是一个绅士，名叫亨利·希利·哈钦森，是合伙人之一。他不想给我一只基金来运作。（IOS不把他们管理的资金交给经纪人——他们真是太精明了。）

但是那天我还是受到了鼓舞，因为他们给我一只虚拟的基金来经营（我就扮成虚拟的枪手，没有真钱做子弹）。他们让我这样做了，尽管当时我还是一个技术分析新手，但我很快就进入了IOS的英国最佳国内基金行列。（不知其他的投资经理是不是也在运作虚拟资金或只是一般的分析师这样做而已？）自然，我去见了亨利（“三H”，这是他的外号）和亚瑟·理柏三世（Arthur Lipper Ⅲ），后者也被称为阿图尔·理柏三世（Artur Lipper the third），我想要点真实的资金来操作。他们拒绝了。

于是我给日内瓦写了更多的信，我在信中说，他们公布的业绩排名鼓舞了我。他们应该言而有信，尽管我没上过伊顿公学，没上过牛津的莫德林学院（Magdalen）或者剑桥的麦格达伦学院（Magdalene），不过，我的技术非常好，他们需要我比我需要他们更甚。

我最后收到了答复，让我去他们的伦敦办公室，那是坐落于梅菲尔区的一个豪华的大宅院。

在今天，你常被大型对冲基金公司在梅菲尔区办公室的门阶所绊倒，但在那时却不同，在那个时代那个地区，投资管理机构不会把铜牌匾挂在私人大宅院门口。

如果房子是苏格兰式的，门牌大都会挂在更宏伟一些的房子的门上。房子会是由设计师约翰·亚当（John Adam）设计的，坐落在爱丁堡夏洛特广场。如果是英格兰式的，铜牌匾就会挂在“那一平方英里”的一所大宅门上。它们会一样的宏伟，里面出入的都是附近金融行业的人。

在午饭时间，门牌不是黄色的，而是银色的。他们的午餐也非常丰盛，甚至可以说是奢侈，这是我料想到或听说过的，当然了，在那个时候，我从未被邀请去参加过任何这样的活动。我直到加入了洛希尔公司之后才有机会坐上这么特别的餐桌。尽管那时我还不知道，甚至连做梦也没想过会有这种机会，可我已经不用等很久了。

穿着我最好的西服外套，搭配了一条合适的领带，我来到IOS在梅菲尔区的大办公室，会见了巴德·施莱弗，IOS在伦敦的工作人员。看到这里根本没有接待员或秘书，也没人倒茶给我，我判断巴德可能是他们在伦敦唯一的人。

“你一直在给日内瓦写一些言辞粗鲁的信。他们不喜欢你写的信。”他直截了当地告诉我。

“那是应该的。”我回答说。

“你对兰克（Rank）公司怎么看？”巴德问我（兰克是施乐英车公司的持有人，当时是一家业绩强劲增长的公司）。

当时我对兰克公司的基本情况一点也不知道，或者可以说我对任何一家公司的基本资料都不了解，我也没看它的走势图，我对兰克公司什么都说不出来。但是，从什么时候起对一个科目一点也不懂就会让一个正值盛年的经纪人失去自己的前程呢？我当时33岁，风华正茂。

我从来没有过无话可说的时候，这次确实接不上话，我开始瞎聊其他的话题。毕竟我没做过喜剧演员（也没为很多利益做过，但这又是另一个故事了）。巴德很快打断了我的话，对我喊道：“你自己买、卖或持有股票吗？”

天哪！我在伦敦11年了，那就是我学投资的最真实的一课。

很快我就从那次会面走出，我配上了崭新的枪并把它别在套子里，腰里缠着IOS的钱作为子弹，成为IOS的枪手。我以前常沿着那条街走，这条路始终在我的脚下。可是那一天，突然，我就觉得它有七层楼高了。

越来越高，我的投资业绩表现也越来越好。两年后，我用IOS给我的六发式左轮手枪给一个戴着州长徽章的洛希尔公司的客户操作投资，成了伦敦收入最高（我没说水平最高）的投资经理。

洛希尔公司

在洛希尔公司，包括伊夫林·德·洛希尔和他的堂兄雅各布（现在他们分别成了爵士和勋爵）这两个一起雇了我的人都不太清楚图表分析师是什么、会做什么。但他们了解我的业绩，而且他们让一个高尔夫球友伦纳德·沃尔夫森（Leonard Wolfson）（现在是玛丽勒本〔marylebone〕勋爵，不是桑宁戴尔〔Sunningdale〕）来检验我的能力。他说他没与我做过生意，但根据我打球的表现来看，很明显我是对的。

这家银行所在的大厦非常豪华，但是洗手间的门上没有标记。为了不难堪地去问别人，所以前两周，我一直用银行地铁站的公共厕所。

午餐非常丰盛。你甚至能在苹果的反光中照到自己脸的影子。所有的会议都没完没了。一个讨论下一次会议议程的会议可能比那个会议还长。

我管理了几个信托公司、房产公司和一些慈善机构的资金。在其中一个信托公司的董事会议中，由于这个公司在那一季度的投资经营业绩表现非常好，他们要求我介绍一下整个投资的要点。我说每一次我买入是因为我认为价格被低估，每次我卖出是因为我认为价格被高估了，在我每次交易的当天我都做了记录，连每次的交易价格我都有记录，我认为这是应该的。

我最后说：“时间会验证每一次买卖的对错的，哪位还有问题？”如果没有问题，要那些没用的交易笔记有什么用？

如果主管经理或受托方不喜欢投资经理的表现，他们就该把投资经理解雇，而不是去插手投资经理的工作。这些董事会已经无法比基金经理做得更好了，他们每次自己来投资时总是出现错误，所以他们已经不会干扰基金经理的投资了。

我当然知道希格斯理论。我还知道任何人哪怕只拥有任何公司的一股股权，他也是一个小股东。但是，如果股东发现他对公司的投资是一个错误的决定时，他如何来通知公司的管理者应该怎样正确经营这个公司呢？股东会把他持有的股票卖掉，不会指责管理错误。

有一次，洛希尔公司的投资部任命了一个新人来改进管理方法。除了新股发行，他从未做过投资这一行。他起草了一个目录，里面是我们可以买的股票所在的行业的划分，里面还具体提到了可以持有的百分比的限制，而且精度达到了小数点后两位数。比方说我们在化学行业的持仓要求是4.35%，但当持有量升到4.92%问他该怎么办时，他回答说必须把多出的部分卖出，直到与他的目录要求的一致。

这就是我如何成为全世界收入最高的银行员工的过程。

这些允许购买的行业是由一些具有一两年工作经验的分析师来选择的。他们让投资部的领导留下深刻的印象，因为他们的分析是经过多次讨论并确认有效的。最根本的影响是：我们这些高级经理被一些初级分析师指手画脚。投资讨论会成为一个笑话。他们的想法太僵硬教条，他们以为经过我们的操作之后会把他们的思路贯彻到市场中去，市场会按他们的智慧的设想来发展。

在一次会上，我建议我们应该提高现金流，因为当时的市场表现很不稳定。争论几乎持续了一个早上，最后决定我们应该把现金流提高10%。我已经不能再等了。在我刚要出门开始挂单卖出时，主席又补充了一句话说：“我给每人3个月时间来增加现金持有量。”天哪，市场三周就已经下跌了10%了。

新业务会议是最特别了。由于主席非常重视潜在新客户在登记表上的位置排列问题，长时间多次的讨论都浪费在这个或那个客户应放置在“很好”、“非常可能”、“很可能”、“可能”、“不太可能”或“太不可能”等栏目来划分。有那么必要吗？其实唯一的好的潜在客户就是已经签了约的客户。

“餐具摆放”在招待客人吃午饭时也是非常有讲究的，比如如何正确地吃苹果——所有的有用的餐具，只可以把餐具的柄放在盘子上——真是要求太严了。谁如果把奶酪切下一个三角下来，那就得求上帝保佑他吧。不过，我学会了如何正确使用两把叉子吃鱼。

我当时喜欢为这个家族工作，但我的很多同事不那么喜欢他们，我进公司不久后在一次银行并购的机会中他们升了经理职位。这些人讨厌并蔑视洛希尔家族的“财产”。他们不知道如果洛希尔家族有足够多的成员就不会雇佣他们这些人了。

我到洛希尔公司工作，梦想有一天我能成为这个公司的合作伙伴。伊夫林根本不知道我被解雇了，在我找他说再见时他说：“希望你在这里工作的日子能成为你的一段好的经历。”我回答说：“我不是为了一段经历而来的，我是为我的事业而来的。”

写报告

我确实有了一段经历，但不是一段好的经历。洛希尔公司是我工作过的一个好地方，但并不是一个令人感到愉快的地方。

为什么我现在还在工作？我喜欢写技术报告。我喜欢尽可能猜对市场的走向，我喜欢给人带来快乐。

我从1973年开始一直在定期写文章，在我刚离开洛希尔公司时，总是不停地收到股票经纪公司寄来的无聊报告。很多没看就被我扔到纸篓了。我觉得报告应是吸引眼球并印在有颜色的纸上面（以前分析文章都是印在白纸上的），最上面还可以印上一则笑话。

报告可分三个系列：“伦敦金融城的重要事实”、“伦敦金融城的大谎言”以及“毛·波（Mao Ber）主席的思想”——任何能够让读者愿意去读的名字。

第一个重要事实是“新的球类游戏是世界上最早的球类游戏”，第一个大谎言是“我的一些好朋友是经纪人”，第一个毛·波思想是“经常用钱来检验事实结果的人也常会用自己的脚去检验。”

我从1973年开始写文章，这么做真是生活所迫，非常有必要。我是伯明翰股票交易所伦敦办公室的合伙人之一，当时省级的券商刚开始得到在伦敦开立办公室的批准。我的工作大部分是与庆祝礼仪活动有关。

为了庆祝，在1972年，我买了一套带游泳池的房子，泳池也略大一点，但贷款数额更大。起初的几个月里，我一直过着舒适的超前消费的生活，而且很不以为然。之后我又去度假，在我离开伦敦的日子，世界发生了变化。

1972—1974年的熊市

利率从5%上升到了9%，工党政府宣布抵押贷款超过2.5万英镑的部分将不享受减税待遇。对于已经贷了款的，可以在6年内将贷款额降到这个仍然比较高的限度内。现在2.5万英镑是个小数，但在当时是很大一笔钱。

当时的股市下跌得很厉害，房地产也大幅下跌。我的5万英镑的抵押贷款利率从9%涨到12%，我还要付25年的贷款。在6个月内我花了9.5万英镑买的房子的资产价值就损失了一半（8年后才终于回到了我当时买的价格）。从那时起，一个从未有过的词“负资产”就产生了。

券商的收入比股票市场下跌的速度还要快，很多人破产了。我的搞庆祝活动的职位就此消失，我也没有了收入。于是我打电话给机构客户向他们推销我的服务。我突然发现如果我定期撰写技术分析报告的话我就能认识越来越多的客户。于是我开始写文章，但我没有把图表画进去，因为那时没有办法用电脑画。

当时也还没有E-mail，所以我还担当了投递员的角色，自己动手投递比当时的英国邮政总局（GPO）还快（至今也是这样）。

1972—1974年是一个典型的熊市，一个技术分析师如果没能正确判断的话将是非常愚蠢的。相比之下，那些基本面分析师却无法理解，但在那时他们很少有人能理解，这就导致他们不可避免地会错误地判断市场，他们在持续不停地以估值的角度来解释，而不是把股票换成现金。

随着股价下跌，跌到基本面分析师也一味地在低估股票的价值。

在一个长期熊市中——1972—1974年就是这样的例子——大盘指数下跌了74%，好股票和坏股票全都下跌，一些小的公司受冲击后就此被市场淘汰。

1972—1974年的熊市成就了我的声望。有件事一点也不足为奇，当我在1975年1月8日说市场下跌已经结束时，我以前在洛希尔公司的同事说："布莱恩·马伯一直在说疯话。"之后指数在3个月内翻了三番。

1979年，当我发现外汇市场分析师中业绩记录表现不错的唯有技术分析师时，我就离开股市去当了一名外汇顾问，股市一直是我不太喜欢的市场。但我一直在写关于股市的文章。在牛市中没人听我的——牛市里每个人都知道他自己在做什么——在熊市中他们虽然能听懂我的话了，但他们却还像往常一样。

我这么聪明、有经验、上年纪了，为什么还在这一行里做事?

因为，我最开始写关于市场的文章是为了谋生，到了现在这已经成了我的喜好了。与在冷天的室外打高尔夫球相比，我更喜欢在温暖的屋中看有数据行情的电脑屏幕。只要我在技术分析上的不足小于我在高尔夫球技的不足，我就将一直坚持写下去。也许我能成就我的野心：成为一个A.D.O.M.——愤怒（Angry）而肮脏的（Dirty）老（Old）男人（Man）。

2007年9月

| 开场白 |

节选自西西拉娜（Sisylana）的书籍

第一课

最先有了价格。人们先看到不同价格，为这些价格而惊叹，以价格为起点，一切新的发现将由此展开。由于市场被黑暗笼罩，还不知道他们看到的是什么。于是路透（Reuter）说，让那里出现光明吧：于是那里出现了光明。之后又有了夜晚和早晨，于是第一天过去了。

于是东方出现了一群人，他们来看价格。他们从遥远的四面八方长途跋涉而来，在寒冬季节，四处都是雪，积雪又厚又脆又平，直到夜晚一直是这样。

晚上，牧羊人尼克（Nick）边用锤子打着钉子，一边看着他的羊群。一个老糊涂说道："喜乐的善民，愿上帝赐你们平安。"尽管冰霜很寒冷，但是照亮了晚上的屏幕也照亮了明天，正因如此，不管是不是因为这个原因，通过报纸和新闻等方法，券商们在呼喊（哟、喂就是券商所喊的内容）和建议。市场中有很多不懂的人在内行面前班门弄斧，雷切尔（Rachel）和瑞贝卡（Rebecca）也是这样的人。市场已经彻底混乱了。

那群人里有的人认为价格很合适，于是这几个高兴的人下单买入，然后价格开始上涨，其他人看到价格涨了，就认为那一定是好东西，他们也下单买入，当价格上涨的速度没有像他们想象的那么快时，有的人就洗手不干了，他们向前走，他们看见一个穷人从马路另一侧走过。

许多失去了筹码的人又饿又疯狂，其中很多人认为有人拿走了他们最后的晚餐的一部分。

但也出现了一些人，他们重新准备好，并向其他人讲奇特的或假的故事，他们还从根特（Ghent）甚至艾克斯（Aix）那里买消息，在迦特进行公布，真想不到，三天之后价格就涨起来了，就像死而复活一样，但仍然是混浊笼罩着大地。经过夜晚和早上之后第二天过去了。

于是出现了利润和预言者，又出现了学者和专家、CNBC和BBC以及彭博社。

有一些人太年轻，他们根据预测不知如何面对抉择，市场中还有很多鱼目混珠的人。市场中还有一些失去了小孩的寡妇和一些失去其他东西的处女，他们不知道自己看到什么了，也不知道明天是否会被人尊重。夜晚和凌晨过后第三天结束了。

于是另一些人横穿海洋赶来，这里面很多人都是流氓、流浪者，他们在出售债券，还有一些人是聪明人，有的不是聪明人，也有一些是银行家，也有一些愚蠢的人被银行家们耍了。有的人很聪明但不一定是银行家，有一些聪明的学生是从艾利斯来的，也有来自经济学家群体的人，他们像古代一个能预测过去发生的事的人一样聪明，还有专挑毛病的人。一切都还是混乱。夜晚和凌晨过后，第四天结束了。

但有人认为价钱不够理想，适当时候，在他卖出以后的某个时候，他们告诉别人说他们已经卖出了。可是有人说：“胡说。”他们在下跌过程中开始买入，于是有人大喊：“又赔到了一大半了。”有非常多的人赔了一大半，经纪人破产，富人变穷人；不论银行家还是面包店师傅，他们没钱买面包和鱼，他们得自己和面做吃的。他们甚至将连兑水的酒也喝不到。

可以看到很多人叹气、咬牙切齿的表情。在有许多女人的俄摩拉城，有很多女人变成了盐柱，在所多玛城，有些人失去了财富，有的人失去了理智，有的人对别人做了错事却受不了别人以同样的方式对待自己，人们无法原谅别人，即便是无意的行为，也不给予原谅。无意的行为，得不到原谅是最常见的，因为市场从不会原谅被它囚禁的犯人，不是犯人的那些人同样得不到原谅。黑夜接着早晨过后，第五天过去了。

又有一个抄写员出现了，他会写会画，他是个聪明人。他的眼睛不瞎，视力非常好。即便这样，他还是看不懂资产负债表。他看不明白为什么那个统计表总是进项与出项相平衡。但他能看到成交价格，天哪，他真能看懂价格的含意吗?

他在旅途中，待在一个朝南的没有窗户的塔里，这个塔的墙很厚，他听不到也看不见人们对巴别塔叹息和咬牙切齿的嘈杂场面。他对那些人群的不恰当言行一点也没理会，他在看那些成交的价格时，他知道那些价格在表现什么，而他也该做些相应的工作。

在这五天中，他每次看到价格后就在羊皮纸上画上标记，大家快看吧，他画了一个有高有低的图。夜晚和清晨过后，第六天就这样过去了。

在第七天，有些人得以休息，其他人没有这样。这个抄写员就是没有休息的人当中的一个。行为向恶的人是得不到休息的，对这个画图表的抄写员来说，他也没有休息。这个抄写员看着图表，尽管又长又难以看懂。他用简短而又直接的话来描写了图表的变化，然后他跑出去把好消息告诉给全世界。

很多人听见他在呼喊，但很少有人真正去听他在说什么。但是这个抄写员并不在乎别人怎么看，因为他发现了市场的和谐有序的特点，而在以前一直被认为是嘈杂而又混乱的。很多人讥笑他，他们不了解这门学问的结构，也没尝到过任何的好处：他们眼睛可以看到抄写员画的标记的图，但他们不知道如何找到图形的结构和窍门；他们一点也不在意这种理论。

他们无论如何也看不懂为什么仅通过对过去的图形的分析可以机械地推断未来的发展和变化情况，进而实现挽救他们的命运。但这个抄写员知道这是可行的办法，由于过去的图形是基于这样的理论的，说它是理论是因为它还未被证实。他的这种非常好但又过时的经验观察法真地奏效了。

是的，他是否意识到，按照以前的说法，应该靠愿望赢得胜利，而不是靠希望，但他的方法却是相反的，他是靠经验取得胜利，而不是靠愿望，他还认为，及早放弃打算要比真正地到达目标强得多。于是他高兴地继续前行。夜晚和清晨过后，第七天就这样过去了。

第一课完

术语

有人听说过一本书在开始部分就有术语表的吗？那是否又有人听说过这样一本表述清楚的技术分析的书呢？至少，我希望这本书能做到。这就是我为什么要以术语为开始，并把你不需要的东西掩饰掉，以确保在我开始讲解正文前让你知道我从哪里来，接下来要做些什么。

还有一个目的是让你觉得像在读普鲁斯特（Proust）的文章或看汤姆·斯托帕德（Tom Stoppard）的戏剧一样：你在结尾的时候绝不会发现自己什么都没看懂，你会发现你绝不用看两遍。

其中一些条目比较长，但独立构成一章还差很远。也有一些虽短，但值得一提。还有些内容会在书的其他部分以这样或那样的形式出现。

0～9

1月份

1月规则表述了道琼斯工业平均指数在1月份的第一周的走势将决定它全年的方向。如果第一周上涨，年末道琼斯工业平均指数就会收在比上一年更高的位置。

第二个但有关的规定是如果1月31日的收盘点数高于上一年12月的收盘点数，那么12月末的收盘点数将高于前一个月。

在1944年以后的时间里，如果第一周上涨全年都会上涨的概率为2/7：如果你不是一个好赌的人，概率是大于2/7。如果这个月上涨了，那么可能性就小多了，2/11。

如果第一周和整个月都上涨，全年上涨的概率将会更小，降到1/6。这不是我从专家那里得到的分析，是我自己从复杂的数据中总结出的数据。

在2007年1月，道琼斯工业平均指数上涨，暗示这年的年底收盘将会高于2006年12月31日的收盘点位。

尽管有许许多多有利于操作的概率存在，但在这里面没有一定的事情。幸好我们可以引用温斯顿·丘吉尔的话：当为某种确定性而赌博时，赔钱的可能性更大。

80%

在华尔街（也许伦敦也是这样，我没检验过），如果80%的股票在一天内都下跌了，那么低点已经产生了，至少是最近的低点。

A

艾略特

拉尔夫·艾略特是艾略特波浪理论的海神，而艾略特波浪理论远没有墨西哥人浪（体育馆看台上观众翻起的人浪）有趣，没有挥手的动作。但艾略特波浪有它的信徒存在，这些信徒如人潮般的多，如同海啸一样，始终习惯于把那些被浪困住的人扔到深水里。艾略特波浪理论，我建议你不要使用。

这个理论不但是以菲波纳奇数列为基础，同时也是以自然法则为基础，这个理论对于实际应用过于精确了，尽管它像经济学一样用它来预测过去非常地好。

经典的艾略特波浪理论的想法：

很多年前，一个艾略特技术倡导者说黄金（当时是320美元／盎司）如果不涨到500美元以上就会进入一个熊市。当他以权威的身份做出了预言之后，这个神父式角色的人从权威的位置上退了下来。但他没有撤回他的预言，而他的预言伤害了相信他的人。

他的预言的基本原理来自于艾略特波浪理论的教义。波浪理论，十大戒律关于黄金的其他预言不但是不可能的，也是不可信的。很明显，潜台词是要说黄金没涨，任何东西只要不涨那就会下跌，黄金也许要下跌。

听完了预言者的预言（从预言者那听不到别的），他们的跟随者知道了如何从中获利。他们当然不必买黄金，但他们可以卖空黄金，很多忠实的人都这样做了，于是他们更穷了。

艾略特波浪理论者，像托尼·布莱尔（Tony Blair）是一个率直的人，而这些古怪的人与狂热的人一样，只有一个办法，那就是《道路》（基督教杂志），一旦波浪涌上海滩，它必须服从海滩，所有的都得服从，当然是服从于另一种数浪的方法。另一种数浪方法（这可不是指隔周一换的数浪方法）是叫做“不是这样就是那样”的一种综合征。但这次没有可替换的数浪方法。

这次是1985年12月，黄金从1985年2月的低点287美元上涨了大约13%。已经不再是熊市阶段了，至少根据我的定义它不是。相反，它已经处于一个已经确认的牛市阶段（可参照牛市的定义）。

尽管波浪理论有权威性的表述，这个理论的跟随者说出了“除非涨到500美元，不然将进入熊市”的话，黄金是涨到了500美元。这是事实，它用了它自己的时间，但牛市用了它们的时间，沿着恐惧的高

图0-1 黄金（1985—1988）

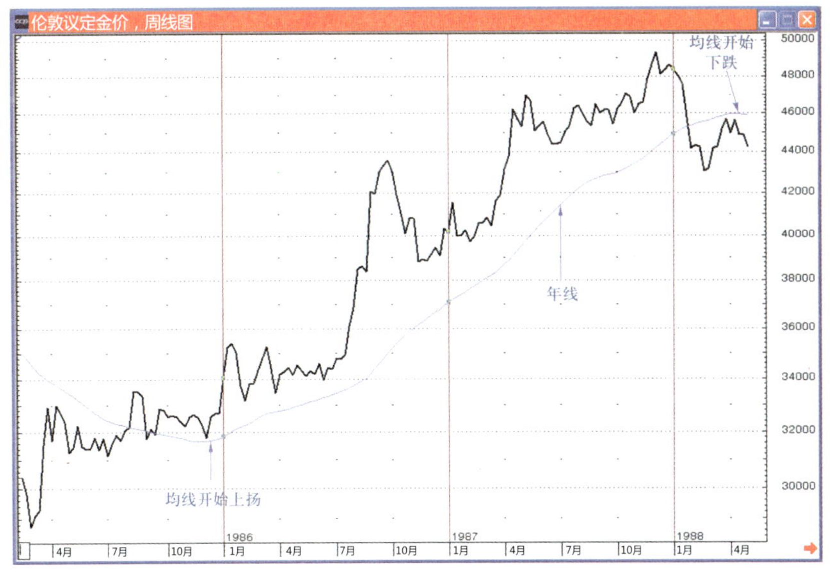

图片来源：CQG公司版权所有©2006
www.cqg.com

墙一直爬到顶部。到了那时人们才停止忧虑并开始推测（请参看外推法的解释）。

当时黄金用了多少时间涨到了顶部?

从1985年12月开始算起几乎用了整整2年时间。从那年2月牛市的第一天算起将近3年。

当然，这是个牛市，只是在你的描述者所关注的。所有其他的技术分析者，而他们中很多根本不是技术分析师，也被算进来了。而那些艾略特理论倡导者（他们算不上技术分析师，至少在我这本书里不是），他们做空黄金，或在场外观看着这头愚蠢的牛在上涨，并且说：毕竟这只是熊市的一次反弹。

看在老天的分上，艾略特理论的倡导者们做点有趣的事吧。找一个彻底没有12345浪和abc浪的图表，找个图表分析师的图表，而不是一个解释艾略特理论的代数课本。

图0-1显示了黄金最高涨到500美元下方的位置，这个图不是典型的，没有体现全部。原因是这是幅伦敦下午议定金价结算图，我对黄金的要求标准是：下午议定金价是从1969年我开始看黄金的走势图时就知道的你能了解到的最接近收盘价的数据来源。

但在1987年12月14日上午金价停在了502.75美元的位置，如果按波浪理论的说法，可以进入牛市了。现在进入了结局阶段：伦敦上午议定金价为502.75美元，而图中显示下午议定金价为493.50美元。有一些已经转向了吗？你什么也没听到。不但在那一天来看已经转向了，它还转向了一个熊市。所以赶上这波上升的人发了财，可按艾略特波浪理论分析的人却乱作一团。

按照艾略特波浪理论来判断，这是一个波浪理论拥护者最终得出的进入了牛市阶段的一个精确的时点，可技术分析者认为这是终点。1987年12月14日502美元的上午议定金价直到……一直等到……21世纪的2005年11月才再次出现。这不是印刷错误。

每个人都会一次一次出现错误，但请帮我一下。*技术人员的工作不是给市场命名而是预测市场方向。*1985年黄金的走势开始向上，又涨了两年，可艾略特的跟随者们在最好的小牛阶段否定了进场的机会，一直到1987年才得到肯定。他们进入市场，刚好赶上市场崩溃开始。如果我犯了那样的错误，我的跟随者不会如此宽容，我也不会让他们对我宽容的。

当然，在1987—2006年间出现过牛市，但只有两次，第一次是1993—1996年（高点在414美元），第二次在1999—2006年。大多数参与者都相信会继续涨，涨到月球那么高，即便到不了月球至少也能到900美元。但我从2006年6月开始我还没遇到牛市。那个牛市按日期来算，已经是他们卖出之后很久了。

尽管真理中描述，所有的熊市都是以某一天价格从最高点下落一点点而引发的。但在当时你一定不知道。如果不突破我设定的规则，没有一次熊市能确认成立，我在6月份做了一次预测，但可能要这次自大的言论受到惩罚（2007年3月）。

艾略特的波浪理论只有在你挥手向它说再见的时候才是好的。

C

长期

引用凯恩斯的话，从长期来看，我们终有一死。这并不是指长期应被忽略，而是指先有短期表现后有长期表现。如果短期的表现非常充分，那么长期的表现将不会像期望的那样展开。

超买

这个表述并不一定与成交量有什么关系，但它却与买压和卖压的不均有很大关系。

超买意味着市场已经涨得太多、太快。“太快”指的是什么？这要看你用的指标来决定。在商品和外汇市场，债券和股票市场，几乎所有市场，时间的长度从分钟（甚至包括秒，但我建议你不用过分关注）到年都有存在。

“太多”？如果你正在用的指标管用，那么当以前你用的指标与价格变化的反应程度相一致，价格涨得太多时，这就是超买。

超卖

价格或市场处于超卖时价格下落得太多、太快。

成交量

在我关注的内容中，成交量不太重要，我关心或不关心的内容就是这本书的全部。

错误

假突破经常发生在价格突破一个区间或确认了一个形态之后并给出了操作信号的时候。在你根据技术判断已经做出了开仓或出局的决定之后，价格转向相反的一方。假突破是技术分析师用来描述他自己或图形出现错误的一个词。

D

道氏理论

1984年，一群日本的分析师参加了市场技术员协会的年度研讨会。会上华尔街日报的创始人和首任编辑查尔斯·道（Charles Dow）与爱德华·琼斯（Edward Jones）被誉为技术分析的创始人/发现者。

查尔斯·道“发现”了现在已经被世人广为知道的技术分析，这些将在第2章关于价格的内容中进行描述。

低点

每天，我从金融时报抄下数据，我在表格上记录下创了新低的股票，然后看看我为它们画下的10日均线图表。

这个指标能在看清熊市一周之后发现重要低点。

举个例子，在2001年9月，在由于恐怖分子袭击美国世贸大厦而引发的抛售之后，富时指数在21日见底，指标在第二日收盘时给出信号。

富时指数在2002年7月24日创下新低，在25日指标再次提示见底。

富时指数上一次熊市在2002年9月24日结束。“买入”信号在6天后出现。

这个指标对于评论员来说有一个问题就是，当它发出信号后，那些花了钱的来购买建议的人认为难以接受（请参看卡珊德拉内容）。我用的是“难以接受”来形容吗？准确地说他们认为不可能。

那么新高是怎么发信号来提示熊市的肇端呢？那不是熊市开始的方式。相反，在牛市有一个阶段，指数不断地创出新高，但那些创新高的股票的高点一个比一个低。在上涨过程中的高点也有这样的特点。

底部

很多年前，在20世纪，在我给《金融时报》写的信中用了一个底部这个词，一个助理编辑回信给我说作为报纸不能用这一类单词。

经常有人说恐慌性的底部不会撑得住，换言之，如果市场从恐慌下跌后的低点反弹，那么这个低点迟早要被重新跌破。如果有人对你这样说，你告诉他“胡说八道”，你告诉那个专家说，在1929—1932年的暴跌之后，美国股市急转向上，有人当时还借钱进入股市。

那并不是一次例外，我在市场的最棒的一次也是最糟糕的一次判断就是在1975年1月8日。我在伦敦股市媒体上说：“熊市过去了，但牛市还没开始。”这么说真是愚蠢的行为，因为熊市一结束牛市就已经开始了。我当时争论说在市场下跌了74%以后，需要时间来恢复精神，但在它恢复的时候会反复考验这个底部，我的这段话是在1974年12月13日发表的。

我错了，我正确地指出了熊市的结束，但没有指出紧接着就是牛市开始。股票指数在3个月内翻了三番。我当时的解释是，我的经验比较不足，因为我才入股市18年。

我还由此知道了市场跌得越多，尤其是在长时间下跌后，反弹就会越快，涨幅也越高。

典范

如同在《金融市场新典范》中描述的，在每一个牛市里大多数人在推断趋势。尝试熊市思维，或小心谨慎一点，你会发现你正在与那些“新典范”对抗，如“我们正在经历一个新的典范时期，在这里更高的成交价将会成为一种常态”或类似的垃圾理论，这都是从专家（参看专家条目）嘴里滔滔不绝地讲出来的。

新典范就是世界上最早的球类游戏。

新典范在一个非常成熟的熊市里实际上已经越来越少了，但他们的想法没减少，看看那些标题写着“我们知道这是资本主义的末日”。“只有图表分析师认为是牛市”或“养老基金已经把相当部分的资金从股票转移到了黄金市场”。再看看股价创新低（参见低点）的股票的家数。

电报

人们对英镑/美元的称呼。大多数人都这么称呼。我在这一行里做了好几年才知道的：我在与我的客户美国海丰银行（Marine Midland Bank）会谈时，这些交易商都在谈论电报，我不得不问他们在说什么。当时在场所有人都嘲笑我。

我对他们进行了报复。我对那些嘲笑我的人说也许他们知道这个名字的意义，但他们需要我来告诉他们电报的方向。海丰银行已经不在了，但我还在。海丰银行并不是因为我提供了坏的建议才消失的。几年后他们不再听我的建议了，又过了几年，这个银行就停业了。我想是被收购了。

为什么称作电报呢？在早期，如果想买卖外汇，你得到伦敦交易所背面的一间办公室去发相应的电报给纽约才行。

顶部

在介绍底部的内容中，我提到了下跌越快，上涨越快：在熊市经常会以V形作为结束标志。牛市的表现有所不同，牛市的顶部经常要费一些时间，有时要几个月才能形成一个顶部。

定量（定量分析）

不要弄混：这个词指的就是技术分析，但它是在公共关系学里用的一种说法。这个词听上去很恰当，甚至有些时髦，基本面分析师做技术分析就是定量分析，可他们不愿承认这一点。

多

做多，指在你没有仓位时进行买入操作。

F

反复割肉

当买入（或卖出）信号出现后买入（卖出），没多久又出现了卖出（或买入）信号，你在第一次交易里赔了钱，又开始了第二次，又赔了钱。于是这个过程重新反复发生……

菲波纳奇

莱昂纳多·菲波纳奇是一名13世纪的数学家，他发明了或者说发现了一个数字序列，序列中每个数字等于前两个数字的和。第一个数是0，第二个是1，第三个是1（0+1），之后的是2（1+1），3（1+2），5（2+3），8，13，21，34，55，89和144，之后按此无尽延续下去。

这对你有什么帮助吗？我不知道。不，那不是真的。我知道它想帮助你什么，但它永远帮不了我。相反，在某个特殊的时候我感觉到可能我应该用这个数列，尝试用89日或144日均线，我一直躺着直到这种感觉过去，我觉得我有点像得了艾略特综合征。

艾略特波浪理论的追随者们喜欢菲波纳奇数列，他们必须喜欢，因为这是他们的理论的基础。对他们来说菲波纳奇数列提供了宇宙的秘密。它对我不起作用，如果它对你起作用，那你也来当我的客人吧。

G

公认的智慧

公认，这是事实，智慧，这么说不对。当你认识这个道理时，太晚了，用不上了。公认智慧只不过是一群专家们做出的学院式的分析。

股票

让那些非技术分析人员永远惊讶的是，股票会经常脱离它所代表的公司的财富价值。

规则

这不仅仅是关于操作规则的书，技术分析最不需要另外一本关于规则的书。我也最不愿意为技术分析写一本关于操作规则的书。这本书介绍了我所采用的规则，也提到了为什么我采用了一部分，抛弃了其他的，还包括我自己编写的一些规则，以及我是如何和为什么这么做的。

H

号召

当一个证券评论员说买入、卖出或持有时，他在向大家发出一种号召。

黄金

在以前的日子里黄金不在美国或英国的商品市场里交易。（在布雷顿森林体系崩溃之前，在英国看来是为了美国而崩溃的。）有一个很简单的原因：美国和英国的公民都不许拥有黄金。但当布雷顿森林体系还有效力的时候，美国政府不得不以35美元/盎司的出价将黄金买来。

大家都知道唯一使黄金上涨到那么高（我说的是上涨，我的意思也是上涨）的因素就是“兑换黄金的窗口”（美国的政府应诺付35美元/盎司给任何愿意卖黄金的可怜人，而当时的经济学家们称黄金是过时的非商品）。

你已经知道了我对公认的智慧是怎么看的了吧，至少如果你读了本书的前几页，而把那部分跳过去读就太早了。但如果你跳读了或记不清了，记住我不太看重那些公认的智慧，因为当你知道时，太晚了。

认识到在1969年唯一能让黄金保持35美元/盎司的是布雷顿森林体系时已太晚了。案例已经证明这是100%的错误。美元兑换黄金的窗口刚一关闭，黄金就开始飙升。你可以孤注一掷，把你的一盎司的黄金在美国开启美元兑换黄金窗口的时候以35美元的价钱卖给美国政府。

没关系的，布朗先生在1999年的底部的时候卖出了一半的黄金，但他在美国的买入也犯了错，他没能以1970年的35美元/盎司的价钱买这些黄金。为什么呢？因为当布雷顿森林体系崩溃时，黄金根本没有下跌。它上涨了，涨得越来越高……到1974年底时已经200美元了。公认的智慧再次受到了打击。

最近，这个把戏还在重复。曾经接受了公认智慧的商人认为他们得远离他们在底部的愚蠢，他们在顶部也犯了同样的错。在1974年，公认的智慧认为当美国行政机构禁止市民持有黄金（将在1975年1月结束）生效时，这将是一个黄金价格将进一步大涨的信号。

黄色金属已经是1970年五倍多的价了，纽约商品期货交易所刚一开始交易黄金，黄色金属继续飞涨（“涨到月球”永远是成熟的牛市的口号）。

这当然不对，纽约商品期货交易所交易的是期货，比如纸张，不是黄金。1975年1月的前几天，持续了4年的牛市同时结束了。到1976年8月黄金几乎拦腰下跌了。在1974年底开始的下跌的过程中黄金跌到195.5美元／盎司，黄金专家和分析师们对未来充满信心，仍旧认为48%的下跌是一个延续上涨的牛市的一个很健康的调整。

但在1976年8月16日，当黄金已经跌了20个月时，一段路透社的录音消息宣布了他们承认了判断错误。

“高级黄金分析师现在认为黄金在年内将继续在110美元至90美元之间进行交易。”

黄金在1976年8月16日是112.90美元，到30日时已经跌到102美元。这将成为熊市的低点。在11月中旬已经升到了139.2美元（1980年1月21日伦敦上午议定金价），正在上涨到900美元的途中。

除了1976—1980年牛市的前几周以外，黄金从预计的110—90美元开始攀升，黄金最低曾经跌到102美元，1976年8月正是1999年牛市的底部，1999年的最低价是253美元，我对各路高级黄金分析师的深思熟虑的意见就做这么多的介绍。如果你把“黄金”这个限定词去掉，上一句话也是正确的。

J

技术分析

它指的是一套规则：你可以支持或反对它们，但不要在中途改变主意。每个甚至只做了一点基本的工作的人都会认为自己或多或少可以算作是个图形分析师，但这样想是不对的。

技术分析是一种信仰。

一定要经常练习，每天练习就能越来越精确。对图表分析师来说没有休息日，只有市场先生可以在周末休息。

真正相信技术分析的人认为如果他坚持按指令来操作（由他自己来选择用哪一些指标，我的名字叫马伯，不是叫摩西，图表是写在能反复写字的材料上的，而不是石板上的），他将得到回报。当他得不到回报时，他感到失望：他的信念受到了挑战，他将彻底停止相信。很多人没有坚持到底。我不用再多做分析了，我相信现在你已经明白了。

为了成为一个技术分析者，如果你坚持听众规则来操作，那么你将会得到操作的指令。在这里有一条规则就是，你不要思考，你负责解释。在这门学问里思考是导致你最大损失的因素。

江恩（W. D. Gann）

有一些人寻找江恩的理论和文章，他们大部分是艾略特波浪理论（参看该项）的追随者。我不会相信。江恩的内容就介绍到这里。

交易员

他们只负责在交易时间里下单买卖。

称某人是“交易员”是最侮辱人的一种称呼。我已经问过了你曾遇到过多少有钱的交易员？Dealer与Trader都是一回事。我指的有钱是说（a）一个人自己为自己工作不是为一家有钱的机构工作；（b）能赚得利润，自己留下大部分，而不是经常破产。

交易员的遗憾

有一种情形经常但不是每次都会发生，当股价从某一区域突破，或在某一形态得到确认后，股价产生短期回调（逆转），这就被称作交易员的遗憾。如果这种情况发生，价格往往会回到突破点或形态确认点的区域内。

在20世纪七八十年代时胜家公司分析技术分析师的预言时发现，让技术人员承认失误没有任何意义，他们在接到建议后不立刻下单，而是等三天再建立仓位或卖出持有的仓位。

交易员的遗憾与假突破不能混为一类。

经纪人

老的经纪人永远不会饿死，只是会有更少的客户寻求他们的服务。

经济学家

经济学家能告诉你过去发生的每一件事，但关于未来他们什么都说不对。如果把英国所有的经济学家头接着脚排成一队从亨伯（Humber）排到沃什湾（Wash），很多人都得排在水下，这样他们能减轻些污染。但是竟然有人认为他们能做经济预测。经济预测？这是个矛盾修辞法。

决定性的胜利

你爱吃蜗牛吗？当然不。你吃过一只吗？不。但这有什么关系吗？医生怎么看病和预测病好的时间呢？我想是凭他们过去的经验。那不就是分析师做的事吗？是的。那大夫和技术分析师的做法有什么不同吗？没有不同。你认为药是没用的东西吗？只有你恨技术分析。为什么技术分析不是永远做得都对？为什么信奉正统派基督教的人不能永远正确呢？

谨此作答。

K

卡珊德拉

阿波罗赋予她预言的能力，但她拒绝了阿波罗向她的求爱。阿波罗诅咒她得不到任何人的信任。有时我发现技术分析与她有几分相像。

康德拉捷夫

尼古拉·康德拉捷夫（Nikolai Kondratieff）发现了经济活动是以54年为一周期的。显然他没有得到前苏联政府的欣赏，而且有传言说他被流放到了西伯利亚。上一周期低点到来的时间是1980年，但有一个刺孔没有出现。如果你是一个康德拉捷夫周期论者，如果你的事业是在一个周期刚结束不久后开始的，你将能幸运地在下一轮经济周期到来时退休。可是，你不如熊彼特（Schumpeter）运气好，他是另一个坚定的周期理论者，他的周期短一些，只有25年，其中还包括一些迷你周期，长度为5年。

康德拉捷夫、熊彼特和坦德姆（Tandem）在山坡和峡谷里举行比赛。前两名选手都摔倒在了一个圆槽里了。尽管坦德姆的轮子每转一周

的周期短，但它取得了胜利。

空

如果以做空来赚钱，卖空或做空就是指把股票、债券、货币等你还没拥有的东西卖出，同时你期望着以更低的价钱把它们买回来。

L

利润

利润这个词在《牛津英语大词典》里指承担风险的一种回报。

N

牛市

牛市指在两个熊市时期的中间时段。它会从上一个熊市的低点开始，一直到下一次熊市到来前夜的那个高点结束。对大多数的牛市来说，上涨的平均时间是一年，但不会是前几个月的时间。在牛市见顶后，通常会在下一段熊市的前几个月仍有上涨。

我的一位最近的合伙人，比尔·西特龙曾教给我很多股市的知识，他常说要想学会所有这些知识要经历三轮牛市和三轮熊市。他说你在第一轮牛市中赚很多的钱，在之后的熊市中你会全赔回去，甚至输得更多。在第二轮牛市中，你会赚得少一些，你得到的补偿是你会在下轮熊市中少赔一些钱。在第三次轮回时，你在牛市中赚钱，但在熊市的下跌中很少赔钱或不赔钱。这样你就做好准备了。

现在的年代，谁能坚持三次轮回呢？

P

平仓

如果你已经买入或者已卖出来做空某交易品种，当你打算卖出你看多的仓位或买回你看空的仓位时，这个操作就是平仓。这是不是与股票里的平仓一样？是的，但在外汇市场里，就是用这个词。

Q

潜力

这个术语在这本书中只会作为阻力和支撑的伴奏乐来出现，因为像图表一样，阻力和支撑的程度没被刻在石头上，所以你从不会知道哪一个会出现。于是我在好多年前发明了一个指标来对付这个问题。据我所知没有其他人能做到与我相近的地步。尽管世界已在持续发展，看上去我好像没发现有什么新东西出现。

群体

在技术知识里面群体总是错的。

R

日经指数和东证指数

查尔斯·道规定道琼斯工业平均指数和铁路指数要互为确认。我要求这两个日本的指数也要如此。

S

善卫得（zantac）

资本市场里的伴奏，善卫得（胃溃疡病人用的药）。

上升趋势

你将会读到很多关于上升趋势的内容，但不是在这里。

在一波主升浪中，
你还被蒙在鼓里。
如果那波趋势迟迟不上涨，
你将爬上“焦虑之墙”，
但一定要给它一个上涨机会。

时间

当你赚钱时，你同时也是幸运的。当你赔钱时，这是因为你的过错而导致的。

时间周期

我在资本市场里采用的周期也就是我在生活中所用的周期，我这样做是因为它很有效，对我来说，我举个例子，我用21个交易日（一个交易月），我还使用63个交易日（一段三个月长的交易时间），这两个周期没什么神奇的地方。

把14日和25日做一下任何方式的替换就能得出一个与21相近的结果，55—65日的时间可以替换63日。但在变动速率指标（ROC）里，最有用的时间周期是63日，如果采用任何更长的时间周期都不会有任何帮助：ROC可以指示价格变动的方向。

在ROC里，设21日作为参数是浪费时间的。几年前我向一个自负的对冲基金经理解释ROC，我解释为什么21日不如63日有效。他听不进去。因此他用21日为参数。

21日是浪费时间的理由很简单。在低点出现的10日后，如果价格已经上涨得足够，10日的时间里可能会出现超买（超买、超卖我会在相应章节做解释）。但它可能会低于它21日前的价格，因此，以21日为参数值，在那段时间里可能仍处于超卖状态。

如果价格上涨21日，在相应时间里，有可能价格出现超买，但在63日周期里仍处于超卖状态。

当然，如果成交价格并不是以大约3个月为上涨或下跌周期（我说的是大约，不是正好），那么刚才说的这些都不重要。

我采用的长期均线是一年，在某些市场是252日，我是以伦敦为例的，其他的城市从253日至261日都有可能，这个数是根据一年内交易天数和所处的市场而决定的。

使用短于15日的周期，往往是浪费时间。尽管我最近开始观察9日相对强弱指标（RSI）和5日随机指标，用它们做次要的过滤作用，但迄今为止我仍认为我的看法是对的。

市场

市场没有眼没有耳，所以它听不见专家在说它应该做什么。市场也没有心脏，它什么也不会在意。它有的是一个雄辩的嘴：当市场这个圣贤说话的时候，你要倾听。每次市场在讲它自己的时候都是值得人们接受的。永远不要告诉市场做什么：要做市场让你做的。

永远不要说市场已很高，也不要说市场已经很低，除非是后见之明。除了技术分析师，大多数人认为市场是理智的有逻辑的，但市场不是这样，它们是与心理学有关的。

如果丹宁勋爵不只担任上诉院法官，还能担当金融市场的法官的话，他的附带意见将会是："尽管你以前很高，但市场会比你还要高。"市场比任何一个观察它的人所知道的多得多。

市场是被设计用来区分男人与男孩的，它也能把男孩与它的钱分离开。

收市（平仓）

收市位，也被称为收盘价，指的是一个时间段内最后一笔交易的成交价格。

这个词也被用来描述一个已开仓位的平仓操作。（开仓指没有仓位到有仓位的变化，比如你从没介入市场，转变为已介入市场，你就处于开仓状态。）如果你要关闭仓位，你要么卖出以前开立的看涨仓位，要么买回你看跌的仓位。在任何一种情况下，你平掉仓位后，你已经结清了账务，或没有任何仓位了。这样你就没有任何仓位暴露在市场里了。

思想

在这行里，如果你没准备好转变你的思想，那就准备好改行吧。

T

腾落指数（Advance / Decline）

腾落指数，就是上涨 / 下跌线，它是一个能帮助了解某个指数的力度的指标。

大多数的股指都是以构成该指数的股票市值大小来计算其占指数权重的，但腾落指数却不同，在这个指数里总市值最小的股票与总市值最大的股票所占的权重是一样的。如果腾落指数仅由两只股票构成的话，市值小的这只股票上涨，而市值大的却下跌，那么腾落指数将会保持不变：它是根据上涨的家数与下跌家数的差值来决定指数涨跌的。

很明显，如果一个指数上涨并与上涨的股票家数减去下跌的股票家数得出差值体现的结果是一样的，这就是好消息，这就证明腾落指数没有与前面所提的指数相背离。如果指数上升，但腾落指数却在下降，或与指数变化相差很大，这就是不好的消息。

如果这样，你只有在关注腾落指标数才会发现指数的不足之处。换句话说，腾落指数是一个指标，它能帮助你看到你在关注成效价格时所看不到的一些东西，在这个例子里成交价格指的就是指数。

我所描述的是以累积方式计算的腾落指数。还有一种计算方法，除了可以把每一天的上涨下跌家数差累加起来，还可以只计算某一周期内的数值，这个周期的长短是以对你有用为前提设定的，比如10到100之间任意的一个数，当某个周期被选定了时，旧的数值就会随着新的数值的计入而被舍掉。

我有时看周腾落指数，计算着13周内每周的数值，一直留意着大的数值的出现。举例来说，一个13/0、12/1、或11/2的上涨下跌家数比或下跌与上升家数比，能透露出某个指数已经被蓄意操作到了超买或超卖的状态了。

在华尔街上，如果哪一天你发现80%的股票都在下跌，那么你看到的就是市场的底部了。

我先把腾落指数放开不谈，我们也不用再介绍这个指标衍生的其他应用方法，这里有个很简单的原因，我从不把腾落指数单独使用，不论是怎样衍变得出的新形式。不是因为我不在意一个指数被超买或被超卖，而是因为我相信我用的其他方法来评估这种情况更加有效：腾落指数是第二道用来过滤这种情况的指标，这样做很适合我。

替罪羊

市场是工业家和政客的替罪羊，当市场上涨时他们都愿意发表赞美之辞："这正是清楚地反映了投资者对经济的稳健发展有着良好的信心。"一旦市场下跌，他们只会鄙视。

他们马上会大叫："为什么市场会下跌，这没有真实地反映经济的状况。"

市场当然不会真实反映经济的状况，因为市场既不是镜子也不是温度计，它是个压力计。

同步性

有些时候现在的成交价图形会模仿同一市场内某个交易品种以前一段时期的一段走势。这样的同步性能持续几周、几个月甚至几年。同步性也可能发生在一种成交价图形中，比如欧元/美元模仿欧元/英镑的几个月后的走势。

当你读到第2章时，你发现所有这些例子都不如它奇特，那是关于查尔斯·道发现西尔斯罗巴克公司（Sears，Roebuck）的图形有些像伯力恒钢厂（Bethlehem Steel）的图形，这样的例子在西方国家开始做技术分析时经常会有。

同步性这种现象不仅是一种奇特的吻合。位于前期的图形可以作为现在图形参照的可能发展的模板。

图0-2是道琼斯工业平均指数在1924年到1930年的走势图，与它相对的是它在1982年到1988年的走势图（图0-3）。

图0-2 道琼斯工业平均指数（1924—1930）

图片来源 CQG公司版权所有2006
www.cqg.com

图0-3 道琼斯工业平均指数（1982—1988）

图片来源 CQG公司版权所有2006
www.cqg.com

在1986年晚些时候，如果你看到了从1982年开始的走势与1924年到1928年的走势的相似性的话，你就知道1929年将会发生什么事情，甚至连月份（10月）都能知道。只要后面的走势继续模仿前面的走势，你对未来的走势就有了一个很好的模板。这种相似性一直持续到了1988年4月。但道琼斯工业平均指数之后的走势就与1930年的走势分离开了：游戏结束了，模板也被撕碎。我就是这样做的，我预测牛市将到来，但没有人相信我的预测。

当时，公认的智慧就是认为1929—1932年的经济大萧条会再次上演，资本市场的下跌和经济的缩水将延续到1990年。于是财政大臣扩大了货币的供给（这也发生在了1929年和之后的时间里），但这次从两个图形的走势相互叉开之后，经济也发生了同样的变化，脱离了1930—1932年的走势。之后的结果就是1990年初的通货膨胀。

投机

《牛津英语大词典》里给出的定义是指在承担风险的前提下以盈利为目的的投资行为。

头肩形态

你将在第4章读到更多关于头肩形态的介绍。这是技术分析里面几个主要的反转形态之一，同样也是持续形态的主要图形之一。反转意味着当头肩顶或头肩底被确认后趋势的力量将发生逆转。

如果你不是一个技术分析者，感觉迷惑，不要烦恼，这只是一个术语。我会在后面做解释。

头肩形态这种表述曾招惹到很多无知者的嘲笑。我从不知道有什么好笑的。当医生说你得了流感了，你也许明白他的意思，就如同你也许知道当有人告诉你说你的连杆大端轴承坏了一样，但我可不知道。

图表

它就像一个拼字游戏，像拉锯，像马赛克图形。

图表分析法

有句老话说：当你用图表分析法觉得很难判断时，你已经分析错了。当你错误地理解了图表时，你会觉得很痛苦。但图表从不会错，而图表分析师常会出错，在这本书里也是这样。当我推销我的服务时，我承认我不会永远正确。如果我能永远正确的话，服务收费将是极其昂贵的。

V形底

市场一直下跌而没有反弹，然后再直接涨上来。在下跌过程中，尤其是如果下跌的深度被延长了，举个例子，比如在熊市里发生的。这个原因就是卖出方的力量已经枯竭了，这时出现了买盘，如此产生的真空有被填上的需求。

W形态

W形态是双底的另一个名字。

外推法

有一种情况是牛市总是倾向于已持续了一段时间的那个趋势。尽管牛有自己的免疫力，但奇怪的是总是有一些技术分析师被逼疯，并屈从于一些被感染得病的人的疯狂咆哮，这些病人不停地喊“已经涨到月球去了”。在另一个不同的环境下，病症会让熊市被迫不停地喊出：“正如我们知道的那样，资本主义已经到了末日了。”

避免这种瘟疫的办法在第2章关于趋势的内容做了解释。趋势是你的朋友，如果在那个肥胖的女士没唱完歌，没离开那所建筑的时候，趋势是不会结束的。幸运的是，你没被传染而且你知道应采取什么办法来保持健康和富有，办法是：你要坚强。要有坚强的决心，要有洞查力。

物理学

技术分析是物理学的一个小小的分支。它牵涉到作用力与反作用力。

X

X

用来标记某个点位。

相关性

这是个基本概念，因此不算技术分析的词汇。如果相关性真的有效了，那么就不需要技术分析了。我说的“真的”指的是什么呢？可以用“永远”来代替。

最可靠的相关性是指黄金与美元，在20世纪80年代，除了一段6个月的时期以外，黄金上涨美元就下跌，反过来也是一样。

这种相关性一直存在着。自从1970年开始，黄金与美元在86%的时间里走势一直是相反的。但如果你想借助每次伦敦下午议定金价比前一次低的机会做多美元，然后在伦敦下午议定金价比上一次高时把利润提出，这样是不太有可能赚到利润的。

黄金和石油：它们有时会体现相关性。每个事物都是有时会体现相关性，但这里有一个矛盾存在，在你开始利用它之前它经常有效，可一旦你这样做了，它又常会在你做完之前失去作用。

铜：如果你打算买开采铜矿的公司的股票，你的理由是图形看上去很吸引人，你当时有没有观察金属类的图形也是这样的吗？这虽然看上去符合逻辑，事实上它也符合逻辑，但这里有一个问题：除非它们之间是一种逆相关的关系，否则这样做不管用。

在1970年，我那时还是一个投资经理，用现在的话叫基金经理，在洛希尔公司工作，我当时看到墨西拿（Messina，铜矿类资源股票）的图形非常好，就买了一些股票。我想到这只股票算不上是高特银行（haute banque）那样的股票，所以我把铜的走势图与墨西拿的图形做对比。一个很可怕的图出现了。没有人在意识清醒时看了那幅图后会购买铜业公司的股票。

然后我意识到了我不是在买铜的股票，我是在买铜矿资源股票。再多做一些调查就能发现适合买入铜类股票的时间总是在铜类股票图形很差的时候，这也就是当库存里充满了五金器材的时候。应该卖出铜的时间也总是在市场缺少金属的时候。我一直坚定持有墨西拿的股票直到它的图形激励我实现了我当初购买时的目标价位。

这时铜类股票处于什么样子？开始上涨了，墨西拿股票怎么样了？它们开始下跌了。

心理价位

所谓的心理价位，这是媒体最喜欢的，在外汇交易中经常是1.000或2.000位置，在股票交易中是100和1000（但不是10000）。

在2006年3月，我在报纸和财经电视的报道中看到很多关于富时指数将上穿6000点的报道。尽管它后来还是上穿了6000点，可当时没涨上去，这个点位没什么值得注意的。但上穿6000无论从当时来看，或从今天来看技术上都没有任何意义，否则的话，当这个点位被征服后，它应在富时指数下落的过程中阻止指数跌破这个位置。

在外汇市场得出的调查报告显示1.000和2.000是心理关口，但显然不会是永远的关口，不然的话除了在短时间里会发生的可能，外汇汇率将永远不会从1.000涨到2.000以上或从2.000降到1.000以下了。

那100点和1000点是怎样的呢？两个都是心理点位，在第一次到达100点后，以及多年后到达1000点，道琼斯工业平均指数花了17年才战胜这些障碍。

10000点呢？日经指数和恒生指数在战胜那个所谓的阻力时只遇到了小小的困难。而且，一旦10000点被战胜，当指数决定再次跌到10000点以下时，这个10000点没有起到支撑作用。

虽然如此，当道琼斯工业平均指数在1999年第一次到达10000点时，尽管日经指数和恒生指数早在几年前就轻松越过了这道特别的栏杆，媒体还是以许许多多的故事对这次冲到了高点给予了祝福。

我当时是彭博社很受欢迎的评论员之一。因而制片人希望我能认同公认的智慧，并认同道琼斯工业平均指数不能／不愿穿越10000点，他安排我来向大家炫耀。他让我在交易当日的节目中露面，这样当最终道琼斯工业平均指数触及10000点时，我能去做些评论。那天道琼斯工业平均指数确实穿过了10000点，但却是来回穿越。

收盘价位是用来考虑支撑或阻力程度的（参看该条），尽管如此我不停地在广播中说到此事，可很多人聋了没听见。

由于我曾多次观察日经指数和恒生指数，我发现这两个指数不在乎这个所谓的10000点的阻力，因此针对道琼斯工业平均指数即将到达10000点，我得出了结论，可他们不想了解，这些工作室的猪们用他们的蹄子践踏着我宝贵的珍珠，它们发出的噪声使得所有的有见识的评论无从听见。

有一个涉及整数的神秘性的最臭名昭著的例子，发生在10世纪末。由于有一个来自于神的预言预测说999年（永远不会过到1000年，你不知道吗？）的12月31日将是世界末日，房产市场的情况非常可怕：如果没有人在教堂做礼拜为什么还要建造它呢？

另一方面，旅游业开始迅速发展：人人都想到耶路撒冷去看世界的末日，几乎没人想到哈福德郡（Hertford）、赫里福德郡（Hereford）和汉普郡（Hampshire）都会在同时灭亡。

在古时候人们是多么愚钝和无知。这样的事在今天当然不会发生了。会发生吗？当然会发生，它发生了。而且我已经预测到了。

虽然没在10世纪90年代生活过，也不确信大多数人能够从经验中学到知识，但读过了查尔斯·麦基的《非同寻常的大众幻想与全民疯狂》这本书后就会知道，诺斯特拉马尔布斯（Nostramarbus）在20世纪90年代就告诉所有愿意听的人，尽管很少有人听了，他说在像这种在20世纪90年代末就在百姓中流传的谣言应该被公之于众。

所有的计算机都从1999年回到了1000年了吗？或者它们回到了0000年？所有人的银行存款都变成零元了吗？飞机从天上掉了吗，电站断电了吗，首相批准在火星上建立一个大片基地，里面要装什么呢？

只有最后的热衷的读者，只有最后的一个。就像10世纪90年代的旅行社一样，20世纪90年代的电脑公司是最开心的。人们从历史学总结的唯一知识就是人类从历史学不到东西，除非他碰巧是个图表分析师。

备注：世界没有在999年的12月31日结束，如果结束了就不会再到1999午12月31日再结束，个管怎样，你已经知道了世界没有在1999年的12月31日结束。

你可能不知道的是，11世纪初成了旅游代理行业最艰难的岁月，但给房地产开发商带来了蓬勃发展的好时光：一些旧教堂需要做大量的修缮，那些年被称为白色教堂年代，10世纪末曾有许多该建而未建的教堂，为了弥补这点，许多新的教堂被建造了起来。

熊市

在两次牛市中间的时间，以前一牛市的高点为开始，以下一牛市前夜的低点为终点。对于大多数的熊市，平均有一年的下跌期，但前几个月里不是这样。在熊市触及低点后，下一轮牛市的前几个月可能仍处于下跌过程中。

Y

为什么来做投资？因为这是室内工作，不需要举起重的东西。

诱多陷阱／诱空陷阱（Bull trap／bear trap）

图表信号发出买入指令（在诱空陷阱里发出卖出指令），并且突然信号失败。技术分析是一门艺术，不是一门科学。这很棘手，但这是真实的（参看图表的解释）。

Z

詹韦

艾略特·詹韦（Elliott Janeway）：《悲观论者》是他的成名著。但他不总是那么悲观，当有人问他："明年市场要上涨还是要下跌呀？"他说："是的，但不是马上。"这么说才符合他在名人堂的身份。

战胜道琼斯

如果你想做到超越道琼斯工业平均指数，那就读一读麦克·欧·希金斯（Michael O'Higgns）写的《战胜道琼斯》，这本书令人耳目一新。如果想改进他的操作方法，唯一能做的就是以月线图为参照。

支撑

支撑就是指一波下跌停止下来并开始转为上升的位置。（参看第3章）在这本书中除了这个条目以外，在其他地方都是在前面加了"潜在的"做修饰。

之字形

一个受艾略特波浪理论者喜欢的图形，因此不做深入讨论。

指标

有很多的指标存在，但没有任何一组集体名词是以"I"开头的（注：以英文来说）。下面这些怎么看？

消化不良，控诉，放任，无纪律，侵扰，犹豫不决，厌恶，诱因。

所有的指标都只在某一时间内有效，没有在任何时间都有效的指标。

止盈止损

当你开了仓位之后，你卖出的行为就是平仓。可以是止盈操作也可以是止损操作。止盈止损是非常重要的一个概念，所以用粗体来描述它，并独立成为一章。那一章虽然是本书中最短的一章，但不要低估它的实用性。

追悔

嘴上说或心里认为："假如当初我没那么做，我现在就如何如何。"不要这样做了，这只能使你更加压抑而且浪费时间。

专家

专家的作用就是总会做错误判断，但当他们错了时，他们会为自己找出听上去有见解的（或是重要的）理由来解释。

1 Price and Chart

价格和图表

奥斯卡·王尔德把愤世嫉俗者定义为一个知道东西价格而不知道其价值的人。这是一个图表分析师。因此我们把知道所有东西价值却从不知其价格的人称作基本面分析师。

你愿意请哪一个人来看管你的投资呢?

我的首选目标就是成为一个真正的选股专家，而不是什么老资格的基本面分析师，当然也不是年轻的选股票的人。我所说的选股专家指的不一定是一个基本面分析师，一个好的选股专家是完全不同的人。

老的基本面分析师从不会在市场中消失，他们说他们只是做很少的预测。那么年轻的呢？投资天才们在上涨的市场里非常地健忘。可投资智慧是需要对下跌的市场有长期的记忆才能建立起来的。

如果以基本面分析来主导投资的话，那么从事基本面分析的人都会成为百万富翁，技术分析将永远不会成就它现在的规模。

如果你是一个有天分的选股师的话，有些规则你可能会觉得不用去学着遵守。不过，你真的应该去了解它们，包括那些术语，当然第5章和第11章的内容也要了解。

尽管你不使用图表就能知道价格，而且在一本关于技术分析的书中的一个没有提供价格的图表（譬如饼图）里，你必须通过一个已知的价格来推断另一个价格。至少在这本书中不会那样。所以这一章介绍的是图表和价格。

图1-1是一幅价格变化图。

图1-1 富时100指数（2003—2006）

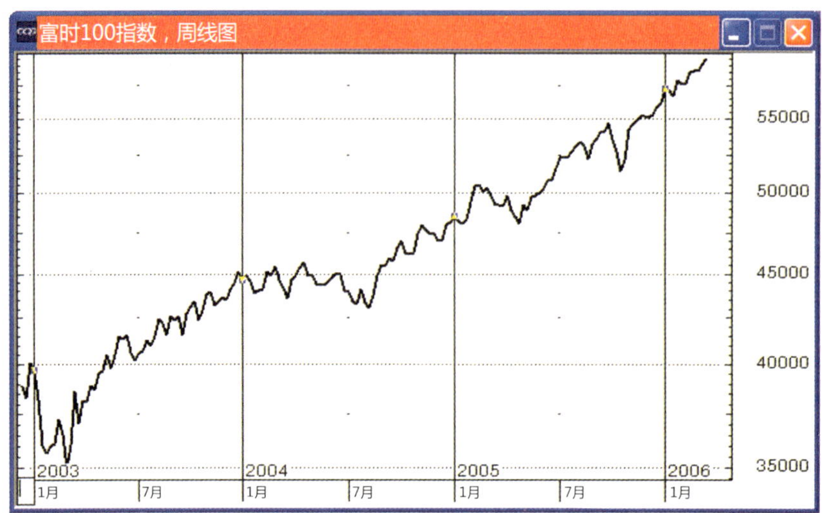

图片来源：CQG公司版权所有©2006
www.cqg.com

在你决定买卖操作之前，你首先要做的是什么？

如果你回答说看一眼价格，那么你的答案不够准确。

所有人都这么做。

下一步呢？

除非你已经是一名技术分析师。你不光会看一看股票的信息，你还会看一看它所代表的公司的基本面信息：它的相关行业的信息，行业指数，总体的经济状况，国内的状况和国际的状况，当前利率水平和以后可能的利率变化，汇率的整体情况等等，几乎要令人厌烦了。

最后你做好了决定，在你下单前还要做一件什么事？

看看价格。

还是没答对要点。

既然你以看价格作为开始并以看价格作为结束，像其他人一样，那么有没有一种可能，就是价格自己已经包含了所有现有的基本信息以及大多数人对它的未来发展的认识呢？可能吗？这是不需要争论的。

要点：价格包含了所有的你需知道的任何信息。

一幅图表就是以日、周、月、年为单位的对价格的记录，看懂它所表述的内容就是技术分析的全部意旨所在。一幅图表就是投资者对基本面信息的认识以及他们对未来看好或看淡的判断的一个连续更新的记录。

图表中价格的运动不仅体现出所有的事实情况，它还体现了很多人的幻想，以及希望、贪婪和恐惧。当你看到一幅价格变化图时，你看到的是一个心理状态的图形式的体现，你看到的不是它真实的价值，因为不存在这样的事物。使得市场上涨下跌的不是真实的价值，而是人们对未来价值的理解。

面对同样的信息，一个要买，同时另一个要卖。

价格体现的是供需的平衡位置。股市、债市、外汇市场甚至更多的市场里都是如此。它们体现的是现实生活中最接近于传统经济学家们定义的“完美的市场”，在这里买方和卖方可以不受限制地聚在一起。

在完美的市场中，价格仅仅由供求规律来决定，如果买方多于卖方，价格上涨；如果卖方多于买方，价格下跌。[1]

我是怎么知道的？因为上大学时我读的是经济学和法律。我有一个经济学和法律的文凭。纠正一下，我有一个经济学和法律专业的荣誉学位。还要纠正一下，我有一个从剑桥大学取得的经济学和法律专业的荣誉学位。听上去很令人佩服吧？由于我在大二读的是经济学，大三读的是法律，而两个专业都没荣誉学位。

如果“三等荣誉学位”不是继“经济学家的智力”之后最能体现修辞矛盾的例子，那什么才是呢？基本面分析师。

要点：价格是最重要的技术指标，不仅是因为它服从于供需法则，还因为它包括了你所关注的任何市场的全部知识。

在2006年4月看来，股市从2002—2003年开始的持续上涨有两个原因。第一个原因是买家比卖家多。第二个原因是什么？这就是第二个原因。

买家多于卖家的原因不重要，除非用来预测过去的事情。如果去分析那个问题，那你就是一个经济学家。互相矛盾的是，预测过去被称为

注释

①作为一个经济学家，我知道买家不会比卖家多，我指的是买压与卖压出现了不平衡，或其他类似的原因，驱使价格变动。

是面向高端，而预测未来则被称为面向低端，尤其是当你在预测一个大众市场时。

要点：当你在预测未来时，所有你要做的就是要辨清市场将要发生的供需不平衡。

一方面我像一个经济学家一样在撰写文章，另一方面，我又像个图表分析师。第三方面，我们这些经济学家不会说……第三方面？

“世上有两类经济学家，一类不懂经济，另一类不知道自己不懂经济。”

——加尔布雷思

道氏理论是在日本以外的第一套技术分析理论，它的第一个原则是，除了不可抗力以外，价格和指数高于一切。个股的成交价格和指数体现了市场作为一个专家的间接观点和上千投资者的操作所产生的影响。对于市场专家与上千投资者的操作，无论他们是业余的或是专业的，是日内交易者或是长期持有者，是技术分析或是基本面分析，是聪明或是愚蠢，是见闻广博的还是无知的，个股的成交价格和指数知道所有的一切信息。

但他们怎么可能应对那些未知的事情呢？什么是未知的呢？那些不可预知的灾难，有的源自自然因素，有的是其他因素导致的，它们很快就能被吸收到市场的认知中并被加以评估，这些灾难对市场未来价格的负面影响几乎立刻就能体现出来。

一个最理想的例子发生在2001年9月11日。华尔街关闭了一周，但像伦敦风车剧院那样的地方却从未关闭。富时指数在11日严重下跌，但7天之后那个点位被再次跌穿。又过了2天，指数跌到了之后9个月内的最低点。

华尔街的结果是什么呢？它是在11日关闭的。公认的智慧是市场要崩溃了，但公认的智慧有个难解之处是，当你知道时通常已经太晚了。当华尔街在17日再次开盘时，市场确实下跌了，又连续跌了4天。但这就是结束了。像伦敦一样，华尔街在21日跌到了起始点的位置。

投资者们不在乎这场悲剧吗？他们的确在乎，但市场不在乎。因为新闻刚一爆出，每个潜在的买者和卖者都会把恐怖分子下一步可能实施的残暴行为考虑在内，新的形式也成为他们考虑的因素之一。

1952年，我在剑桥读经济学时，除了学习供需法则之外，还有一个内容使我留下了印象——回报递减法则。乔治·马尔萨斯发现，连续等量地向一块地里施肥，能收获更多的庄稼，并且在第N次[①]范围以内，每加一次肥会以递减的方式增加庄稼的产量。那么，虽然施肥仍在使这块地增加产量，但新增的庄稼卖出的钱不能弥补化肥的花费。

这与我们谈的价格有什么关系呢？处处都有关系。回报递减法则在价格上的应用与它在土地上的应用是一样的：不断地给市场加入同等重要的新闻或废话，当过了第N次以后，市场就会掉头向第一次加入新闻的位置移动。

为什么人们要买股票呢？因为他们认为价格要涨。那么为什么人们卖股票呢？因为他们认为股票要跌。没有人因为认为市场要跌而买股票，也不会因为认为市场要涨而卖股票。所以，要想预测市场，你要知道人们在想什么。不是他们应该想什么，而是他们实际在想什么。

实现这个目标的最好的办法就是观察价格图表，图表不仅能显示供需的平衡关系，还能体现所有的知识，包括希望、对指数的预期、个人问题、经济、政治、外汇、利率以及其他任何可能让投资者和交易者产生买卖动机的因素。投资者和交易者，在这里指个人。

当人们在市场里买、卖、做记录时，他们在想什么？人们的行为会影响价格，而价格又会影响其他人的想法。

你和我去看跑马比赛，我们不赌100∶1的马，我们赌2∶1的马。我们告诉骑师他现在是最受欢迎的，我们同样也告诉这匹马。这会影响比赛的进行吗？不会，但我们降低了所选择的赔率，这一定会影响其他下注人的思考方式，也许会影响他们下注的方式。

股市也是这个原理，足够多的买盘能够使得价格突然变化，这并没有影响公司本身，但一定会影响市场中的其他投资者、交易员或解说员这些股市参与者。

也许你在想：如果他对价格判断对了，那么图表还有价值吗？当然有。价格体现的是人们当下对未来的看法。昨天的价格是他们昨天

注释

①不要问我经济学家为什么用字母而不是数字来描述，从第一堂代数课开始，我一直就没去听过，从那时起我就一直无法理解这门知识。我知道 $(a+b)^2=a^2+2ab+b^2$，但为什么？为什么无论如何这些小写字母会在几何里变成大写……

对未来的看法，前天的价格是他们前天对股票未来走势的看法……以此类推。

像小孩一样，我想起由点构成的“图画”，这些点是已被编了号的，但看上去没有任何规律：你看得见这些点，但你什么也理解不出来。但如果你把这些编了号的小点按照2连接1、3连接2的方法连成线，最终你将得出一幅完整的图。价格图表效果更清楚，见图1-2。

图1-2 布伦特原油

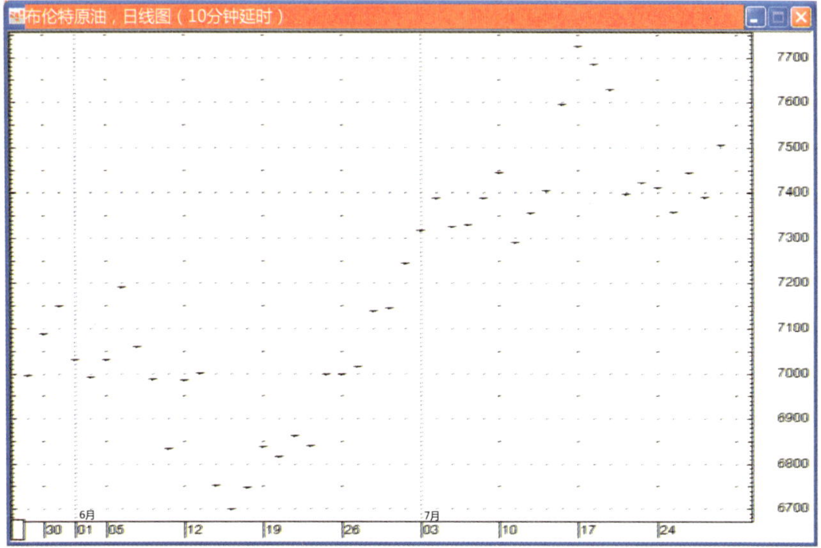

图片来源：CQG公司版权所有©2006
www.cqg.com

我知道你在想什么：一点也不清楚。当然，你说得对。但看看当你把点连成线时发生什么变化？（图1-3）

现在清楚了，你得出了一幅图表。图表显示出的画面不仅描述了过去，还包括了未来可能出现的样子，如果我在这本书里讲解得好的话，你将可以同样做到这一点。

怎样利用过去来描述未来？

经验观察。技术分析短于理论而长于经验观察。与基本面分析相对比：基本面分析在该短的时候长，在该长的时候短，是愿望战胜了经验；技术分析却是相反，它是经验战胜愿望。

没有图表你会坠入大海里去吗？

如果你去了，你的出游将使你陷入致命危机中，你可能会被逆流掀

图1-3 布伦特原油

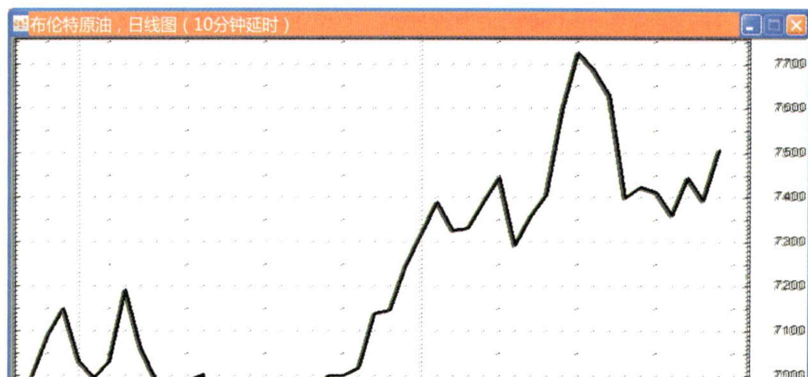

图片来源：CQG公司版权所有©2006
www.cqg.com

翻，也可能会触礁沉没。有了图表，你很有可能会避免这些麻烦。所以当你进入市场，记得带着图表，即使你遇到上面句子里提到的一个或更多的危险，你仍有很大的概率从灭顶之灾中逃离。

如果你不大依附于技术分析，并且认为市场是根据新闻和基本面信息来变化的，那么请你再想想，问问自己是“什么新闻，哪一条基本面信息”。如果没有答案的话，它按什么条理来影响价格呢？

并不是新闻或信息使得价格在市场中变化，而是市场对价格的反作用使得价格发生变化，这是唯一起作用的。技术环境因此成了唯一的起影响作用的基本因素。

想要理解技术环境，你不用去找一个基本面分析师，你需要的是一个图表分析师。因此基本面分析基本上是在浪费时间。

除了前面的线图（以收盘价标注的）以外，价格可以以多种不同方式来表示。

点数图（又称OX图）

图1-4是一幅富时指数在2005年10月1日到2006年3月31日的点数图。

图1–4 富时100指数—点数图

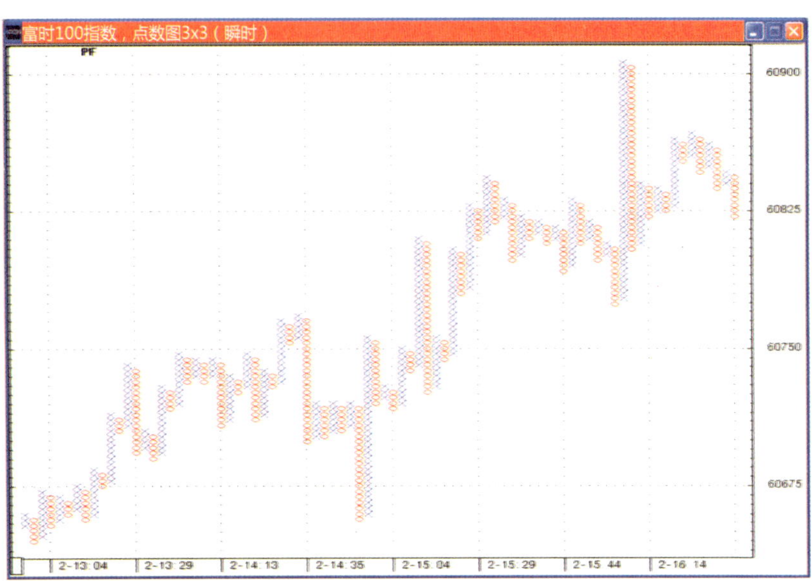

图片来源：CQG公司版权所有©2006
www.cqg.com

你看到的东西看起来像个混在一起的圈叉游戏。但那不是我不使用点数图的原因。我不用它是因为点数图通常没有时间刻度，至少没有日线刻度，尽管这个图有，并且每一小段的涨跌都有更新。（这是我唯一能找到的一幅图。）

虽然技术分析讨论的是可能性和时机，而且前者多于后者，有特定的技术能帮助你评估市场买卖时机，其中包括指标的使用，尤其是动量指标（将在后面章节讨论），它表达了最近收盘价占前X个交易日收盘价的百分比。

没有日线刻度，你就没有动量指标；没有动量指标，你就不可能掌握时机。

如果你是一个投资者，你需要计算买卖的时机吗？

你确实需要，即使（尤其是假使）你仅根据基本面的信息已经选择了一只股票（显然有一些投资者会这么做），你不想在下跌将要开始的时候去买，或者，你所选用的指标提示（指标从不命令别人）熊市将要反弹，你也不想在这时卖出，是吧？

但是点数分析法没有时间刻度，所以有时间刻度的指标不能用。虽然价格是唯一的最重要的元素，但在技术分析里它不是唯一的要素。

在仅有少数投资者的外汇市场做分析会怎样呢：事实上每个人都是一个交易者，大部分人在极短的时间内做交易，例如，有些人仅仅在其他人午休的时候持有仓位，当去午餐的人回来他们就把仓位平了，这样的人不得不使用技术帮助自己把握时机，所以不能采用点数图。

在过去的27年里，我大部分时间从事外汇市场的分析，同时也没有忽略股票、债券、黄金、石油和商品市场。

我很荣幸地说，我不预测外汇或任何其他市场一天以内的走势。我认为，这样的分析没有用，我也是这么做的。此外，当我主要用日线图工作的时候我也不做逐日的预测，因为那也是垃圾。

图表除了能很明显地表明价格上涨、下降或持平外，并不能在今天告诉你明天市场的情况。

我怎么知道的呢？因为在20世纪80年代初，英格兰银行进行过一次评估技术分析是否在外汇市场起到了作用的调查。这个银行选用的方法是每周给一些技术分析人员打一次电话，问他们英镑／美元、美元／丹麦马克、美元／日元一周后的走势。

他们打电话邀请我参加这个调查（当时，银行的退休金基金是我的客户之一）。当他们告诉我他们的选择方式时我拒绝了，我告诉他们这个办法不会起作用，对于任何市场，图表都不能连续地告诉任何人一周后的情况。

这个调查实施后，结果和我预言的一样，因为这个调查使得参与者们很尴尬，而我感觉非常地舒心，只要看到第一个字母就全都知道了。有一个未署名的图表分析师，他只有一个代号——M，而他是唯一猜对了的人。

看到调查问卷的人认为M一定是马伯（Marber），我到现在也没纠正过他们的想法。

如果你想做日内交易或逐日交易，那就试试下面这张图吧。

从12点开始，像看时钟一样：

价格下落

然后　　一两点

形成高点　　在一两天内

买入股票　　每个交易者

转为看多市场　　转为看空市场

每个交易者　　卖出股票

在一两天内　　形成低点

一两点　　然后

价格上升

买卖时钟图

我确信你现在理解我对日内交易和逐日交易预测的厌恶了。

然而，我已经潜心于外汇市场超过30年（股票、债券和利率超过50年，黄金从1970年开始，石油从1973年开始），自然地，我的大部分工作是对买卖时机的分析，点数分析缺少时间刻度，所以不适合我。由于我不使用，所以我不去讲它。为什么浪费你我的时间?

预测要点：时间

在做任何包含时间概念的预测时，顾问和客户彼此明白顾问所指的时间长度是至关重要的。什么是短期的，什么是长期的？每个人有不同的答案。记得J. M. 凯恩斯的这句话吗？“长期来看，我们终究都会死去。”

价格可以以多种不同的方式展示

图1-5是一个条形图。

条形图的顶点是这天交易的最高价，而底部是最低点。交叉点显示收盘价。我不使用条形图，所以对这类图我不会做更多的说明。

图1-6是条形图的一种变化图形，叫做蜡烛图。每条蜡烛线稍宽的部位（实体部位）能表示出开盘价和收盘价（如果开盘价高于收盘价，

图1-5 条形图示例

图片来源：CQG公司版权所有©2006
www.cqg.com

图1-6 蜡烛图示例

图片来源：CQG公司版权所有©2006
www.cqg.com

该公司的看法。有一条永久的真理，那就是股票常常与它应代表的公司的价值相差甚远。

当我们买股票时，我们买的是它的将来，我们在将来的市场到来之前就开始交易。我们是不是多次听到企业家们说市场根本不理解公司正在发生什么事情?

在管理者看来股价总是太高或太低，但这不值得惊讶。他们不做投资业务，投资与工业的时间尺度是不一样的。当CEO或其他董事会的人谈到他的股票价格是实际价格时，要敏感一些。

在20世纪80年代，我认识的一个技术分析师在一家名为罗托克控制公司的经纪公司做业务，他告诉合伙人说从图表情况来看非常糟糕：股价要大跌。他的预言遭到了嘲笑，有人告诉他CEO就是那个买公司股票的人，没有人比他知道得更多了，他每天都看得到订单的情况。

后来股价真的暴跌下来。我不是在说卖家比买家知道得多，仅仅是因为有一天订单不再出现。也许卖家认为价格早就把订单的全部情况都显示出来了。

我在这章的开始介绍了图表分析师是一个知道所有东西价格但不知道其价值的人，他所需要知道的全部内容就是价格；最后，价格会照料所有事情，连皇帝的新衣都包括在内。

2 Trends

趋势

趋势是你的朋友。

趋势就是趋势，全都是朋友。

如果你逆势，你必须改正。

如果旧的趋势反转，大声欢呼，永远不要诅咒。

乘着新趋势，上行，下行，留神转弯处。

在趋势形成前，技术分析师无法做到比任何人更老练地发现趋势。这不是他的本领所在。他的技能在于他总能在趋势开始的时候识别趋势方向，依靠反复试验过的法则顺势操作，并在趋势刚刚逆转后迅速离场。

趋势线、趋势、趋势通道

想找出趋势，你需要有一条趋势线

趋势线是经由两个点来画出的。哪两个点呢？这就是问题的开始。有的书上说任意两点都行，我要说那是说瞎话。尽管有些特例情况，跟形态的内容相关，我要把它们放入第4章讲，但是要画一条趋势线，你要遵守下面的规则。

1. 当你要画一条上升趋势线时，你必须从底部开始画；而在画下降趋势线时，要从顶部开始画

我指的是绝对的底部或顶部，而不是相近的某个点，而这个点仅仅适合了你想验证的而已。在观察一幅图时，你不要试图验证任何东西，要观察市场对自己的描述，而不是把任何的先入之见附加到图上去。

> **要点：**市场比我们所有人都要机智。

2. 画趋势线时永远不要欺骗

永远不要看图表的右侧；当你画线时，永远不要把第一条线从绝对低点一直画到绝对高点前的倒数第一个低点（在画一条下降趋势线时，从绝对高点画到最低点前倒数第一个高点）。为什么不能这么画？这是因为这只不过是你希望把它画在那里。

> **要点：**技术分析讲的不是怎样怀有希望，而是怎样做观察。如果你不在乎你画的趋势线已经在上升或下降途中被切割开了，那么你的趋势线仅仅是画在了你想画的地方。

为什么？

因为如果那就是你所做的话，回到你的趋势线被切开的位置，然后从原来的起始点重新画线，一直画到你忽略的点，当线延伸到图的右侧时，你会发现这条线比你“希望画出的线”要低。

> **要点：**在图表上，不怀有目的并画到正确的位置要强于怀有目的然后画到错误的位置。

在图2-1中，趋势线1—4被切开或断开（我将在后面解释它们的区别）之前都是正确的，但这里只有线5是正确的。

3. 如果趋势线被断开怎么办?

如果第一条上升或下降趋势线被断开（参看第1条规则），要按照规则重新画一条新的趋势线。是什么规则呢？第4条规则。

4. 四法则

在画上升趋势线时，要在确认读完以下四点之后再开始画线。

图2-1 富时100指数—画趋势线

图片来源：CQG公司版权所有©2006
www.cqg.com

（1）**绝对低点**。

（2）**之后的第一个高点**：你能看出它是一个高点是因为，在这个位置价格已经下落了，这样你就能看到一个顶点了。

（3）一个比底部最低点高的**高位低点**。

（4）一个**高位高点**，这个点比你看到的第一个高点要高。

在下降趋势里，或者精确点说，在你寻找一个趋势时，要把前面的程序反过来。

> **要点**：每次画趋势线时，留意四法则。如果你忽视规则，你在到达起跑线之前就淹死了。

在图2-2中，L＝低点，H＝高点，HL＝高位低点，HH＝高位高点。

根据粉红色的字母，可以画出第一条上升趋势线。

根据绿色字母，可画出第二条上升趋势线（只有在粉红色的L、H、HL、HH趋势线结束后才可能画出来）。

根据红色的字母，可以画出（红色）下降趋势线。

图2-2 富时100指数—四法则

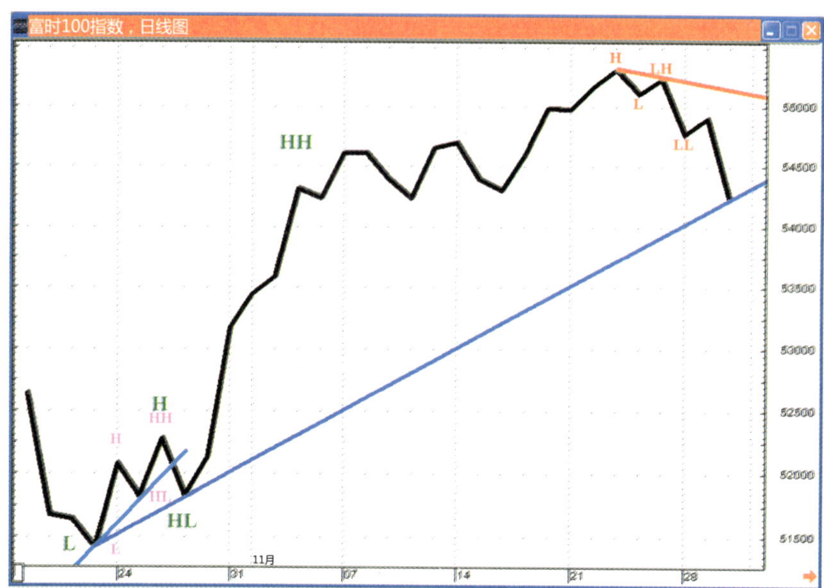

图片来源：CQG公司版权所有©2006
www.cqg.com

趋势线形成趋势通道

有了趋势线后，你就有了趋势通道。

注意：利用四法则，我能在后面四幅图表上画出比之前更多的趋势线和通道。不过别着急，我是为了让图表更容易理解些。

假设所有的趋势通道都是平行的

在图2–3中，左侧的蓝色下降趋势通道是一条平行通道。

红色的上升趋势通道有一条上升趋势线，当然在它之上还有两条线称作上回调线。细的那条是最先能画出的，它平行于上升趋势线，但它未与任何点接触，所以第二条回调线只能画在11月初和月底的高点连线上：从图中可看出，它与上升趋势线逐渐靠拢。

要点：图表体现的内容永远是客观可见的。

当红色的上回调线在2006年1月再次与富时100指数的日线相触时，红线显示出了阻力，阻止了上涨，并扭转了上升走势。

图2-3 富时100指数—趋势通道

图片来源：CQG公司版权所有©2006
www.cqg.com

上回调线永远存在着潜在阻力，同样，下回调线（与下降趋势线平行的线）也总是存在潜支撑：当价格线与下回调线相触时，会促使价格线扭转下降的走势。

深绿色的两条线和它上下的两条浅蓝色的线，再加上粗红线，它们是三条逐渐聚拢的趋势通道。

不必为平行或聚拢趋势通道烦恼，我会连同其他各类通道的知识在本章的后面部分介绍。关于“潜在”这个词与支撑和阻力的关系我将在以后的章节解释。

尝试发现新的趋势线、趋势和趋势通道

当隧道尽头的光线可能形成一个与你的驾驶方向相对的趋势时，有时这束光就来自隧道的尽头，永远尝试发现新的趋势。

幸运的是，有一条规则使你，应该说命令你去做尝试：

当一个趋势线被打破后应适用的规则：对于股票来说，如果收盘价被跌破3%，不是2.75%，也不是2.999%，再说一遍，**收盘价被跌破3%，**那么这个上升趋势线就视为已被打破。

为什么只能以收盘价为依据？

因为这就是爱德华和马吉所描述的方法，你也不用去赞美他们了。不管怎样，人们每天早上读报时都看收盘价，而收盘价比盘中任何时候的报价都更容易影响读者。

我在黄金、原油和其他商品交易中也使用3%的规则。其他品种可能会用到不同的百分比，但除了爱德华和马吉以外的其他人怎么取这个数值就跟我无关了。

请允我与爱德华和马吉有一些不同：

对于股指来说，收盘价如果突破或跌破趋势线2%就视为打破了趋势线。这条规则还适用于货币以外的其他指数。

3%或2%规则的例外情况

当我第一次进入外汇市场时并没有3%这个规则，也没有客户会等到某种汇率的趋势线被突破或跌破2%或3%时才确认趋势线被打破。

“确认”指的是趋势线被打破指定的百分比值的时候。

回到20世纪70年代，在寻找货币趋势线所适用的一个突破值时，我曾用过1%规则，这么做看上去管了用。技术分析完全依靠经验观察而不是凭那些靠不住的理论。我开始使用1%为限定值，现在也在用，做债券分析我也用1%。

对于债券指数或货币指数，突破的确认点就设定为收盘价突破或跌破趋势线0.5%的位置。

我是怎么知道股票用3%规则而指数用2%规则的呢？

我是从《股票趋势技术分析》这本书中读到的，这本书是所有技术分析书籍的始祖，实际上，它就是图表分析师的“圣经”。

这本书是由罗伯特·爱德华和约翰·马吉编著的，也是我听说过的第一本技术分析书籍。实际上它还是我过去和现在都很少读过的几本技术分析书籍之一，而且我几乎没读完过，别的书也很少读完：太兴奋了，我当时迫不及待地要开始画我自己的图表。

用手画吗？

是的，当时是20世纪60年代，没有能够画图表的计算机，也没有计算器。当我认识到移动平均线（后面章节将做介绍）时，我不得不一点点地计算，动脑思考，然后用手画出来。我还用到了铅笔，铅笔削得很细，这样我才能把趋势线画在正确的位置上。

趋势反转

当一条趋势线被切断或被突破时，你可以用四法则重新画一条新的趋势线。

趋势什么时候会反转呢?

只有在以下条件发生时，**上升趋势**才会发生反转：

（1）对应不同交易品种，上升趋势线被收盘价跌破3%、2%、1%或0.5%；

（2）下降趋势线依据四法则画出；

（3）最近的主要低点连续三次都被收盘价跌破。

下降趋势反转的条件：

（1）下降趋势线必须被收盘价突破相应的百分比；

（2）上升趋势线必须按四法则来画出；

（3）在下降趋势中，最近的一个明显高点必须连续三次被收盘价突破；

（4）价格与一条或多条均线的关系也应考虑在内（均线知识将在以后的章节介绍）。

图2-4是标准普尔500指数，适用2%的规则：

图2-4 标准普尔500指数—上升趋势反转

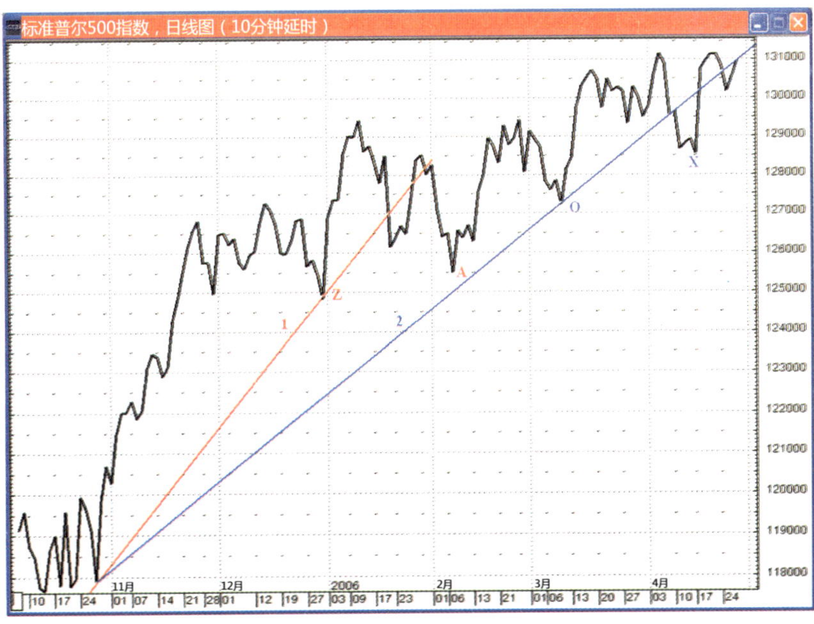

- 红线：被打破的趋势线。
- 蓝线：趋势线没有被跌破2%。

指数下跌至A点，也就是红线下方2%的位置，所以上升趋势线1以红色标注，如果连续三个交易日内都跌破Z点，也就是上升最后的一个主低点，那么涨势就会发生反转了。

上升趋势线2以蓝色标注是因为它没有被跌破2%（X点位于蓝线下不足2%的位置），如果线2被跌破2%，那么O点就是趋势线最后的主低点。

根据下降趋势线来分析一个反转的例子。图2-5中的灰线直到收盘价为B时才被突破2%，下降趋势的最后一个主高点H，直到两天后的B点（连续三天高于H点）出现时，才被超过。

为什么用灰色线表示呢？我是不想使你搞混。在B点出现之前时应以红色来表示阻力，在达到B点位置后就应是蓝色的，强调支撑作用。（如果你分不清楚，在你读到潜在支撑和潜在阻力时你就会明白了。）

图2-5 纳斯达克综合指数—下降趋势反转

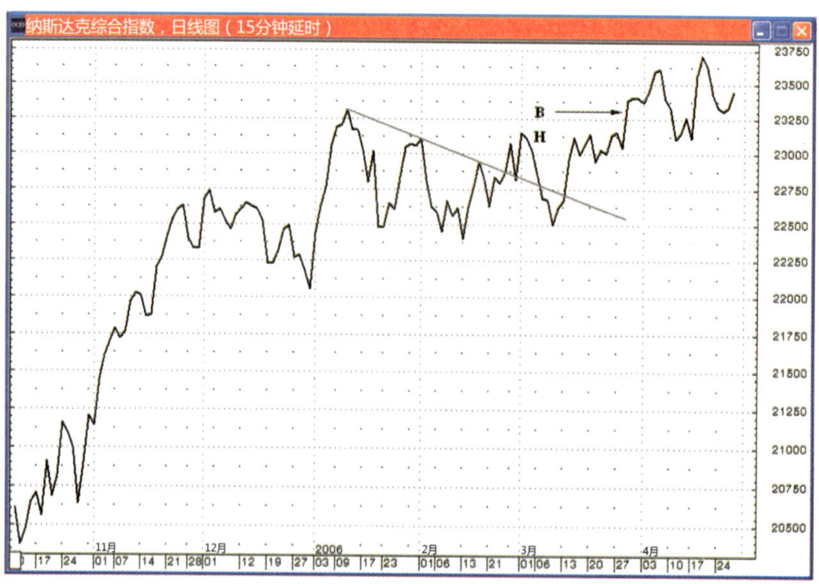

图片来源：CQG公司版权所有©2006
www.cqg.com

盘中点位有什么影响吗？

如果你准备获利并且已经设立了止盈位那就有影响。如果你是一名日内交易者，正在执行止损操作，盘中的点位是有参考作用的。

但这本书不是给日内交易者参考的，也不是给逐日交易者参考的，因为我之前说过了，我不会为此多次地说对不起，在此我还是要提示大家，无论在本书以内或本书以外，*图表都不能针对任何市场来判断明天或一周后的涨跌情况*。

日内走势图（例如一小时或半小时蜡烛图）也许能告诉你市场在一小时或半小时后的走势。但如果你做的就是这样的交易，那么这本书不适合你。

你在阅读本书，也为此花了钱（希望如此），既然已经读了这么多页，你或许可以继续读下去。多学点对你有好处。

日间交易

这本书不但不是写给短线交易者的，也不适用于日间交易，更不是写给我自己的。曾经有一次，一次足矣，我整天都在试图使用一幅30分钟蜡烛图，并同时使用了适当的调整过的指标——我会在后面的章节里重新提到——仅仅是为了做一个试验。我坐在那里，没有把眼睛贴在屏幕上（那样做其实什么也看不到），相信我，这样操作是难以赚钱糊口的。

每次在你预设的时间段结束前5分钟你都要到电脑屏幕前，这样你才有足够的时间观察并分析图表的变化，在每个时间段结束时，如果你要采取操作，必须马上就做，而不能等30秒钟后再操作。

除非你在屏幕前吃午饭，不然你就吃不上。不能上厕所，因为有60分钟、30分钟、15分钟的时间段限制，其他类似的事也别做了。没有时间看别的图表，除非你把时间错开安排，这样的话，你的工作量至少加大了一倍，这还没包括你的压力呢。

你可以靠在开盘时间替人交易来养活自己，我是听别人说的。你也可能靠自己的勇气比靠图表赚得更多。就我个人而言，我没见过有钱的交易员。你见过吗？

靠日内交易能维持生计吗？

不能，日内交易同样不能维持生计。原本我不愿把问题过分简化来解释，但在这里是恰当的。帮帮忙，咱们说点有意思的吧。

我从未读过任何关于外汇或债券的技术分析书籍。我没必要读。图表就是图表，你没必要非得知道上面的名字才能读懂和分析它。实际上，如果不这样做反而会冷静下来[①]；如果你这样做了，血液就会变热，热血就会导致观察图表错误。

不管基本面分析师会怎样反对，技术分析不是一种犯罪，实际上技术分析需要做很多费力的工作。但你可以得到补偿，你不需要去读财务报表和分析报告，或去读其他人发表在报纸上的文章。甚至你连报纸都不用看。

你是否需要看其他图表分析师的文章？

我看不必了，那是浪费时间。我不是说看其他图表分析师的作品都是浪费时间（有好的分析师，也有不好的分析师，就像有好的基本面分析师一样，例如沃伦·巴菲特，还有很多不好的基本面分析师）。

但如果我要读其他图表分析师的文章，有什么内容适合我呢？如果你因受X先生或Y先生甚至Z先生的影响赔了钱，他们中哪个会因为你是听了他的建议而把你赔的钱还给你？当然没有。当你赚了钱，永远别忘了你是幸运的；当你赔钱时，那就是你自己的过错。

我从不想做一个把责任都推到别人身上的人，我只会责备自己：当你赔了钱，你拿不回来；你能赚到钱，但你拿不回来。

为什么拿不回来？

因为钱已经不是你的了，已经是别人的钱了，这就是原因。

不管你在哪个市场操作，股票、债券、原油、黄金、商品市场、外汇或其他你认为可能赚钱的地方，都是如此。股票、债券等并不知道你拥有它们，所以你也没办法再把它们争取回来。

当你在看图表上的任何东西时，你不必考虑什么所谓的智力因素。这个游戏应该叫做：

“如果你不能战胜他们，就加入他们。”

如果我错了，请加以纠正。但市场是为赚钱而设立的，不是做智力练习用的。

如果你正在使用的方法有效（对你有效），继续用下去。但是有一个大问题：在你开始相信并依赖某种方法之前，曾经有效过多少次？当

注释

①乔治·奥威尔是不会允许我用法语来表达的，除了用来形容犯罪我从未听说过冷血或热血这样的描述。

你停止依赖某种方法之前，它又失效过多少次呢？没有答案。

即便如此，如果你打算买入或卖出，我觉得你应该有个理由。如果你有了理由，根据一些评论员的理论，你的行为属于投资。如果你的买卖操作没有理由，他们说你是在投机。但是，我们很快就能发现，这种定义方法太狭隘了。

要点：本章介绍的是趋势、趋势线和趋势通道（推断趋势将在后面介绍），如果你发现某只股票存在某种趋势或趋势通道，比如说一个最低点、一个最高点、一个高位低点和一个高位高点，并且你认为它的趋势或趋势通道有可能延续，于是决定买入，你应尽量记住这就是你买入的理由。

如果按照规则（我希望你已经记住并理解了）判断，这个趋势或趋势通道后来又被打破，你就没有理由再持有该仓位了。如果你继续持有，你就不再是投资了，你是在投机，你在凭希望交易。

不要误解我，尽管我的用词有轻蔑的成分，投机本身是没有错的。《牛津英语大辞典》是这样定义的：

***“在有可能赔钱的情况下，**以盈利为预期，以做多或沽空某种证券、房产等为手段的投资行为称为投机。”*

传统的经济学家把“承担风险的回报”定义为“利润”。

我的观点是，如果持有仓位的理由已经不存在了，那么你的仓位也应被平掉。在我举的例子中，你买入的理由是趋势，所以当趋势被打破时，你应离场。但你是否要在趋势被打破的当天收盘时离场？答案很复杂，到后面章节才能解释清楚。

要点：即使如此，在趋势被打破的当天收盘时，你就已经收到趋势的方向不对的通知了，从这一刻开始市场将逆着你的方向越走越远。

当以之前限定的条件开仓时，设立止盈或止损单是合理的。称作止盈或止损是因为你要用它来停止你的持仓或平掉仓位。比如，对于做多来说就是卖掉，对于做空来说就是买回。止盈或止损单的目的是，在任何市场当你在开仓时，一旦导致你开仓的技术因素不存在，可使你平仓离场。后面有单独一章介绍平仓。

有多条上升趋势线的走势图

图2-6 富时100指数—上升趋势线

图片来源：CQG公司版权所有©2006
www.cqg.com

有多条下降趋势线的走势图

图2-7 富时100指数—下降趋势线

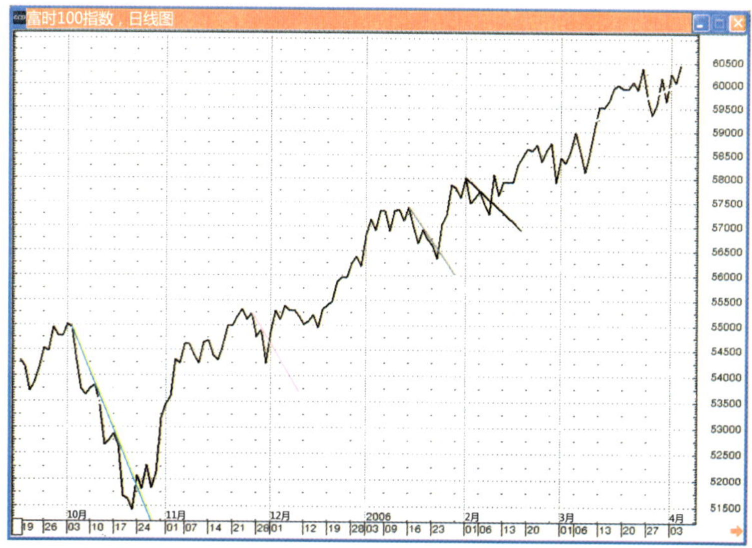

图片来源：CQG公司版权所有©2006
www.cqg.com

同时含有上升和下降趋势线的走势图

图2-8 富时100指数—上升趋势线和下降趋势线

图片来源：CQG公司版权所有©2006
www.cqg.com

尽管到目前为止趋势线是用多种颜色画的，但正常情况下，我用红线来表示下降趋势线，用蓝色表示上升趋势线，用灰色表示投机性趋势。灰色趋势线将在支撑和阻力章节介绍。

加速趋势通道

要点：趋势通道需要由两条趋势线构成。

怎样画出两条趋势线？

当然，由你来画。画线是另一个凭经验性观察来实现的实例。我曾经提过，市场倾向于沿着平行通道向前发展，这是一种倾向，不是刻在石头上的铁律。

图2-9是一个*上升平行趋势通道*。

图2-9 黄金周线图（1970—1981）—上升平行趋势通道

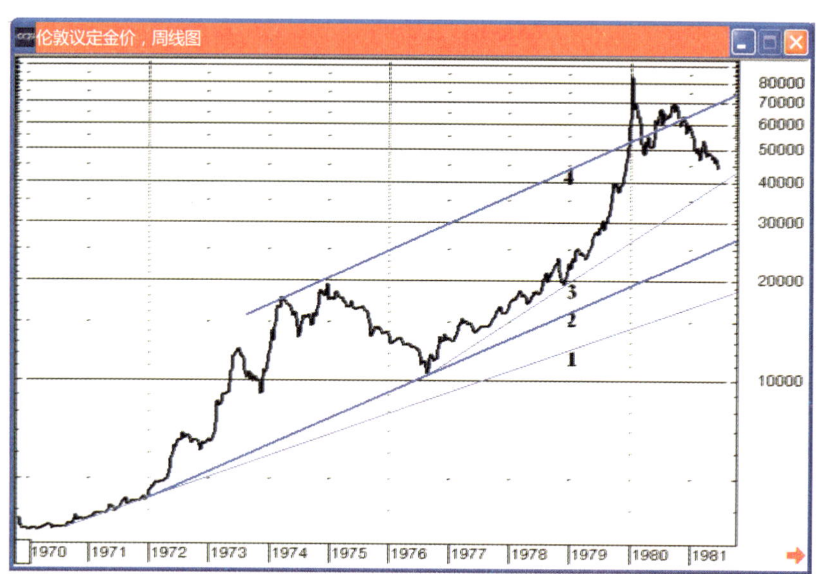

线1是在趋势开始时就已经画好了的。线2是第一条加速趋势线，线3是第三条加速趋势线。线2和线4体现了以1971年低点和1976年低点连线为趋势线而画出的趋势通道。而线4（被称为上回调线）与线2平行，是以1974年的高点为经过点画出的。

最后的释放

图2-9中的上升平行趋势线在1979年12月的588美元处被穿透，1980年1月21日的下午议定价到达850美元高点（1月21日的上午议定价为900美元，在本图未显示出来，下午议定价最接近于日议定价）。这次上穿线4伴随着一次冲高的过程，在上回调线之上的上涨很快就掉头向下了。接着就是一个*终结式的冲高回落*。黄金在500美元上方停留很短，尽管1月21日的上午议定价为900美元（或许这就是下落的原因吧），但在3月底的时候已经低于500美元了。

当价格冲破一个长期的上升平行趋势线时（对黄金来说，指的是至少高于日议定价3%的位置），这种突破通常会伴随一个终结式的冲高回落。用“通常”来形容指的是在技术分析里不存在“永远”这个词。

当一个平行趋势通道持续了几个月而不是几年时，后面的走势容易发生新的变化。

图2-10中的是一个上升平行趋势通道，已经持续了19个月多一点的时间了。

这个持续了19个月的上升平行趋势通道被随后的一次上攻突破了

图2-10 荷兰皇家壳牌公司日线图—上升平行趋势通道

图片来源：CQG公司版权所有©2006
www.cqg.com

3%，一开始，这次上冲看上去要回落下来，但1996年秋又重新升回上平行线上方。（比较一下黄金的终结式冲高回落，在最初回落到上回调线下方之后并没有恢复上升状态。）

最终一个新的平行趋势线形成了：我没有画出来，因为就像太多的厨师做不成饭一样，太多的线也会把图表弄乱。但你可以把那个通道画出来，在1996年第一季度取两个低点，再取三个高点，其中两个取在第一季度，一个取在1996年第二季度。

这个上升通道在1996年5月中旬一次上冲之后彻底形成，这个新的通道并没有形成平行式通道，而形成了一个楔形上升通道，上沿与下沿逐渐在靠拢。

图2-11中的是一条呈*下降趋势的平行通道*，与黄金的上升平行趋势通道一样，这幅图中有一个终结式下探回升走势。

图2–11 2 ½%永久性统一公债月线图（1945—1980）

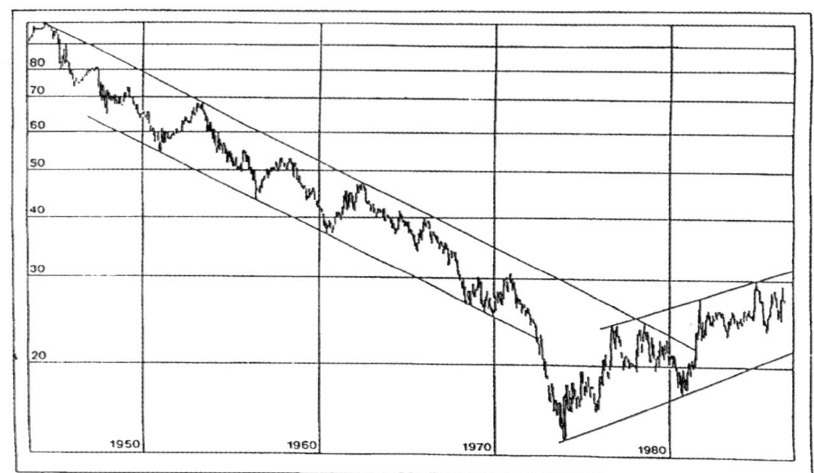

这次趋势是朝下的。平行线的下沿（也称下回升线）在1973年第四季度被穿透，这个终结式下探回升走势在1974第四季度时才真正发生反转。

这是什么交易品种?

2 ½%永久性统一公债是英国最早的政府债券，它的平行趋势持续了27年之久，1973年第三季度的那次加速下跌在1974年第四季度才发生反转。

要点：通道持续时间越长，下探回升也将持续更长。

2 ½%永久性统一公债持续27年之久的趋势通道并没有得到市场的认识，因为这是图表分析师所做的事，在当时是没有这种分析师的，至少在英国政府的证券市场里没有。

这个图不是由图表分析师和他们的追随者画的，它是由成千上万的投资者在没有沟通协调的情况下共同拼成的。如果你认为这很奇怪，甚至有些神秘，你是对的。应该怎么解释呢？尽管他们可能并不清楚这是什么原因，但人们以平行线的方式来思考。为什么？谁会这么做？如果人们就是这样想的，那么你就接受这个现实吧。如果不能战胜对方，那么就加入他们。

在后面的第11章中，有一个比永久性统一公债更显著的长期的平行趋势通道。这是因为这个图形几乎根本不存在。

图2-12 英镑/美元（1977）—横向通道

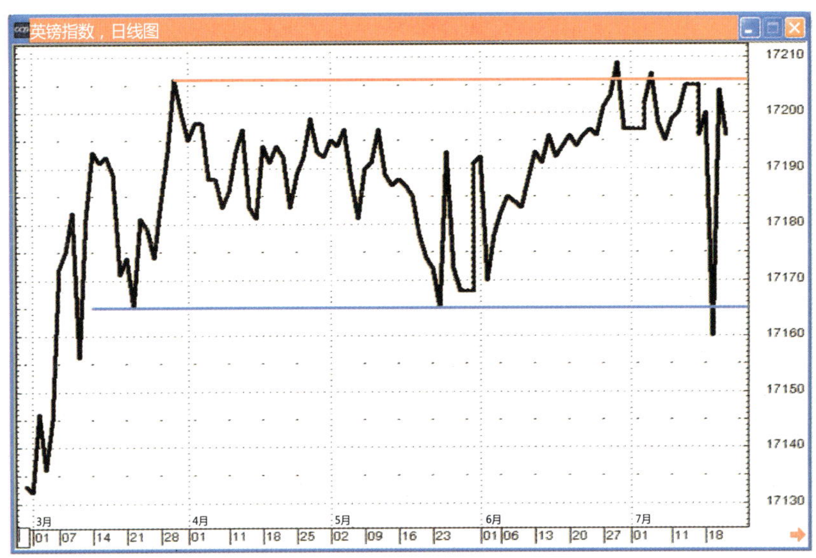

图片来源：CQG公司版权所有©2006
www.cqg.com

图2-13 沃达丰（2000）—下降趋势通道

图片来源：CQG公司版权所有©2006
www.cqg.com

到现在为止，我给你们看的趋势通道都是上升或下降型的，而且几乎所有的都是（除了楔型的壳牌公司）平行的趋势通道。

但是趋势通道也可以向右延伸，这些被称作横向通道或交易区间。见图2–12与图2–13。

最终所有的趋势通道都会走到终点，要么向上突破上回调线或下降趋势线，要么向下跌破下回升线或上升趋势线。

你已经看到了两个平行趋势通道的突破例子：黄金周线图（突破上回调线）和2 ½%永久性统一公债（跌破下回升线）。在这两个例子里，其后都伴随着一次急涨或急跌的反弹。

我还向大家展示了荷兰皇家壳牌公司的一个较短的上升平行趋势通道被突破后，在一次急速拉升后并没有快速跌下来而是回调了一些，然后形成新的趋势通道，新趋势通道的上回调线与上升趋势线呈逐渐收窄走势。趋势通道被突破以后通常会形成某种固定形态，我将在下一章节介绍。

要点重述

- 上升平行趋势通道
- 下降平行趋势通道
- 横向平行趋势通道
- 两边逐渐收窄的上升趋势通道
- 两边逐渐收窄的下降趋势通道

有没有两边逐渐发散的趋势通道呢？

你可以打赌在这本书里有这样的图形。但你没必要打赌，因为图2–14中就存在一条上回调线与上升趋势线相发散的趋势通道。

图2–15是一个下回升线与下降趋势线相发散的图形，经常发生在熊市，它的下降趋势会逐渐变大。

通常，一个上升平行趋势通道会变化形成一个向上的突破。突破后上回调线就会从由阻力线改变为支撑线。价格回调到这条线之后将倾向于形成反转走势。支撑和阻力这些重要的内容在后面有专门的章节来讲述。

应该牢记的是，下降趋势通道既可能向上突破到下降趋势线上方，也可能向下跌到下回升线下方。在前一个例子里，趋势有可能由向下反转为向上。在后一个例子里趋势向下加速。

在横向通道里，如果向上突破了，这个通道就变成了双底图形。双

图2-14 巴克莱银行（1988—1990）—通道发散走势

图片来源：CQG公司版权所有©2006
www.cqg.com

图2-15 英国天空广播公司（1996—1998）—通道发散走势

图片来源：CQG公司版权所有©2006
www.cqg.com

底图形能变成反转形态，或者变成一个延续上升形态。但如果是向下跌破支撑，这个横向通道就变成了双头图形，双头图形有时会形成反转趋势，或者变为延续下跌形态。（关于形态有专门的章节进行解释。）

一条上升趋势通道既可能以向下方式跌破上升趋势线，也可能以上升方式突破上回调线。前者常常会形成一个反转趋势，后者则常常会使现有趋势加速上升。

苏格兰皇家银行（1996—1998）

在图2-16中，蓝线A和B标示的是最开始的上升平行趋势通道，在X处通道被突破，之后的回调在B线处得到支撑，这个支撑点形成了第二波上升趋势的上升趋势线，线C就成为这个趋势通道的上回调线。

在1997年底X被突破时已经可以正确地画出线C了。当时股价是780，而线C的位置是920。做这种预测是可行的，因为苏格兰皇家银行已经处于牛市的高点，需要再涨18%才能到达上回调线的位置。这次上涨其实超过了这个位置，因为当价格触及线C时，已经涨到930了。

这个图表还显示了线D和E，它们标示了在9月末的高点超过5月的高点时，又形成了第二条趋势通道。

图2-16 苏格兰皇家银行（1996—1998）—突破

图片来源：CQG公司版权所有©2006
www.cqg.com

当股价超过点X时（参看本章开头的画趋势线的规则），第三条趋势通道（绿色）也是可以正确画出的。

我们已经把趋势、趋势线和趋势通道讲完了，但关于趋势的故事还没有结束。

要点：趋势只有经历反转之后才会结束。

趋势的推导

趋势终归是趋势，
这是一条你应试图去保护的线。
但当你仔细推论时，
你会发现趋势已经将到尽头。

市场上有很多种类型的交易人，有做空者、对冲基金经理等。拿对冲基金经理来说，他们非常喜欢熊市，而投资行业里的大部分人包括联合信托管理集团、新闻报社评论员和电视台的评论家等都喜欢牛市。

但任何一种状态在持续了足够长的时间之后，即使是一波熊市里，当人们已经习惯它的下跌，他们不情愿改变想法（在任何市场里，熊市时间越长，人们越不情愿改变想法）。因而人们渐渐不愿相信趋势会被改变。

技术分析师们，就像卡珊德拉被赋予了预知未来的本领一样，也受到咒骂，没有人相信他们。最真实的体现是在主要转折点时，所有的非技术分析师（当然也包括一部分技术分析师）都沉迷于趋势，即便是在熊市里，他们也是永远都不认为已经到了底部。在一个延长了的牛市里，他们更愿意认为趋势将继续延续。专家们对市场的看法是这样的，他们认为市场将涨到月球上去。

尽管树枝不能长到天上去，根也伸展不到澳大利亚，当熊市或牛市趋势被延长了之后我曾尝试告诉人们这个道理时，你会发现没人接受我的意见。人们常问我以前做过的最成功的预测是什么？事实很简单，没人记得我说过什么。

在这行里，当你对了，没人记得；当你错了，没人会忘记。人们常说，别人只根据你上一次的预测来评估你的成绩，可实际上并非如此。

你下一次的判断能说明你的能力，当然我指的是针对主要转折点的预测。其实在你做了预测之后，仍没人会相信你。

教训

基金经理、分析师、客户，实际上包括所有人，都不应只是让技术分析师来印证他以基本面分析为根据得出的判断，而应把技术分析师的观点当做一个完整的与它相对立的争论来看待，他们还应问问自己，是不是图表还能知道一些他所不知道的信息。市场肯定是知道情况的，它比所有这些想推测未来走势的人知道的要多。在重要的转折点位置，图表能成为你的朋友，帮你推测趋势的变化。

> 很多年前，我问当时标准人寿负责投资的主管经理：“你这么信任基本面分析，为什么还需要我的图表分析服务呢？”他告诉我说有时候我的分析结果与他们的基本面分析结论差异很大，这样他们可以再做一遍研究，看看是否有哪些方面被疏忽了。

于近期退休的沃达丰公司主席克里斯托弗·根特爵士很早以前就看到了由固话向移动电话转变的发展趋势。而在第一次讨论会上，来自标准人寿保险公司的另一位投资总监从会议桌上探过身来，说道：“孩子，移动电话不会受欢迎的。”

那位投资总监所做的就是对趋势的推断，他犯的是人们经常会犯的一个错误，没有看到新的变化，也没有去尝试。当然，这不能说明整个标准人寿保险公司不清楚眼前的投资机会。

目前黄金牛市的推断：2006年4月

目前的牛市行情是很容易看清的，这次行情起于1999年第三季度的低点，包括1976年和1978年的行情在内，这是自1975年以来最长的一次牛市行情了。

我们来看一下图2–17这一轮牛市的周线图，图形改为以瑞士法郎来计价，除了最初始的趋势通道（蓝色）外，还有另外三个，它们分别是灰色、粉红色和绿色。在一轮牛市行情中没有任何规定来限定趋势通道的条数，但如果金价突破了上面那条绿线，那么下一个趋势不可避免地将会呈90度垂直上涨。如果这样的话，这一波已经发展得很成熟的牛市行情进入最后阶段了。

图2-17 黄金（以瑞士法郎计价）—多重趋势通道

图片来源：CQG公司版权所有©2006
www.cqg.com

那什么是牛市呢？

每个人都有自己的理解，我在这本书的术语部分也介绍了我的看法，但我在后面还将重复介绍。我做的定义自1963年我成为一个技术分析师之后就没有改变过。

牛市和熊市

虽然熊市一结束牛市就开始，平均需要一年的时间，下跌才会停止并开始上涨。事实上，直到均线从向下到向上发生逆转之后，你才知道你已经处于牛市中了。均线方向发生变化常常能够确认牛市已经开始，即使确认了，也是事后聪明，而牛市真正的起点是绝对低点处。

当牛市已经到达顶点时，熊市将在第二天开始，虽然在顶点位置时你并不知道。年线这时还在上涨，直到年线开始下落时，你才发现另一波熊市已经到了。趋势从向上到向下的反转能够确认熊市已经开始，即使确认是熊市，这也是事后聪明，在绝对高点时熊市已经开始了。

根据这样的定义，由于年线从1999年7月开始既经历了上涨又经历了下跌，曾经出现了几次牛市和几个熊市。然而，牛市是一个高点不断抬高和低点也不断抬高的连续，否则就无法形成上涨趋势线，这是形成上升趋势的必要条件，对于熊市也是这样。

牛市/熊市——有关系吗?

技术分析师的工作不是给市场起名字而是预测它的方向。我不关心市场是涨是跌，只要它按我描述的那样变化就行。我只对正确推测市场感兴趣。

针对当前以瑞士法郎计价的黄金的牛市，有些人认为我的定义是错误的。他们的反对理由是：直到2005年才有人赚到钱。经历过牛市和熊市，没能看懂市场，反倒受到市场的折磨，我反驳了他们的争论。

不要总关心图表下面的红线（它还会出现几次），这是一个指标，是非常重要的一个指标，后面的图表中我们将做解释。

在牛市的最初几个月或几年里，因为在熊市已经持续下跌了很长时间，很多市场的参与者不相信熊市已经转牛市了，他们还认为市场不会转为牛市。

下面是一份写于2006年4月的商情报告。

图2-18 黄金（以瑞士法郎计价）

图片来源：CQG公司版权所有©2006
www.cqg.com

人们最大的缺点在于趋势的推导方面：让任何一种趋势线持续足够长的时间，所有人，除了一个人以外，都会拒绝相信趋势会改变。因此，在熊市已经确实触底很长时间后，他们才开始像以前一样，旁观或者开始卖空。

我相信所有人都听说过死猫式反弹，这是那些所谓的专家们在一波主升浪的前几个月在报纸上、经纪人办公室和电视上作出的武断的判断。专家不一定就是正确的，他们只想赢得声誉，通常会因为一些基本面和智力的因素把情况分析错。

至于这只反弹的死猫，最后那些曾断言这只猫已经死过多次的专家们终于意识到，这只猫不是在反弹，而是在袭击：猫儿变成了牛。死猫是不会弹跳的，它们会在地板上变臭。有时是这样，但实际上，我总在想让那些专家也跟这些猫躺在一起算了。如果你跟狗躺一起你身上会招到跳蚤，这是一定的；但是如果同猫躺在一起，专家有一个优势，大部专家身上早已有跳蚤了。

交易者们在看到价格变为上升时无法相信他们运气会这么不好，于是他们继续卖空。到了最后，他们才会把最后一笔空单平仓，并逐渐转为多方，这时有买入想法的人开始越来越多，短时间内看多市场的人们以天、周或月为长度开始交易。

这就是市场会持续上涨的原因：有人抢到了利润。而也有人会喊道："我要等下跌时再买。"你认为市场不知道他们要做什么吗？它当然知道。尽管没有眼睛、耳朵和大脑，但市场知道一切。

市场有一张雄辩的嘴，听听它在说什么是很有好处的。不要告诉它应该去做什么，市场听不见专家告诉它应该如何去做才是对的：它没有道德观念，它什么也不在乎，它想做什么就做什么，它想什么时候做就什么时候做。

快刀交易者和日间交易者终于认识到，如果他们在牛市最开始时持仓不动，而不是为了一两个法郎不断地进进出出，他们就能富裕得多，当然睡得也更香。

当然，如果那样的话就体会不到那种很多交易者都喜欢的那种男子汉气概了，也用不着香槟酒来庆祝，也可能是鸡尾酒吧？不管怎样，最终，他们可以确认：牛市来了，那么就长期做多吧。

过了一段时间后，在做多的队伍里掺进了曾经在"死猫式反弹"过程中短期做空的人。是的，就连这些人都开始认为猫是可接受的，他们

图2-19 黄金（以瑞士法郎计价）

图片来源：CQG公司版权所有©2006
www.cqg.com

相信牛市来了。那些普普通通的人，意见开始统一了，为了安全，也加入了看多的队伍。

然后，担忧又重新出现。对牛市的担忧在上涨过程中逐渐明显，为什么呢？这是人的天性。最终，这个好男孩“推导法”加入了进来，它说趋势将永远持续下去。

如果自2005年9月开始的上涨在图2-19中看不出什么特别之处的话，那么结合图2-18来一起观察，能否看明白呢？

2006年4月20日发出的商情报告结束了。我没有预测顶部，因为技术分析师的工作并不是预测趋势反转的到来，而是在趋势反转已经发生或将要发生的一个较早的期间内正确识别出来。黄金在5月见了顶，现在（2006年8月）对比4月已经低一些了。

可是，4月份的问题在于，不论你以什么货币来交易黄金，牛市已经持续了很长时间，同时也表现出了冲高回落或尖钉状头部的尾声行情特征，这个特点在本章的初始部分曾有介绍，在上一个周线图也有示意。

当这次宴会以尖钉状头部为尾声而结束时，沉醉的状态也随之而出，持续的时间也非常之久。在头部出现后一个月再卖出与提前一个月卖出是一样的。

当然，我也会出错，没有永久的事物，即使是歌剧也不例外，还包括（有人会说）我的沉思。但沉思可以是有趣的，而且比歌剧要有趣。

下面要介绍的是上面文章的姐妹篇。

2006年4月20日，黄金下午的议定价为625美元

自1999年以来的上涨已经持续了6年10个月了，这是自布雷顿森林体系失败之后的最长一次牛市。这次牛市上涨了147%，并20次创下新高点纪录，从今天来算已经是第三次大牛市了。

自布雷顿森林体系之后的第一波牛市创下了高点，虽然在此后的五次熊市都开始于12月14日到第二年2月16日之间，但这并不意味着未来的熊市一定会在这些月份中产生。

图2-20 伦敦议定金价周线图（1999—2006）

图片来源：CQG公司版权所有©2006
www.cqg.com

在图2-21中，第一条向上趋势线以1999年的253美元低点为参照，取值为255美元，超出了图表的下框范围。

日线还是周线都没关系，都能体现出终结式的冲高回落，而这一波完整的牛市还可以给我们以安慰，从线X计算能涨到675美元。

线X与线A和B相平行，它到线A的距离与线A到线B的距离相等。有时，但并不总是，当价格突破了已经延续长时间的平行趋势通道后，它

图2-21 伦敦议定金价日线图（2003.4—2006.4）

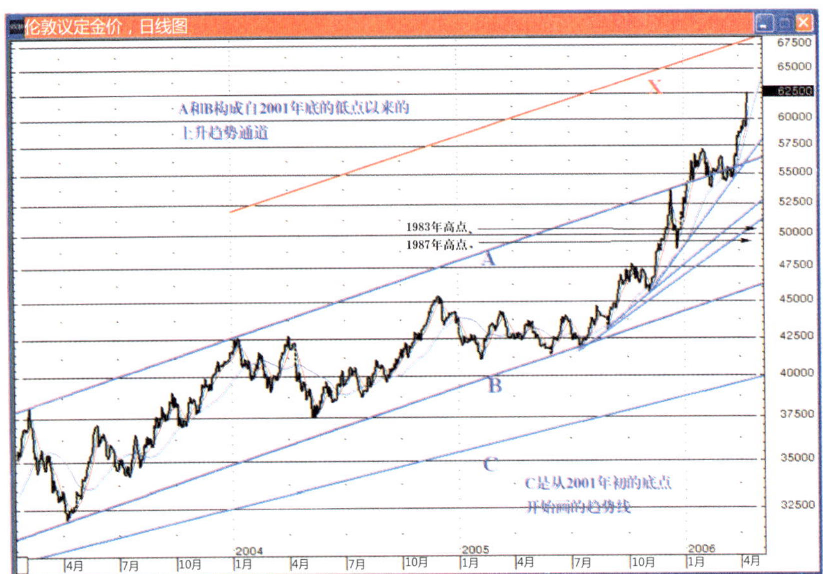

图片来源：CQG公司版权所有©2006
www.cqg.com

会继续涨到第三条线，而突破后的升幅超过了1980年的高点。

现在来看一下变动速率指标（图2-22）：它的最高点经常出现在牛市的初始阶段，在第一次超买之后的最终的牛市的高点，以三个月变动速率来衡量的话，已经接近于1999年1月，但没有超过这个值。1980年有一次特例，最终超买时的值比开始的值还要高。

【**要点：**变动速率指标也被称为超买超卖指标，将在有关指标的章节介绍。】

本质分析：变动速率指标现在处于什么状态？状态良好，从第十九周的情况来看，没有体现出任何超买情况，涨到了自2月中旬以来的最高点，周平均价格已开始拉升。

在变动速率指标发生拐点时，价格也倾向跟着变化，而黄金的价格涨得更多一些。

但看看价格图上由两条红线所显示的潜在阻力（图2-23）。

然后看看今天上午和下午的议定金价（图2-24）。

图2-22 伦敦议定金价周线图附变动速率指标（1999—2006）

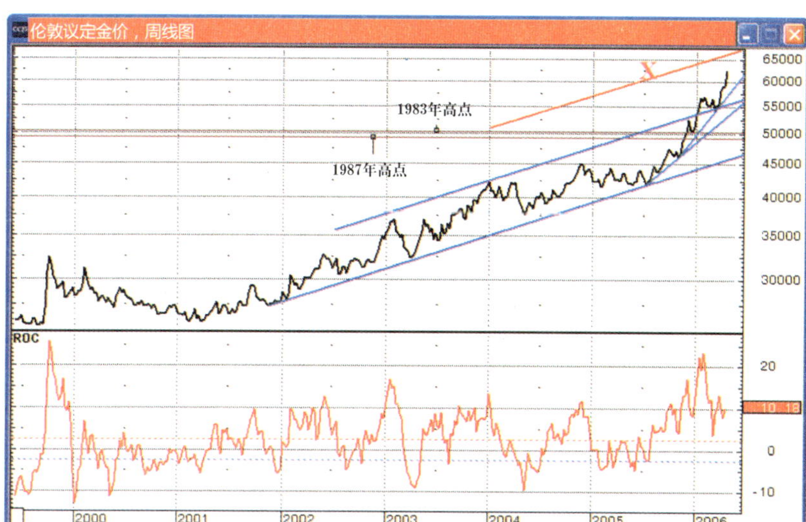

图片来源：CQG公司版权所有©2006
www.cqg.com

图2-23 伦敦议定金价日线图附变动速率指标（2005.11—2006.4）

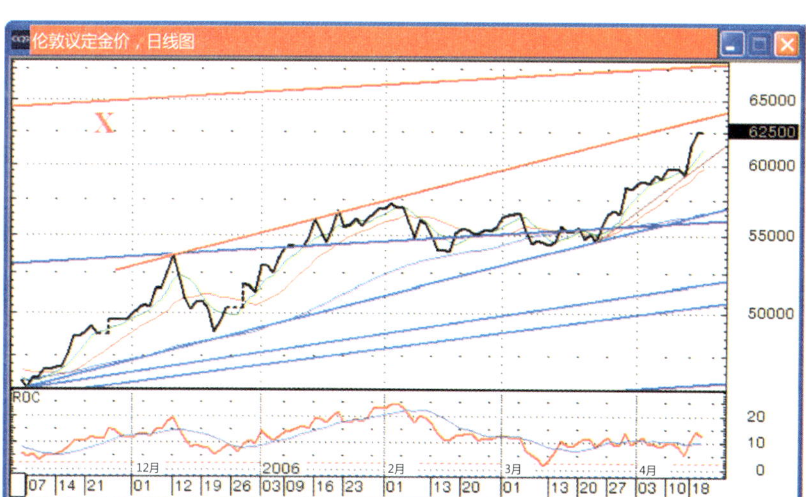

图片来源：CQG公司版权所有©2006
www.cqg.com

图2-24 伦敦议定金价—上午议定价和下午议定价

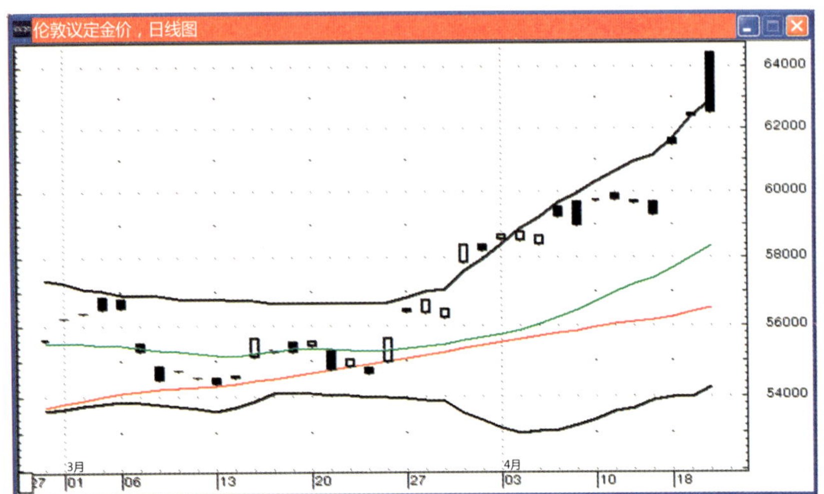

图片来源：CQG公司版权所有©2006
www.cqg.com

在图2-24中，竖向方块表现的是上午和下午议定金价，黑色指示下午的议定金价比上午的低，白色则相反。

今天上午和下午的差值敲响了警钟：我观察了上午议定金价和下午议定金价的差值，发现下午的价格低于上午的，让我们回到20世纪70年代。

目的：探寻是否大的差值总伴随着金价处于高位。这就是我所发现的。

今天上午和下午议定金价的差值是3.03%。

1999年9月29日

上午议定金价是317.25美元，下午议定金价是307美元，差值为**3.23%**。

4个交易日后，10月5日，上午议定金价为325.5美元。下午议定金价还要低一些，仍是黑色的蜡柱，但上午与下午的差值已经小到0.23%。10月5日的325.5美元在两年半内再没出现过。在这期间，金价跌了21.37%，在2001年4月2日议定价为255.95美元。

1987年10月20日

上午议定金价为481.6美元，下午议定金价为464.3美元，差值为**3.6%**。

39个交易日后，上午议定金价收在502.75美元，这就是牛市的顶点。当天下午议定金价为499.75美元。上午议定金价比10月20日的481.60美元高出4.39%，（差值为0.6%）。两年后，下午议定金价收在355.75美元，黄金已经从顶点下跌了29.24%。

黄金在1990—1993年熊市末期的价格更低，在1996—1999年熊市的最后阶段，到了还要低的价钱（253美元）。直到2005年12月才再一次回到502.75美元。

在所有的例子中，差值最大的一次是在1980年1月21日，为5.56%（上午议定金价是900美元，下午议定金价为850美元）。

结论：

在过去的35年中，上午议定金价与下午议定金价的差值最大的四次都已经列出。都与黄金的主要高点关系紧密：在1980年，差值产生的日子与市场见顶发生在同一时间；在1987年，这两个时间点之间有39天间隔；在1999年，间隔时间为4天。1987年的顶点比出现差值那天高出了4.39%，1999年的高点比出现差值那天高出2.44%。

我不是想说黄金的高点就在今天，但想想1980年的情况，今天的推测是可能发生的。但如果高点没有出现在今天，把本书向前翻两页，从今天算，39天之前是685美元和691美元。以前发生过的事，今后还要发生，否则就不需要技术分析了。

我从1955年开始就在这一行工作，我见过许多持续时间很长的大牛市，加拿大天然气公司（1953—1956）、黄金（1970—1974）、黄金（1976—1980）、镍（两家公司，包括西部矿业公司和波塞冬镍矿公司）、电子类公司网络股、工业控股公司、石油（20世纪70年代）、商品（20世纪80年代）、集团公司（工业控股公司的再次繁荣）、科技类公司等等。

灰狗公司（“二战”后）、树脂唱片（“二战”前）都是在我到伦敦前就有的，华尔街也是如此。还有郁金香泡沫（17世纪）也是。东京（1982—1990）不是。

我所列出的大部分行情都是我经历过的，比我出生早的故事是我在书上读到的。

这里列出的所有的泡沫式增长，包括在其他地方发生过的，都在不停地发生。所有的都重演过了。

人们经常会像旅鼠一样毫无警备地跳下悬崖。

就讲这些。

再见。

“任何古怪的看法一旦被普遍认为是正确的，人们马上就能欣然接受这个思想了。”

——阿瑟·叔本华

“每个人作为个体都是明智而又通情达理的，但当他成为群体的一员时，他立刻就会变成木头脑袋。”

——弗里德里希·席勒

投资天才在上涨市场中是记性差的人，只有在长时间的下跌市场中才能积累投资的智慧。

——谦受益

在我写一份报告时，一位有名的基金经理吉姆·罗杰斯谈到金价将上涨到1000美元。我公布报告11天后，市场在725.75美元见顶，这是很显然的。“显然”是因为根据我的正常定义，我们不用等到年线转头向下就可以知道熊市已经来了。

在1980年，牛市见顶11个月以后，年线才转头向下。

19世纪70年代，纽约市的年长者们由于担心不断增长的马匹的数量可能会给环境带来影响，于是布置了一项研究。几个月以后，经济学家、环境学家、马棚主人、蹄铁匠、粮草商人以及其他相关的人都从自己的角度出发展开热烈争论。最后一项报告被公布出来，结论是如果纽约市马匹的数量以过去100年内增长的速度再增长100年的话，到1970年时将会有三层楼高。

一个显赫的银行家（在以前银行家都是显赫的）在和他的伙伴说悄悄话时，被人偷听到在说：“如果他们讨论的内容是墙街（华尔街），马匹都得垒三层高。”

我讲这个故事是要说明汽车不是为了解决纽约市的粪便问题而发明的。

要点：当以推理的方法来解决问题时，总会出一些问题把事情弄糟。

为了说明推理的危险，我提到汽车，你知道在20世纪初有多少汽车生产厂商吗？700多家。当时需要这么多家公司来满足预期的需要。

通用汽车存活下来了……但你是否记得美国人常常嘲笑日本不成熟的汽车工业？今天他们不再嘲笑日本车了，他们在开着日本车。通用不再是世界上最大的汽车制造商了，丰田是最大的。

在我们把推理这个话题扯得太远之前，我们回到正题继续讨论趋势，现在我们要讨论一下当趋势看上去要结束时会如何变化以及什么时候会发生变化。

3 Support and Resistance

支撑和阻力

当为某种确定性而赌博时，赔钱的可能性更大。

——温斯顿·丘吉尔

支撑和阻力本来是不存在的

那为什么还要写呢？

支撑和阻力是技术分析的两个最重要的概念。问题在于“支撑”和“阻力”这两个词里面缺少了一个词。这个词就是：

潜在的

我经常在经纪商的报告里，当然还有报纸里，看到用关键、非常重要、重要、长期、强、弱、历史性、心理、关键、好、主要、次要、巨大（无疑也有米老鼠）等来形容支撑或阻力的程度。做这样描述的人只是一些模仿者、非专业图表分析师、电视或报纸的评论员和经纪商们，他们这样做无非是想得到订单或为自己做推销。

最近的一个“心理”的例子出现在今天（4月29日）的《每日电讯报》上：“当富时250指数突破10000关点时，一个心理障碍被跨过了。”

与我在其他章节做过的描述一样，其他的市场在打破这个本不存在的阻力时根本没遇到困难。上面说的都算不上阻力或支撑，那些阻力或支撑只不过是潜在的，因为你不会知道它是否有效。因此，本章确切的名字应该叫做：

潜在的支撑和潜在的阻力

一旦某个位置经过检验确认有效后，潜在的支撑就能够阻止价格下落，而潜在阻力就能阻止价格上涨。潜在支撑被打破后，就会变成潜在阻力；潜在阻力被克服之后就会成为潜在支撑；它是永远也不会变成阻力或支撑的。

如果起作用？

很多年前，我在起草关于支撑和阻力的成立条件时，逻辑上解释为：支撑和阻力是否能够真正实现，要看支撑位置受考验时超买的强度和阻力位置受考验时超卖的强度。从逻辑角度来看是这样的，但这么说对吗？不对。

经过痛苦的经历，我发现超买或超卖状况对支撑或阻力是否能够起作用没有任何影响。技术分析是纯粹基于经验观察来实现的，我又回到画板阶段。说实话，当时根本没有能显示图形的电脑，你只能自己画。

在第1章，我告诉了你爱德华和马吉关于股票和指数趋势被打破的规则，我还讲了在分析外汇和债券图表时我所做的参数改动等。

我推算如果支撑和阻力被打破3%、2%、1%或0.5%，这的确是符合逻辑（这个用词很危险）的，那么如果这个位置被考验后，价格不仅没有克服阻力或寻到支撑，而且向反方向运行了适当的百分比，这样的话，支撑和阻力已经显现，体现了作用，这就是“潜在”这个词进入我的词汇表的原因。

潜在的支撑或阻力生效，或转变为实际支撑或阻力是我提出的概念，我从未在其他书上看到过类似的概念，也从未在任何电视广播或报纸文章里看到过。直到现在，除了客户以外我没有对任何人提过。

那么为什么我现在要告诉你呢？

因为我已经72岁了。考虑到趋势的推导，我不希望别人把我对趋势的推导想成是一种荒谬的理论，我希望把我最初始的想法留给后人。

当然，世界已经发展了很长时间了，而在这期间出现了很多技术分析著作，很有可能某些其他分析师自己总结出了和我一样的方法。事实上，如果他们没有写那真令我吃惊。毕竟我没那么聪明。但除了我的书以外，我从未看见任何人提到“我”总结的规则。

我也从未在别处看到“潜在”这个修饰词，关键、重要、主要这些词是出现过，但“潜在”这个词没有。

当然，如果每个读了这本书的人都开始使用我的规则，而市场按它自己规律运行的话，可能会弄巧成拙。如此一来，最受折磨的就是这个并不谦卑的作者，那真是个大大的笑话。

“如果起作用”的意思

当潜在支撑或潜在阻力经过检验之后，价格扭转方向后的变化幅度与穿过这个阻力所需的幅度相等，那么这个潜在的支撑或阻力就已经起作用了。但不可以说这个位置是很强的、关键的、重要的、主要的等等。

一次检验是指：

- 对于**股票**：收盘价在潜在支撑或潜在阻力的1.5%或以内。
- 对于**货币**：在0.5%或以内。
- 对于货**币或债券指数**：在0.25%或以内。

换句话说，我把打破趋势线所需的百分比除以2了。

如果潜在支撑或阻力被打破，但没达到要求的限度，怎么办？

如果潜在的支撑或阻力没有被打破到指定的量，那就视为趋势没有被打破，只能算是刺穿。所以，如果要在一个潜在的支撑或阻力位置计算一个反转，当价格再次回到趋势通道内时，趋势通道仍可视为有效，你可以在价格再次进入通道0.5%、1%、2%或3%后计算反弹或回调的目标价位。

如果在潜在的支撑或阻力位置价格的方向发生了扭转会有什么结果呢？

价格倾向于延续它的新方向。持续的时间很大程度但不是完全取决于最近的潜在支撑和潜在阻力位的所处距离的远近，它有可能是趋势通道内的一条趋势线或一条价格平均线，一般最短要一个月的时间。

价格均线也可能成为潜在支撑或潜在阻力，这都要看当时是涨是跌。对价格均线的倾向性将在后面的章节详细讨论。

当然，如果阻力和支撑总能有效的话，那么就没有上涨或下跌的市场了。明确地讲，它们是存在的，但不是总能起作用的。很多时候，价格走势在趋势线的潜在支撑和潜在阻力作用下发生扭转后，又会遇到新的潜在支撑和潜在阻力，价格会再次转变方向，重新考验最初的潜在支撑或阻力。

如果是一条水平趋势线，自然它会在第一次检验的同一位置再次经受检验。但如果是一条上升或下降趋势线，那么将会在一个更高或更低的位置受到检验，而不是在与原来相同的水平位。

我讲的都是实用的知识，也是必要的知识。只有看着图来分析，才会明白其中到底发生了什么变化，图3–1就是我刚刚讲的内容。

图3–1 伦敦议定金价—潜在支撑和阻力

图片来源：CQG公司版权所有©2006
www.cqg.com

最初的上升趋势线是绿色的，直到高点A出现后才能画出，点4的上方，产生了必要的次序：低点、高点、高位低点、高位高点。

当绿线被跌破后，直到点3（高于点A）被标出后，新的次序——1、A、2、3（低点、高点、高位低点、高位高点）出现了。

当时的情况是，对于所有的通道，如果不能证明不是平行的，那么就假定它是平行的。如果把4和5连起来画线也是对的，它与1和2的连线平行。为什么不画4到A这条线呢？有些值得注意的例外情况，我将在第4章阐述。在有关趋势的章节做过概括，没有高点、低点、低位高点、低位低点，画不出下降趋势线，反之，上升趋势线也画不出来。

1和2的连线显示的是当前的上升趋势线，4和5的连线是与1和2的连线平行的上回调线。标有–3%和+3%的两条细线分别在4和5的连线的下方3%位置和1和2的连线的上方3%的位置。

看看4和5的连线。这就是潜在阻力，它已经起作用了（变成了实际阻力，但只针对这个例子）。金价从X点掉头向下，这个位置在上回调线上方不到3%的位置。6月底阻力再次生效，在点5处又一次起了作用。

为什么高点都是潜在阻力位？

因为有些人在那个位置买入之后等待在不赔钱的情况下卖出，如果他们的买入价重新出现，他们将成为潜在的抛售者，这样的话，这个位置就经受着考验。

所以，X点在Z点受到检验时，起到了阻力的作用，Z位于X以下不到1.5%的位置。X成为实际阻力，当金价下跌大于3%时，这个点就起作用了。

价格会跌到什么位置？

如果不考虑315（9月低点[①]）上方的潜在支撑作用，金价跌到蓝色上升趋势线（6和7的连线），一个潜在支撑。实际上，这条线被切断了，但仅仅如此。如果下跌了3%也不过是打破了这条线的支撑。如果经过了检验的话，潜在支撑刚好起作用。在收盘时价格上升了3%，这也是为什么价格从6、7、8的连线上涨了3%的原因，这条线提供了支撑。

图3-2中的红线P-Q是一条加速趋势线，并且是图3-1中的点2延伸

图3-2 伦敦议定金价—潜在支撑和阻力

图片来源：CQG公司版权所有©2006
www.cqg.com

注释

①低点成为支撑是因为一些人在此位置买入，使得他人认为当价格再次回调到这个位置时一定是一个好的买入点。

画出的。在图3-2左侧4和5延伸至R的连线被突破3%以上，也可以从2、P、Q画一条连线。

细红线位于平行于2-P-Q连线上方3%的位置。与下面一条线平行的细红线位于R-S-T连线下方3%的位置，上回调线是与2-P-Q连线相平行的。

加速趋势线

如果价格从任意平行趋势通道的上趋势线突破3%，就像图3-2在R的连线上产生的突破例子，只要四法则能再次成立（在这个例子里，只要在2003年9月R点被超越），就可以画一条新的趋势通道，以第一个趋势通道的分接点（图3-1上的点2）为起涨点，穿过位于它上方的突破以后的低点（点P）。

如果你观察图3-1的完全形成之前的形态，而不是它现在的样子，你会发现，你很可能会以点2为起点画出多条上升趋势通道。但在金价超过4和5的连线后，唯一能画出的就是图3-2这幅以R为高点的红色趋势通道的图。

点C位于R-S-T连线的上方3%处，在1月底的时候，金价超过了点C，于是B-D连线得以画出，上回调线C-W线也可以画出了。最近（我写本书时是2006年5月6日），金价已经超过点W3%，这样又可以画出线X，这是自1999年牛市开始后的第八条上升趋势线。

在上图中你只能看到5条上升趋势线，但在这幅图中还有第六条线存在，它的位置比所有的趋势线都低。在那条线画出以前，有一条从1999年8月的低点到2000年4月的趋势线，还有一条从1999年7月的253美元位置到当年8月份的趋势线。

图3-3是一幅周线图（前两幅是日线图），热心数线的读者已经发现，这幅图上只有7条趋势线，最低的线只有一个触点，位于1999年8月的低点（这个点要低于2001年的低点）处。

理由很简单：日线图上的绝对低点是在1999年7月的253美元处，比戈登·布朗大量卖出黄金时的价位稍低一些，在周线图上看不到布朗卖出的这个点。自2005年以来，在所有标有红色线的图中能数出5条趋势线，而在周线图中只能数出4条。这还因为周线图在一个时间单位内不能显示两个低点，这也是它不同于日线图之处。

图3-3 伦敦议定金价

图片来源：CQG公司版权所有©2006
www.cqg.com

为什么没有画被检验的日线图？

你无法从一幅日线图上得到所有的数据。

在黄金走势图上，能画出1条基本趋势线和另外7条加速趋势线，在其他任何时间里都没有过8条上升趋势线。1976年至1980年期间是黄金最大的一波牛市行情，至少在布雷顿森林体系失效后有过1次，加上6次，一共是7次。

这对黄金今天的走势有什么影响吗？

有人会说是一场新的球赛。我认为我们在目睹目前牛市的冲高回落过程，这是跨度最长的（历时7年）牛市，也是黄金的第三次大牛市。

当你读到这里时，我们就能确切地知道究竟这是一场新的球赛还是没有新球赛这一说法。我是一名技术分析师，我不相信有新的球赛出现，曾经发生的事情还会再次发生。

你怎么想基于你的回答来决定，这不是一个计谋。如果你去一家赌场，并且知道离你最近的这桌轮盘赌已经连续出了17次黑色，你会赌什么颜色呢？根据大数法则，如果在0不会出现的前提下，每次出现红色和黑色的概率是一样的。所以无论你押黑或红全凭你的感觉。图表分析师必须避免凭感觉作判断，因为感觉是靠不住的。

附言：市场不是轮盘赌，轮盘赌是没有记忆的，一些评论家尤其是完全市场理论者和随机游走理论者认为市场也是不存在记忆的，可人是有记忆的，在市场中买进和卖出的行为是由人来完成的。

潜在阻力和支撑到现在还没有讲完。

均线两种功能都有。我原本打算把均线放在单独的一章来讲，或者放在关于指标的章节来介绍（所有用在技术分析里的都算是指标），或者放在关于趋势的章节里。

有些书中把均线称为指标，或者是与*领先指标*相对应的名称——*确认指标*。我不这么认为。“指标”一定是在暗示某事将发生，而不是某事已经发生，我认为这是经济学家的行为。

均线

均线，在技术分析里常把“移动”这个词放在它前面做修饰，但在这本书中，只称均线就够了。

也许你认为在领先指标和确认指标这两个词的不同上，我是要卖弄学问而不愿在前面加修饰词，其实均线这个词本已经告诉你市场的一些本质内容了，但它永远不会让你猜到市场的底或顶。它能做到的就是能让你在见底或见顶之后告诉你。这样来看的话，这算是确认，算不上领先。好吧，顶和底是傻子（洛希尔）和骗子（马伯）才会信的。

想一想，其实技术分析恰好相反，它不是给傻子或骗子的，它讲的都是关于识别顶和底的知识，不是耍小聪明，也不是一时冲动，至少不是滥用技术分析，而只有在事实很清楚的前提下才会采取操作。

均线没有自成一章，尽管它重要到可以单独成为一章。我曾多次说过价格自己是什么也做不了的，所以把它与支撑和阻力放在了一起，这是均线的主要特征之一。

如果投资报告听说过均线，它一定不会认为均线有用处。在第7章你将会读到我是如何发现和在哪儿发现均线的（在关于均

> 1955年我第一次见到股票图形时，上面没有均线，过了几年之后我才明白什么是均线。我开始懂得均线的时候，剑桥投资研究院（当时剑桥投资研究院所采取的是一种由公司与研究院联合起来共同经营的营销策略，到后来一些大学也逐渐明白了这种经营方式）还未开始使用这项指标。

线的章节）。

要点：我在本书中用了三条均线，分别是月线、季线、年线。

这三项指标是这样来标出的：

- **21日**（接近一个月的可交易天数——即使对过分注重细节的人，我算其中一个，100%精确也是没必要的）；
- **63日**（三个月的交易天数）；
- **252日**（一个交易年的长度，至少适用于伦敦市场，对于华尔街来说也是将近够用的）。

对于东京的市场，我使用20日、60日和240日为参数。外汇市场应设定什么周期呢？如同风车剧院的名作《我们从不关门》一样，外汇市场也是如此，所以我用21日、65日和261日为参数。

为什么我用“dealing（交易）”，而你们可能更习惯于使用一个新词“trading（交易）”？也许是我太老了，习惯了自己的方式，思想传统又保守，“dealing（交易）”是我在这一行自始至终都用的一个词。

观察周线图时，我使用4周、13周和52周为参数。交易周不计周末，尽管有一些艾略特波浪理论者把周末也计算在内。但艾略特波浪理论者怎么做并不重要，他们比不上本书开头介绍的那个并不谦卑的抄写员。

我也非常关注历史，而那些年轻人（比如说那些45岁以下的人）对历史根本不了解，也不在意。如果你是个技术分析师，我从事这行已经有43年了，虽然研究图表最重要的事就是读懂今天图表的内容，但这还不够。

了解历史就能针对更长时间的涨跌做预测，比如牛市或熊市所持续的时间长度。在第2章“趋势的推导”一节涉及了更具体的内容，看了你就会明白我的意思。

为什么我只用我自己设置的均线参数？

这个问题的答案与很多关于技术分析的答案一样，因为这样做是有效的。我见过有用10日、20日、60日均线的，这是股票经纪商（现在被称做市商）所用的参数。

他们设10日为参数是因为在以前10日就是一个股票交易期，而且他们认为这对初学者来说是一个好用的数字。而20日就是将近一个月的时间，而且又是10日的两倍，在计算器还没有被普遍使用的时代，这个参数很好用。（如果你写下两栏数字，每一栏都是10日，你可以横着读出两个数值，就能得出20日均线的值了，横着读三个20日的数值，你就能得出60日均线的值了。就说这些吧。）我最开始时也用了他们的参数。

我参加过一次由一位美国技术分析师举办的研讨会，这位分析师对观众说我设的参数没用。他告诉我在美国均线是基于资本收益周期长短的不同适用不同的税率这个原理的。

他提出200日的概念，同时以30周作为200日的同义词来使用。我问他为什么，他说200日与30周是相等的。我指出30周只有150个交易日，如果算上周末的话就是210日，而且在这210日里有60日不开市的。他似乎毫不在意。

在我开始使用10日、20日、60日的参数后，我发现10日对我来说太短了，而且我需要一条比60日还长的均线（对于经纪商来说长于60日就毫无意义）。我逐渐把参数调整为20、60和240（4×60）。

大多数技术分析师从未听说过21日、63日和252日，而这些参数是我在用上计算机后才实现的，而且一个月、三个月和一年这三个周期对我来说也很合理。但我也听说过5日、10日、20日、30日、40日、50日、100日、200日的使用组合。上一组参数对我来说没有逻辑性，变化不定。我用长期均线判断市场在什么时候转变方向时，它不能在市场发生转向后很快就反转。到现在，我仍对这点感到很失望。

有些人使用菲波纳奇数列：8、13、21、343、55、89、144、237等。我有一个同事，我曾教过他这些知识，他在电脑里输入程序时听错了我说的数。本应是252，而他输入了273日。他很固执，不愿意修改他犯的错。我发现273日是13个阴历月份。至少他关心的问题解决了。

我还知道有两个臭名昭著的姐妹，她们发誓说只有一个周期与黄金有关，那就是63周（大约1¼年）。1980年，她们利用这个周期来分析黄金的走势，出现重大错误。在此之后，她们却把63周的事彻底忽略掉，不承认有过这回事。

如果前面的内容使你得出结论，认为技术分析是一门艺术，而不是一门科学，这就是我一直在引导的目标。所有告诉你说这是一门科学的人都是假内行、假艺术家，不是一个图表分析师。

如果这些内容对你有用，你可以利用这种方法。如果你没有更好的方法，那么加入到这个行列中来吧。虽然这不是最重要的，但是可以起到很好的辅助作用。

你如何设立一条均线的参数？

为了简单易懂，我们以10日均线为例，把最近10日的收盘价加起来再除以10，这就是10日平均价。

数学专家告诉我10日均线所显示的最新价格应该是5日前的价格，20日均线显示的应当是10日前的价格。就我的意见来说，如果你愿意的话，你可以用澳大利亚市场来标示一下。如果你把均线对照价格来观察的话，更容易看清均线表达的信息。

我所讲的是*算术平均值*，这是我唯一要讲的。有的技术分析师用*指数平均值*，还有人用*几何平均值*。这些我都试过，但我更倾向于算术平均值。

使用指数平均值的人认为指数平均值比算术平均值更敏感。它确实很敏感，但这不一定就是优势和必要因素，敏感性容易产生锯齿形。

我没有使用均线，均线的缺点是无法推算价格怎样变化能改变均线的方向，这就是我不用它的原因。

均线能做什么？

1. 上升
2. 下落
3. 横向移动
4. 互相交错
5. 改变方向
6. 聚拢

图3-4（富时250指数自2002年底以来的走势）显示的是三条均线：21日均线（绿）、63日均线（红）和252日均线（蓝）。我用这些特别的周期的原因已经在术语表中解释过了。

看看这幅图和上面的均线，当你看到价格跌到某条上升均线的下方并要再次上涨时，你一定会产生很大兴趣。如果这不能激发你的兴趣，你将不太可能成为一名技术分析师。

图3-4 富时250指数—均线

图片来源：CQG公司版权所有©2006
www.cqg.com

当我第一次看到图上的彩色线条时，我一点也不知道那是什么，但如果用引起了我的兴趣来描述我的心情，那绝对是说得过轻了，因为我很快就看到了那些我在前面说过的均线的趋势了。我很少如此兴奋，至少在市场里没有。

有一次，我应邀参加布莱克威尔公司准备的午餐，那时它是伦敦石油股票的重要经纪商。我问大卫·布莱克威尔这些奇怪的线条都是什么，为什么价格触到这些线后很快就扭转方向。对我的头一个问题，他回答说："平均价格线。"对第二个问题，他说："因为它管用。"

我几乎等不及吃完午饭。我跑回我的办公室，用我已经连续记了相当一段时间的价格记录表，开始用手画图。是的，用手画，当时没有计算机。为什么没使用计算器？当时没有任何类似的工具。我开始一点点计算那些数据，既耗时又费力。

平均线：上升和下落

以21日均线为例，如果前22日收盘价高于均线，均线（指的是算术平均线）将开始上扬。（如果以63日为例，则前64日收盘价高于均线；如果以252日为例，则前253日收盘价高于均线。）如果收盘价在22日、64日或253日内继续低于均线，那么，均线将开始下落。

要点：一条上升的均线有潜在支撑，一条下落的均线有潜在阻力。

上升均线所提供的潜在支撑作用与趋势线的原理不同。换句话说，价格低于均线3%、2%、1%并不意味着支撑已经失去作用，收盘价高于均线也不意味着阻力已经失效。

对于均线来说，什么时候潜在支撑或潜在阻力会显现出来呢？

据我所知，在理想状态下，别的技术分析师的想法与我无关，当一个或多个收盘价从均线下跌到均线以下后，一个更新的收盘价回到上升均线上方，潜在支撑发挥作用（成为实际支撑）。多少个收盘价收在上升均线的下方并不重要，它位于均线下方多低也不重要，只要收盘价回到均线上方时，均线还处于上升状态就可以。

有多少个收盘价收于下落均线的上方不重要，或者它位于下落均线上方多高也不重要，只要收盘价再次回落到均线下方时，均线仍处于下跌状态就可以。而这个收盘价格的产生，可以判断下落均线的潜在阻力已经起作用了。

当阻力或支撑有效之后，会有什么变化？

这要看哪一条均线起了作用。如果均线是以日为基准单位的，我用三条均线：短期、中期、长期（21日、63日、252日）。如果三条均线都处于多头排列（短期均线位于中期均线上方，中期均线位于长期均线上方），一旦价格下跌，短期均线将最先经受考验。如果经过考验后显示了支撑（参看前面内容），价格将回到前期高点附近。

到目前为止，图形状态都很好（图3-5），但如果那个高点能被再次触及却不能被超越或根本触及不了，并且价格再次下落，之后会怎样呢？支撑不太会再次发挥作用。如果支撑无效的话，均线将开始下落，并因此成为潜在阻力。而如果均线下方最近的一个低点不能提供支撑的话，价格将可能跌到下一个潜在支撑位。

也许是一条趋势线形成了支撑，也许是另一条均线形成了支撑，但有时两者都没有提供支撑，价格却停止了下跌。虽然图表常常能告诉你

图3-5 富时100指数—均线

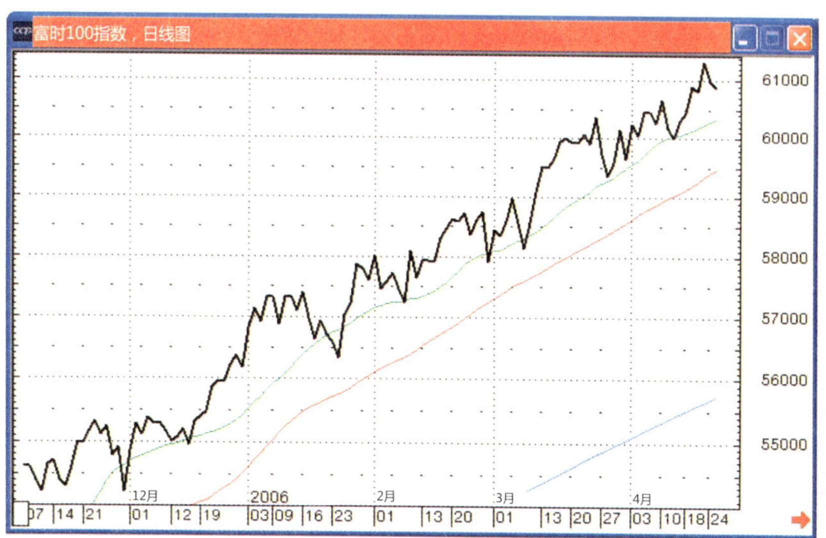

图片来源：CQG公司版权所有©2006
www.cqg.com

大部分应该知道的事情，但它不会告诉你所有的信息。

在图3-6中，指数在2003年12月寻求到了支撑，在2004年1月跌到处于上升态势的21日均线（绿色）以下后再次得到支撑。2月初，指数再次下跌，根据以前讲过的分析方法，如果任何一次的收盘点数跌破1月底的低点，那么支撑作用就已经失效了。幸好没有这样的收盘点位出现，相反，21日均线仍保持上升态势，再次支撑了价格。

在3月的A点处，尽管21日均线没能形成支撑，但季线在B位置提供了支撑。这次下跌是由对前一高点的考验而导致的，在经过考验后（收盘价距离前一高点不到1%），指数没能克服潜在阻力。在C点位置，月线和季线都开始向下运行，不再是潜在支撑了。

1月和3月的低点的潜在支撑也没有起作用。（前期低点有潜在支撑作用，是因为有的投资者还记得上一回价格曾经在这些位置止跌反弹。）但一直保持上升态势的年线（另一个支撑）在D点处起作用了（在前一天收在年线下后收到了年线上方）。

图3-6 富时250指数

图片来源：CQG公司版权所有©2006
www.cqg.com

在之后的上涨过程中，虽然月线仍处于下落状态，并且起着阻力作用，但它没有阻挡住上涨的趋势。相反，月线掉头向上变成了潜在支撑。但看一看季线，尽管价格向上穿过它，但由于它一直在向下运行，所以仍起着阻力作用。

在E点位置，价格的转头向下运行，月线受到考验，结果再次转头下落，不但没有形成潜在支撑，反倒形成潜在阻力。季线由于一直未停止下跌，也没形成支撑。而前期低点D点起作用了吗？同样没有。

年线起什么作用了呢？它一直提供着潜在支撑。在解释均线时我告诉过你，价格在均线下方运行多久不重要，只要均线仍处于上升状态，那么它就有潜在支撑作用。当价格从Z点反弹到F点，且指数高于年线时，年线的支撑起作用了。

当一条上升或下落均线横向延伸时，能透露什么信息呢？

什么也没有，均线将不起任何作用。在技术分析里，唯一永远起作用的就是图表分析师。

均线能做什么呢？

我告诉过你它有六个作用。其中三个是上升、下降、横向延伸，这些已经做过解释。剩下的需要解释的作用是：

1. 互相交错
2. 改变方向
3. 聚拢

有时在均线上升或下落前它们会彼此交叉，有时均线会在彼此交叉前改变运行方向。

最后一点，均线有时会交叉，但长期均线不会改变方向。

参看图3-7，1月份时，月线（绿色）改变了方向，逐渐开始上升，因此它将对下跌的价格起到潜在支撑作用，而不是对上升的价格起到阻力作用。不久后，在1处它上穿了季线（红色），由向下转为向上运行后，金叉形成了。

金叉

当短期均线上穿一条长期均线，并且长期均线转为上升运行状态时，可以用金叉来形容。金叉出现后常常会伴随一波较大的上涨，如Z、3、5和7。

图3-7 富时250指数—金叉

图片来源：CQG公司版权所有©2006
www.cqg.com

死叉

当短期均线下穿一条长期均线，并且长期均线转为向下运行时，可以用死叉来形容这种变化。

死叉出现之后常伴随着一波较为显著的下跌走势，如2和4，但Y和6不能算在内。

为什么不呢？

有两个原因：

1. 在牛市中的跌幅常常要比熊市中的跌幅小。在2003年六七月时，当季线上穿年线，曾经产生过一个金叉，由此可确认一波牛市正在形成，这很可能会导致在Y和6点形成的死叉变小。

2. 技术分析是对可能性进行分析，而不是确定性。

交易员的遗憾

在金叉或死叉被确认后的一周或更长一段时间内，常常会伴随一波针对交叉点的下跌再转为反弹的波动，但不是每次都如此，参看2和3之间以及8X处的变化。

均线对交易区间的作用

均线对交易区间的作用，我在第2章介绍过。交易区间有误导作用，抛开借助长期趋势一路持有的情况（我在其他部分介绍过），你还可能面临原地不动的情况。当价格在做区间运动时，均线不能提供好的帮助。相反，虽然均线在一波趋势中能给你帮助，但在区间运动时，如果持续时间足够长的话，均线可能会在下跌开始时给出买入信号，而在开始上涨时给出卖出信号。

自2003年5月起，欧元／英镑一直在一个三角形区间运行。当价格形成上涨趋势而年线开始转为上升，可确认主要趋势为向上；当均线向下运行而形成趋势时，可确认主要趋势为向下。但在图3-8中的区间里，均线所起的作用刚好相反。

2004年1月之后的三个月里，年线下行，欧元／英镑下落并跌到底部。2005年1月均线开始上升时，价格已经涨到最高点。在8月份均线下跌时，价格几乎跌到了底部。2006年3月均线开始上涨时，价格又到了接近顶部的位置。

图3-8 欧元 / 英镑—交易区间

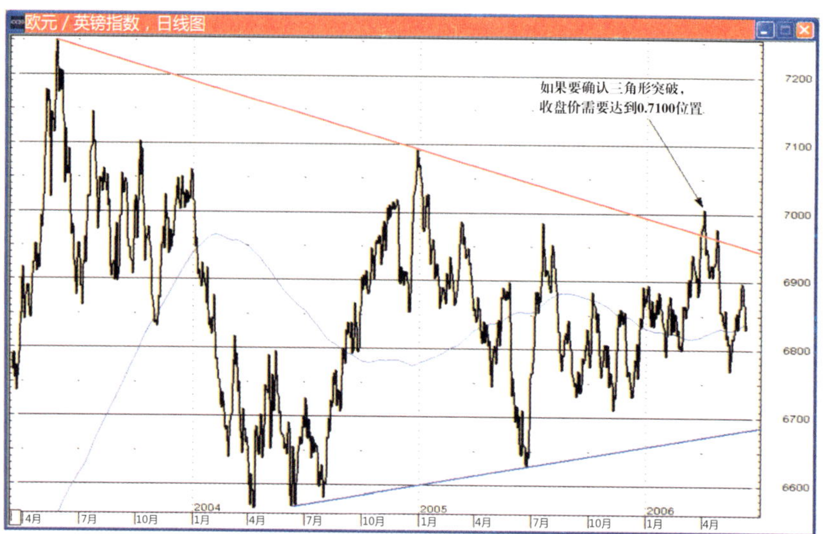

图片来源：CQG公司版权所有©2006
www.cqg.com

均线聚拢

当三条均线聚拢在一起并以正确的次序下跌，绿色为最低，然后红色，接着是蓝色（1个月、3个月、1年），而且价格线低于这三条线时，几乎总会产生一次持续时间长且跌幅较大的下跌。1999年、2000年和2005年都是这样的例子。

当三条均线都聚拢并以正确次序上涨且价格线位于三条线之上时，几乎总会产生一次持续时间较长且涨幅较大的上涨行情。2002年和2003年的均线聚拢给出了很好的例子。

图3-9所用的均线为4周、13周和52周均线，与21日、63日和261日（货币为261日，不是252日）几乎是相等的。

图3-9 美元／英镑—聚拢

图片来源：CQG公司版权所有©2006
www.cqg.com

最后

均线的本质特点是，它永远不能预示价格的变化方向。因而它是确认指标而非领先指标。从这种意义上来说，它与其他的大多数指标没什么区别。但有一个指标——变动速率指标，经常可以在价格变化前给出提示，它能让那些没有经验的人大吃一惊，它也能让一些有经验的人惊讶，这里我指的是一部分同行的图表分析师。

4 Patterns

图形分析

反转形态、延续形态、短期形态

成交量

经纪人："我这里有一条坏消息和一条好消息。"

客户："坏消息是什么呢？"

经纪人："我在50价位买的股票现在的成交价位是3。"

客户："那好消息是什么呢？"

经纪人："在下跌时股票的成交量很低。"

读者中一定有一些在想，在图形分析这一章里讲成交量，这到底是要做什么呢？原因很简单。在爱德华和马吉的经典著作《股票趋势技术分析》中，作者把成交量看做是形态形成和确认的不可缺少的条件。

20世纪60年代我刚成为一名技术分析师时，每个人买卖股票的量是从来不会暴露给别人的，因为没有一家经纪商希望同行知道他账本的内容，账本里记录了他买卖了多少股票以及怎么成交的等。

技术分析师必须要做到不使用成交量指标也能做出分析。我们做到了，我指的是我们没有使用成交量指标，却仍然做出了正确的预测。

但那不是我对成交量报有怀疑的唯一原因。点数图分析方法起作用，但图表没有时间刻度，即便有成交量信息也无法记录。

外汇市场怎么样呢？外汇市场与旧的市场交易系统一样，尽管交易是有记录的，但成交量信息不是马上就可以得到并被使用的。从整体来

图4-1 标准普尔500指数—成交量分析

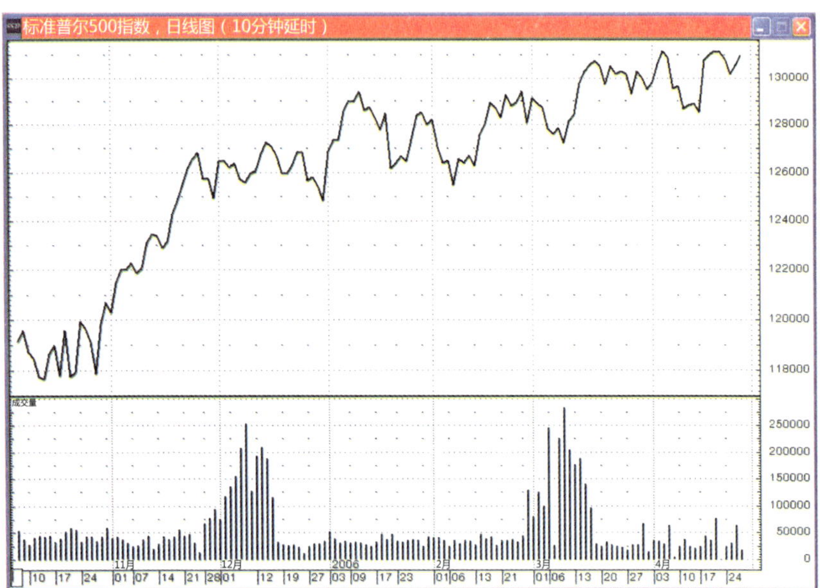

图片来源：CQG公司版权所有©2006
www.cqg.com

看，技术分析在外汇市场的预测效果要好于在其他市场。

在外汇市场的预测方面，我们也能做出比基本面分析师更好的成绩，但我不打算就技术分析与基本面分析孰好孰坏重新展开激烈的唇枪舌剑。

图4-1这幅标准普尔500指数图是我在写这一章节时随意选出的，它能显示出成交量分析的一些反常现象。

12月的时候成交量很大，但价格趋势在横向延伸；而在3月成交量放大时价格却在下跌，以成交量来做分析的人会认为这是熊市的特征。在这个月的最低点时，成交量达到最大值，这表明的是卖方在离场还是买方在进场呢？最终，市场上涨而成交量缩减，那些以成交量来判断趋势的人再次得出熊市的结论。

尽管也有可能没有人说市场进入了熊市，或者即便有人说了，对价格也没有影响。但关键问题是市场涨了。无论成交量高或低，价格丝毫不受影响。

我在前面已经讲过，我再说一遍：价格涵盖一切信息。这一点也不奇怪，只看成交价的人要多于把成交价和成交量放在一起来看的人。价格下跌可能伴随低量；在低价时也可能出现天量；价格上涨可能伴随低量；天量常常伴随天价。

读了上面的介绍，你已经看完了所有关于成交量的内容。

反转形态

反转图形能成为反转形态是因为它能把前面的趋势扭转过来。但在我具体介绍头肩形态、双底、双头、扩展图形等之前，我必须提醒你，形成反转不一定需要形成某种形态。

在第2章我提到过一个上升趋势在上升趋势线被跌破相应的百分比时，趋势将发生反转，根据四法则可以画出一条下跌趋势线，而且上升趋势的最近一个明显低点被收盘价连续跌破三次。

至于下跌趋势，它会在下降趋势线被跌破相应百分比之后发生反转，根据四法则将能够画出一条上升趋势线，下跌趋势的最后一个明显高点被收盘价连续突破三次。

经常但不是每次，一个反转形态出现，在趋势线被打破之前或之后，反转走势得到确认（不要担心，“确认”将会得到解释）。

头肩形态

头肩形态的重要性高于所有其他形态，被称为“反转形态之王”。

当经济学家查尔斯·道创办《华尔街日报》并担任首任编辑时，他开始记录股价的变化，当时只是以数字列表的形式记录。后来，纯粹是当做一种记录方式，道开始以图形方式记录价格：*他当时认为这将会更便于看出价格的变化*。

在你看到价格图之前，当道在看到由不同价格构成的图形时，他已经惊讶地看到了伯力恒钢厂不一定会像想象的那样，与美国钢铁公司的图形相似，而是与西尔斯罗巴克公司的图形相似。

更令道和他的同事惊讶的是，股价常常会形成某种形态，而当某种形态出现后，股价随后将倾向于出现特定的变化，虽然不是每次都这样，但出现这些变化的频率足以使你做出预测，不仅能对价格的变化方向还能对变动的幅度做出预测。

有什么原因吗？

我不知道道和琼斯是否给出过解释，他们说没说过我也不在乎。既然管用，就这么用吧。对待这样的问题，如果你解决不了，那就直接使用吧。

被了解得最为广泛的形态就是头肩形态，它常常出现在上涨到顶部或下跌到尽头的时候。

现在来了解一下头肩形态。

图4–2是沃达丰公司在1993—1994年的图形，但忘了图上公司的名字吧，现在我们都是图表分析师，这是哪家公司并不重要。

图4–2 沃达丰—头肩形态

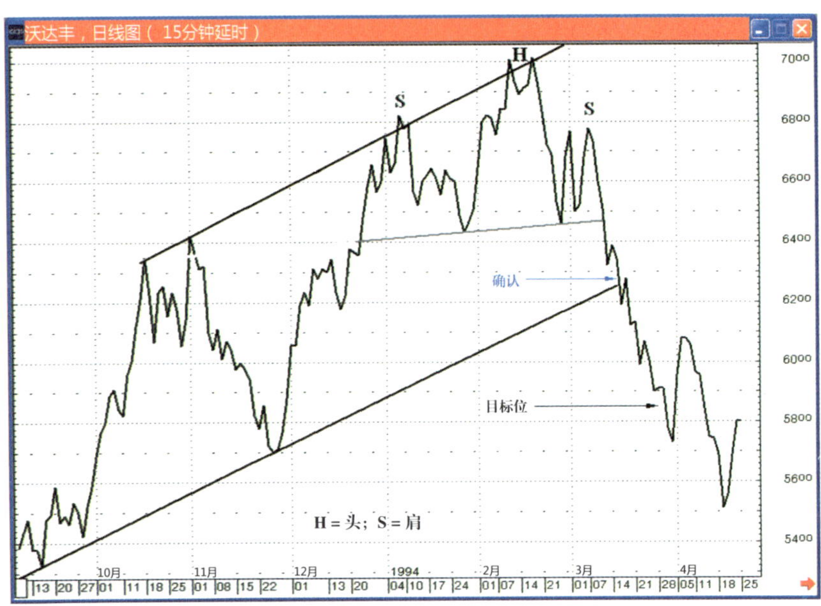

图片来源：CQG公司版权所有©2006
www.cqg.com

1. 这个形态是以一个上升趋势通道为开始的。这里是一个平行通道，这样的通道很常见，如果换成第2、3章的其他图也是可以的。

2. 股价反弹。在这个例子里1994年1月股价反弹到了上回调线，这是一个潜在阻力位。

3. 当股价第一次跌了3%到67以下的位置时，上涨失败，确认了阻力有效。但下跌并未停止，尽管它本可以像上一次下跌一样，跌到上升趋势线的潜在支撑位置，但股价没有跌到那里。

4. 在这个例子中，在股价触及了轨道的中点位置后开始反弹。这次反弹的起始点形成了一个左肩。

5. 这次的反弹幅度大于3%并超过了1月的高点，遇到来自上回调线的潜在阻力。股价曾两次试探冲破阻力，第二次失败，又跌了3%到了67的位置。但如果股价在上涨到上回调线或其他位置时并没有遇到潜在阻力，这也不会影响头肩形态的形成：股价上升然后下落就可以。

6. 在股价下落时受到1月低点的潜在支撑的考验（前期低点就是潜在支撑）。价格再次回升，头肩顶的头部就形成了。

7. 又一次的价格反弹使得股价刚好反弹到未完成形态的左肩的稍下一点的位置。这次反弹的高度是在左肩的稍下位置或在左肩稍上一点的位置转为下跌都没关系，只要它不在2月高点的上下1.5%的范围内就行。

8. 之后的下跌本可以在灰线的位置就停下来，这是个潜在支撑位，但它没有停下。当股价跌到64.69线上时，这个点与2月低点之间的区域就构成了右肩。到这一步只不过形成了一个潜在的头肩顶。

9. 当下跌超过那条线以下3%的位置时，头肩顶可以确认形成了。

如果我在第2章解释得对的话，你在观察这个头肩顶形态的时候，你会说在第8点所提到的灰线画出时，我打破了四法则的规定。四法则强调画上升趋势线，在这里也就是灰线时，应该找到一个低点、一个高点、一个高位低点和一个高位高点。

但我还写到这个规则有例外情况，我在这章要做解释。颈线（灰线的名称）是第一个：当一条线是用来做推测时用灰色表示，我认为它不适用于四法则，因为不存在高位高点。（对于一条下降趋势线来说没有低位低点。）

其他情况下，在我的普通报告中，我依据四法则用蓝色来画潜在支撑线，用红色来画潜在阻力线。

在本书中的很多地方，红色和蓝色还被用来区别两条不同的趋势通道。黑色也用过。你刚刚看的就是用的黑色。

一旦头肩顶被确认后，颈线就被画为红色，标示出潜在阻力。（它是一条被打破的趋势线。）

确认一个头肩形态后的测量要素

一旦头肩形态被确认，正常的预测（基于你其他可靠的朋友，根据经验观察——这个趋势是你所有朋友里最好的）将是头与颈线距离的等距长度，从颈线被切断的位置开始算起。如果是头肩顶形态，跌破颈线的位置至少应是收盘价低于颈线3%的位置；如果是头肩底（也称为反向头肩形态），就是高于3%的位置。

如果头部在100的位置，颈线在80（头以下20%）的位置，目标位置应在64，即颈线以下20%的位置。

半对数标度

现在我要告诉你：用半对数标度要比用数学标度更有意义。半对数标度除了能够更容易地以视觉的角度比较出变化的百分比以外，它还能够告诉你一个真理：125∶100等于100∶80。而在数学标度上显示的是100∶80等于120∶100。

对数标度还有其他适合我的特点：它更缓慢。因此，在我看来，它比数学标度要更安全。用数学标度时，上升趋势线突破较快，而下跌趋势线较慢。

反向头肩形态

头肩形态作为一个反转形态在得到确认后，不但能使上升趋势反转，也能使下跌趋势反转。当然，在头肩顶时是向下反转，而在头肩底时是向上反转。

图4–3 标准普尔500指数—反向头肩形态

图片来源：CQG公司版权所有©2006
www.cqg.com

图4-3中，反向头肩形态使得标准普尔500指数于2002—2003年的熊市行情得以反转，并在图上所示的颈线上方2%的位置得到确认（对于指数适用2%为突破要求）。目标位（与头和颈线距离相等的长度）为1117点。

然而，第一个头肩形态，沃达丰公司的顶是向上倾的，这幅图是向下倾的。但倾斜的方向与头部形态或底部形态没有关联，可以向上倾、向下倾或是横向的，就是不可以倾斜太多。

图4-4 葛兰素史克—非反向头肩形态

图片来源：CQG公司版权所有©2006
www.cqg.com

这不是一个反向头肩形态：蓝线倾斜太多了。

太多是如何界定的？

点2本已结束头部并开始形成一个完整形态的右肩，它低于点1，如果这条倾斜的线再平一些，点1就是左肩上的点了。

并不存在一个所允许的倾斜角度的界限，但在反向头肩形态中，点2必须要高于点1，或者说应该至少高于点1到颈线一半的位置。对于头肩顶来说，点2至少要低于点1距离相等的位置。

交易员的内疚

在头肩形态（顶或底）得到确认后，价格常常会重新回到颈线位置。如果每次都如此的话，那就太简单了，但不是这样的。在形态刚刚得到确认后，颈线变成一条完整的趋势线（记住，当我第一次给你看的时候，是灰色的，表示用来做推测用的线）。如果是头肩顶，那么这条线就是红色的，表示潜在阻力；如果是头肩底，这条线就是蓝色的，表示潜在支撑。

如果价格回到颈线后没有停止怎么办?

书上说，头肩形态只有在收盘价突破右肩时才会失效。

这意味着除非你期望一个形态得到确认，这是我从未建议过的（我是一名顾问，不是一名基金经理），对于反向头肩形态，你会在颈线以上3%的位置进入市场——当然你不一定要在这个位置买入——但形态确认会使你注意到最终的结果。

比方说你等待交易员的内疚来给你一个更好的进场点，你也很幸运：价格回到颈线。你在这里买入，直到市场已经下跌到比你买入价格低了几个也许是很多百分点（下跌幅度根据右肩大小而不同）之后，你才明白你买入的原因已消失了。

我从不认为那是好事。毕竟并不是所有的头肩形态都会达到目标价位，有的在确认后不久就失败了。不然的话，所有的技术分析师都将迅速成为百万富翁。

所以，根据潜在支撑和阻力的有效和无效的不同结果，我设立了我自己的规则，我在得到确认的形态里开始应用，并且分析如果头肩形态或双头形态根据市场不同被确认突破了3%、2%、1%或0.5%，一旦价格穿越颈线相同的百分比就可推断确认已经失效。

看一眼图4-5就全明白了，这是一个经过确认的头肩形态走错的例子。

这幅图是欧元/美元2003—2006年的走势图。但它是什么名称没有关系，这就是一幅图而已。

图表说明一切

形态确认的位置已经在图上标出了，这个形态是以低于颈线1%的跌幅确认了的。当收盘价再次涨到颈线以上的相应位置时（对于反向头肩形态，则应低于颈线相应的幅度），头肩形态将宣告失败。新的介入力量使得价格向右肩高度上涨。

如果收盘价收在右肩以上相应百分比的位置，这幅被摘用的前几天

图4-5 已经确认的头肩形态开始走错

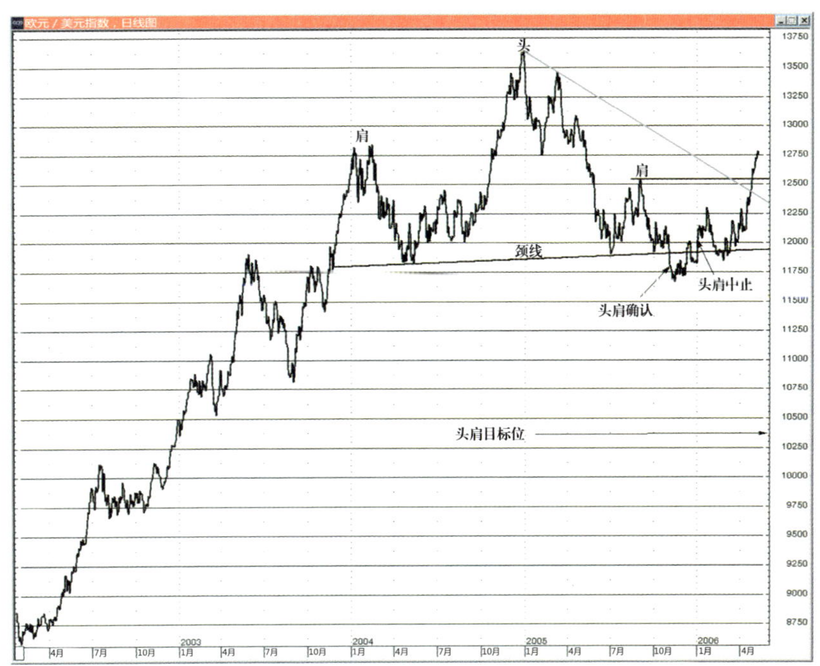

图片来源：CQG公司版权所有©2006
www.cqg.com

欧元／美元的图已经完成了这个变化，新的介入力量将使价格重新回到头部位置①。

如果价格后来又超过了头的高度，并且收盘价收在头以上的适当的位置，新介入的力量将使得价格以等长于头到颈线的距离上涨。在这个例子中，幅度的差值为14%，如果收盘价高于头部1%，目标位将在1.5400高度。

问题点

1. 无论涉及趋势线、趋势通道或潜在支撑和阻力的程度等，头肩形态都不会忽略这些规则的存在。

2. 形态与可能性有关，与时间长短无关。对于到达目标价位的早或晚没有限制，但对于到达价位的方式有很多限制，包括前面已经讲过的和上面第1条的内容或关于反向形态的形成。

注释

①当我在2006年4月写这部分内容时，欧元／美元在1.2760位置。在8月时，当我编辑这部分内容时，欧元／美元已经考验了头部的阻力。

头肩形态的延续形态

通常，头肩形态是一种反转形态，它会扭转之前的趋势。但有时头肩顶形成后，价格大幅上涨，也有时候，在一段连续下跌后形成一个反向头肩形态。对这类情况，头肩形态的规则仍然适用。

图4-6 头肩形态的延续形态

图片来源：CQG公司版权所有©2006
www.cqg.com

图4-6中，标准普尔500指数在2004年第一季度到达高点后，反向头肩形态的颈线在潜在阻力位附近出现了。但不论颈线或上一高点都没形成实际阻力。如果你辩论说这个形态并没有出现在绝对高点上，但我并不认为这很重要：无论哪种情况，标准普尔指数超越了高点阻力之后，就会朝向目标位运行。

头肩形态被确认后可预期的运行

一旦头肩形态被确认，一个与头和颈线距离等百分比的涨幅就是最小的可预期值，而不是最大的可预期值。

为了称得上是投资而不是投机，每一次在市场中的操作都应有一个目的。因此如果你是在头肩形态得到确认后买入，到达目标价位后卖出，这种以获利为目的的行为就不是愚蠢的行为。有时最小获利空间就是你的全部利润，所以在这种情况下获利了就显得很明智。

但在这个并不容易的行业里总会有“另一方面”的内容。

在这里的“另一方面”的意思是趋势就是你的朋友。当价格到达头肩形态的目标位时，不难理解趋势并不像出了问题。在这个头肩顶的例子中，价格有可能受到潜在支撑，如果是反向头肩形态的话，价格可能受到潜在阻力。但两种情况都可能发生。

那你怎么办呢？

用你的判断力和经验，并期待一些幸运。你还要严格遵守纪律。如果你能做到心无牵挂，你就能够做到思路灵活。投资不是件容易的事，但它是一种室内工作，而且不是体力劳动。

如果你因为2003年第一季度末出现了反向头肩形态而买入，而又于两周后在目标位4360点卖出的话，你会觉得有些许不快。

如果你遵守了趋势反转的规则的话，其中包括：在上升趋势中，只有连续三个收盘价都打破前一显著低点时，趋势才会发生反转。尽管从反向头肩形态的头部和右肩低点的连线画出的趋势线在2004年底时曾被

图4-7 富时250指数自2002年以来的走势

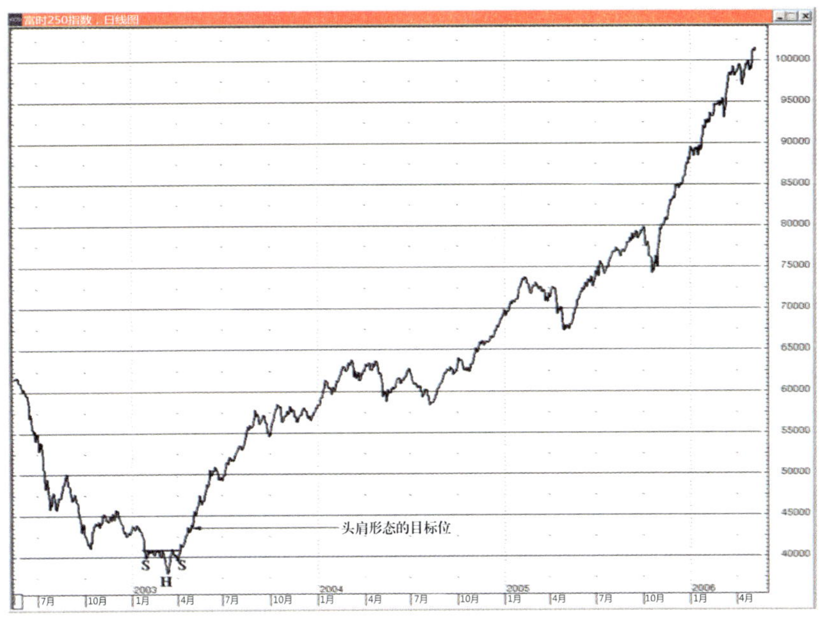

图片来源：CQG公司版权所有©2006
www.cqg.com

打破，但你仍然可以持有更长时间。

你也许愿意去试着画从那以后所有被打破的趋势线，我不愿意麻烦：我也已经这么做了，但没有什么用，因为没有一次达到2%的指数确认要求。

富时250指数的反向头肩形态用了3个月的时间来形成，而之前曾介绍过的欧元/美元的头肩形态用了2年时间才形成。无论形态的形成时间长或是短，都没有区别，都是有效的。

6天的时间就能形成一个头肩形态：

1. 价格涨到左肩的顶部；
2. 跌至颈线出现的位置；
3. 升到新高位置（头的高度），跌至步骤2相近的价位；
4. 价格涨到右肩高度；
5. 下跌并打破颈线。

这个过程也可能要用几年时间来完成。尽管在多数情况下，到达目标价位的时间要短于形态形成的时间，但形成某个形态所需的时间并不能决定到达目标价位的时间的长短。我曾经写过：*形态与可能性有关，与时间长短无关*。

图4–8 美元/德国马克

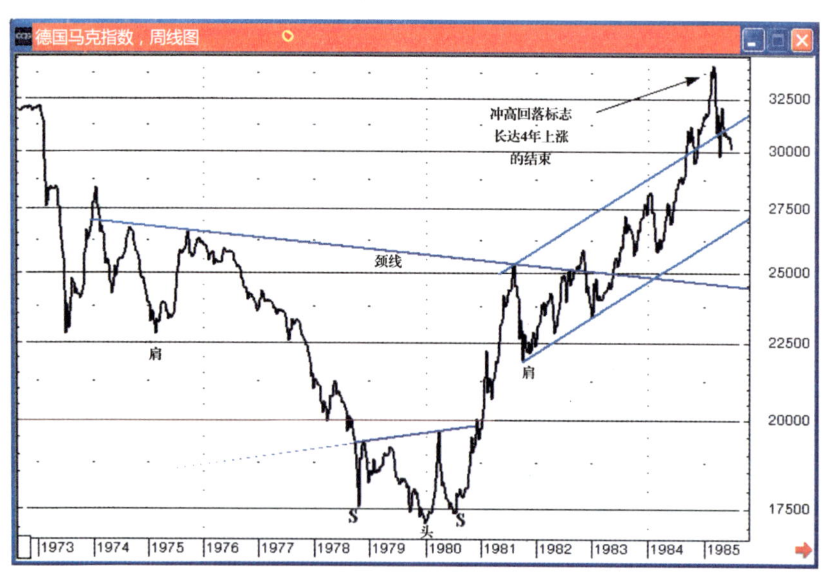

图片来源：CQG公司版权所有©2006
www.cqg.com

尽管一个跨度为2年时间的反向头肩形态在1980年12月已经确认，但从图4-8这个周线图中可以看出在将近8年的跨度中还形成了另一个反向头肩形态。

目标位是4.0000（对德国马克比价，下同），尽管只是在盘中到达最高点3.5700，但需要记住的是，这个形态是在美元已经比1979年低点时高了一倍并已经涨了3年半之后才得以确认的。尽管没有完全涨到目标价位，但在1983年，从基本面分析得出的公认的智慧认为美元在2.5300位置时被估值过高，而形态显示（至少对我曾显示出）美元的方向是向上，很可能会再涨相当长一段时间。

1985年，公认的智慧又发现美元没有被高估，仍可以再涨。但第一季度的冲高回落告诉我，美元出了问题，4.0000不太可能触及了。

但基本面分析者从1979年低点就开始认为美元估值过高。人们大喊："美元将很快面临灾难。"

猜一猜原因是什么？

财政赤字，即便在现在人们仍这样来解释，其实从2004年的低点开始到现在都是在这么说。比如今天，公认的智慧认为利率不应该上调，也不会上调。嘿嘿！不该发生的事就这么发生了。

当然，1983年美元在2.5300时，我曾预测美元将会涨到4.0000，可是没人相信我的预测。实际上，1985年美元涨至最高点时，在参加华宝投资银行一次午宴时，一位银行高管告诉我，当我做出那样的预测时，他和他的同事都认为我疯了。

在那次午宴上，那个外汇交易员认为我仍在发疯，并对我说美元早上已经大涨，如果谁不做多的话，一定是疯了。我回答说，每一个做多美元的人都将后悔。那一天就是高点，美元一路下跌，所有交易员的想法都是一样的。那位高管，今天已经做到更高职位，仍是我的一个客户。

两周前我在新加坡做演讲，我对会上的代表以及新闻媒体的记者说，美元的上升结束了。同样，没有人相信我。我把趋势的变化进行了推导，当时美元已经在垂直上涨，各项基本面信息都很理想，但无论我怎么解释，他们都告诉说我一定是错了，因为所有交易员都在看多美元。

我问记者们，是不是所有的交易员都认为是牛市，他们告诉我说是。我知道我对了，多数人的看法往往是错的。

下面我们再了解一个头肩形态

图4–9 菱形形态

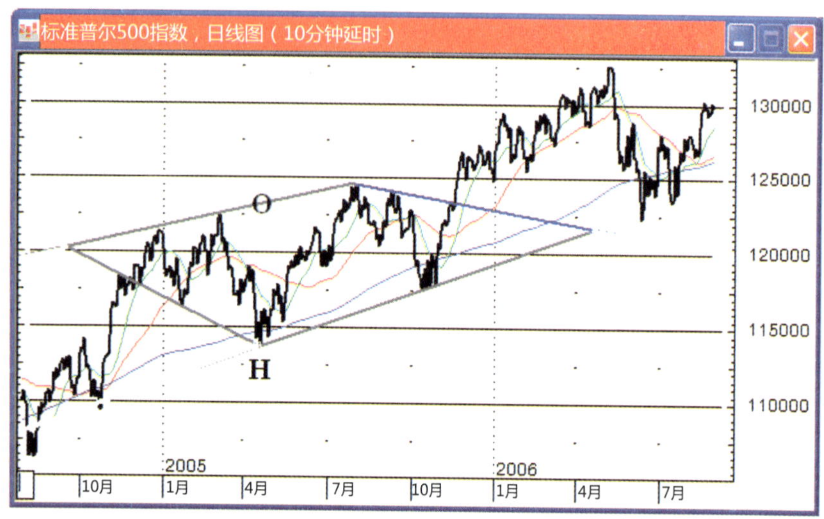

图片来源：CQG公司版权所有©2006
www.cqg.com

菱形形态，也被称为带有弯曲颈线的头肩形态，它可能出现在顶部或者底部，即反转形态，或者像图4–9一样是一个延续上升形态。

这个菱形形态于2005年8月逐渐形成，而这波从776.76点开始的上涨行情，到2005年10月已历经22个月，这当然不是一波小的牛市，但如果4月到10月的这波上涨趋势被破坏掉，这个菱形形态就会成为一个反转形态，而不是8月到11月的下降趋势被突破后所形成的延续上升形态。

确认形态后目标价位的测算

对于股票，以收盘价高于下降趋势线或上升趋势线上方3%为突破确认，指数为2%，货币或债券为1%，货币或债券指数为0.5%。

目标价位从突破点计算，等同于头与颈线垂直方向的距离，在菱形底或牛市的延续形态中应垂直向上测量（上图中，O点是垂直位于H点上方的），而在一个双头或熊市的延续下跌形态中应垂直向下测量。

这个菱形形态被确认是一个牛市的延续形态后，紧接着就出现一波大幅上涨。目标价位从O点计算，与O到H点的距离等长，得出的高度为1335，非常接近1326.53高位。在菱形形态被确认为上涨形态时，标准普尔刚刚在1258的位置，这是相当不错的了。

能否到达1335?

假如5月的高点没有成为这次上涨的反转点位，那就没有理由涨不到1335点，尤其是在最近的收盘，当我写这本书时，8月28日收在1301.78点，距那个高点还不到2%。

双头和双底

如同头肩形态一样，双头也是反转形态的主要图形之一。有时根据最后的突破方向判断，它也可能形成一种延续形态。

• **第一个必要条件**是要有一波上涨。不上涨，你有其他办法得到一个顶的形态吗?

• **第二个必要条件**是回落，成交价回落。回落多少？如果你关注的是一只股票，价格必须下跌超过3%，如果是指数要超过2%，货币则应超过1%等等。超过多少呢？这由你来决定。下跌幅度越大越好，因为一旦双头形成，第一次下跌的幅度最终决定着可推算的下一波下跌的幅度。

• **第三个必要条件**是停止下跌。不管有什么原因，有时技术上无任何原因，价格会停止下跌。

图4-10 英国石油公司（1999—2000）—双头

图片来源：CQG公司版权所有©2006
www.cqg.com

• **第四个必要条件**是价格回升并考验上一高点位置。如果你忘记了，对于上一高点位置的考验，以股票来说收盘价应在前一高点上下1.5%以内，以指数来说在1%以内，而对货币来说是0.5%以内。

在前一高点处有潜在的阻力是因为有一些投资者在那里买入后正等着在同一高位平价卖出，如果他们卖出了，他们将认为自己在前期的买入没有错。其他人看到价格曾经从那个点位下跌，就会认为下次还将在那个点位下跌。

如果一个双头在形成过程中，延续前面说的反弹考验第一高点的分析，第一种假设（a）是，价格从高点回落3%（以收盘价计算），而高点的收盘价是前一高点附近小于1.5%的位置；或出现（b）情况，在冲高时收盘价高于前一高点，但不足3%，之后价格回落到前一高点下方3%位置。

在这个阶段没有形成双头，所有发生的只说明价格没有冲破前一高点所形成的潜在阻力，潜在阻力这种情况下已变成实际阻力，换句话说，潜在阻力生效了。

• **第五个必要条件**是从第一个高点下落后的低点被检验。这个低点是潜在支撑点。观察到上一次从这个点位开始上涨的人认为这次一定是一个好的买点，而那些卖了股票的人可以在这个点位买回股票并回到原来看涨的状态，这样既没丢脸也没输钱。如果在那个低位出现买盘，交易价格的变化在3%范围内，这个位置的支撑作用就出现了，为以后的上涨提供了可能。

• **第六个必要条件**也是最后的条件是，在低位支撑接受考验的过程中，不论多空是否存在反复的拉锯争夺的情况，收盘价跌破低位超过3%。

就在这个收盘价产生后，双头就此被确认了。

双底形成的条件与双头是一样的，只是把头和底的名称换一下就行了。

在图4-11中，BB点低于A点，但低于A点少于3%，所以A点没有被破位，仅仅被击穿。后来的收盘价在X点上方3%，这个双底形态被确认。

推算在一个双头或者双底被确认之后的下跌（上涨）是多么重要?

在头（底）之间的距离可能又要被重复。如果在高点之间和交叉的

图4-11 英国房地产公司（2004—2005）—双底

图片来源：CQG公司版权所有©2006
www.cqg.com

低点之间相差低于10%，还应该从那个低点再下跌至少10%。

如果我们回到双头形态的英国石油公司图形，你将看到2000年第一季度的低点低于红线的距离和后来低于两个高点的距离是相同的。在2000年2月24日，英国石油公司在440点，准确地实现了最小目标价位，熊市被确认了。如果他们想得到越多，他们是失望的，他们得到的越少，因为2月是一个完全的低点。

这个结果与英国房地产公司的双底形成对照，这个牛市比他们预期的走得更远，如果他们对在856的目标价位到达后平仓得到的利益感到满意，他们就没有感觉到这条路会走得更远：就在两个星期后，股票冲击了890点。

婆罗门

婆罗门是另外一种双头和双底的形态，它看起来确实和传统的双头或双底相同，但是可能少于3%、高于2%。婆罗门的显著特点不是它的大小，事实上它已经完全出现了。为什么？异议随后将被解释，双头或者双底，无论传统的或是婆罗门的，都是反转形态：它们反转了前面趋势的方向。

英国房地产公司的图形（图4-11），尤其是标出的B点，一旦高点

图4-12 阿斯利康制药公司（2003）—婆罗门顶

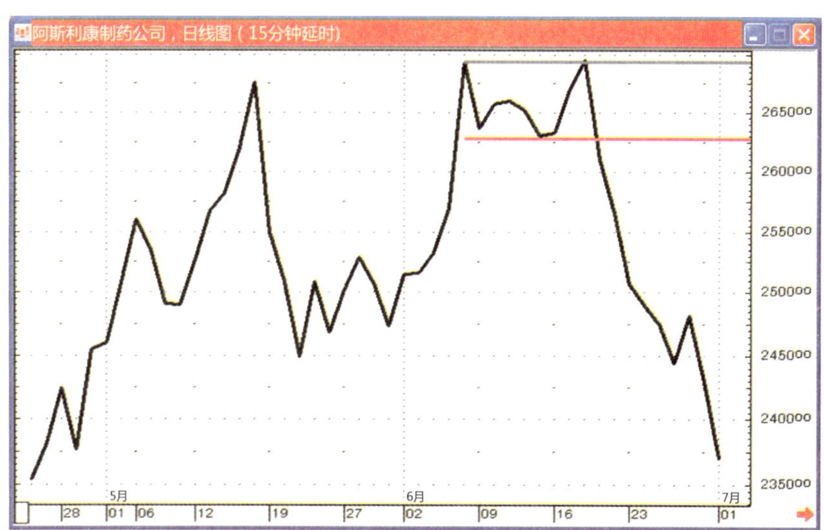

图片来源：CQG公司版权所有©2006
www.cqg.com

出现就形成了一个婆罗门的双底反转，高出不到2%，在收盘时是超过的。它的目标价位在高点上方不到2%，几乎马上就到。重要性？一点也不，婆罗门已经出现了较大事情来临的一个先兆，作为BB制造出的大的双底的一部分。

图4-12这个婆罗门不到3%高，但这个高度预示着将会更高。

作为延续形态的双头和双底

价格上升，然后下跌，再上升，考验前期高点。考验失败，价格下跌，考验低点，支撑产生效果。现在有一个交易区间——双头和双底，前者是潜在的阻力，后者是潜在的支撑。

最终，所有的交易区间都被打破。在图4-13中，从10月高点到1月低点的下降看起来好像要形成一个双底的确认，但一直没有在高点点2之上形成3%以上的突破，而且点4也仅仅比点2高6个点。虽然点4切入了红色下降趋势线，但幅度不够3%，未能有效突破趋势线，不仅这一次未能突破，在两个月后的5月的高点出现时也没能形成有效突破。换句话说，那条线的潜在阻力曾两次起了作用。但这两次却没能增加阻力的强度，潜在阻力或潜在支撑永远不会变大也不会变小，只能是潜在的。

点2是1和3 之间的一个高点（由于3比1高出的幅度不到1.5%，所以从技术上看，它们处于同一高度范围——参看第2 章。）

点5 的下跌又一次试图冲破点1的支撑，而5月的高点同样未能突破点2和点4 的潜在阻力。

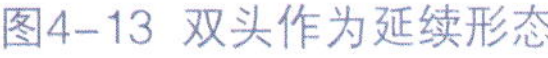
图4–13 双头作为延续形态

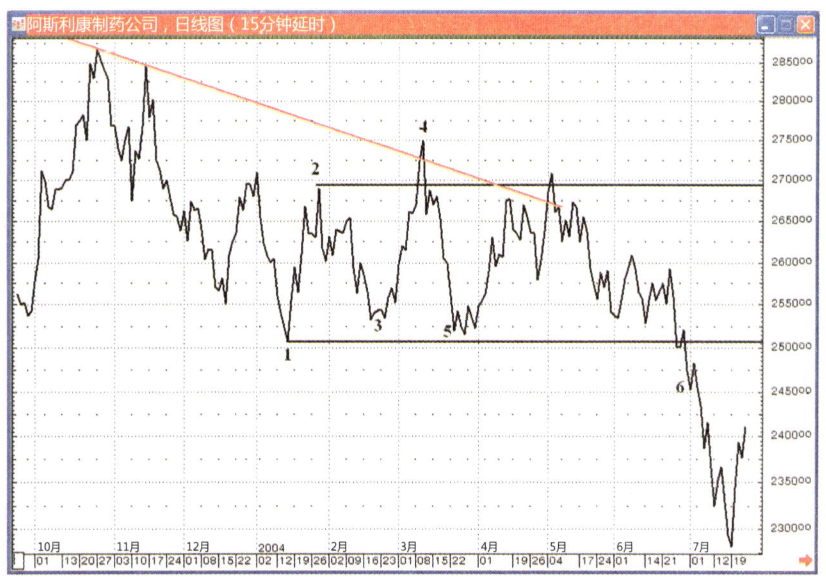

图片来源：CQG公司版权所有©2006
www.cqg.com

最终，交易区间被打破，所有的交易区间都是。这个图已经不是一个双底的反转形态，而是像第一次看起来一样，是一个双头的延续形态。

再来一次，就像一个双头或双底的反转，一个双头或双底的延续图形引起了一个合理的期望——也叫目标价位——将来有一个距离与高点和低点之间的距离相等的下跌，直到这个图形中的点6被打破，交易区间也许能判断是否是熊市或者牛市。

这是一个双头吗?

从图4–14这幅截止到2005年8月的图形看，它当然是。

真的是吗?

没有东西去制造一个顶和底的区域，除非经纪人的目的是试图在没有任何实质性说法的情况下引导客户去做一些事情。一个底或顶的区域

图4–14 葛兰素史克（2004—2005）—双头?

图片来源：CQG公司版权所有©2006
www.cqg.com

仅仅是一个收盘价高出3%或低于相关的破位点之后确认的底或顶的区域。

在图中，葛兰素史克，8月低点比6月的1327低9点，需要将近比它低40点才能确认从5月以来是一个双头。看看接下来发生了什么（图4–15）。

看起来也许能变成一个双头形态的变成了一个双底的延续形态，虽然你可能很容易地称它为双底的延续形态。但只要你在8月的低点没有称它为双头就没有关系，（如我们指出的）它没有跌破6月的低点并且达到一个双头的确认要求。

要点：不要猜测突破的方向。

双头或双底的中止

如果双头形态确认之后，价格回调并且收盘价穿透两个头部的高点水平线以下3%时，这个形态将中止。如果双底形态确认后，收盘价高于低点3%以上，双底形态中止。

图4-15 葛兰素史克（2004—2005）—双底的延续形态

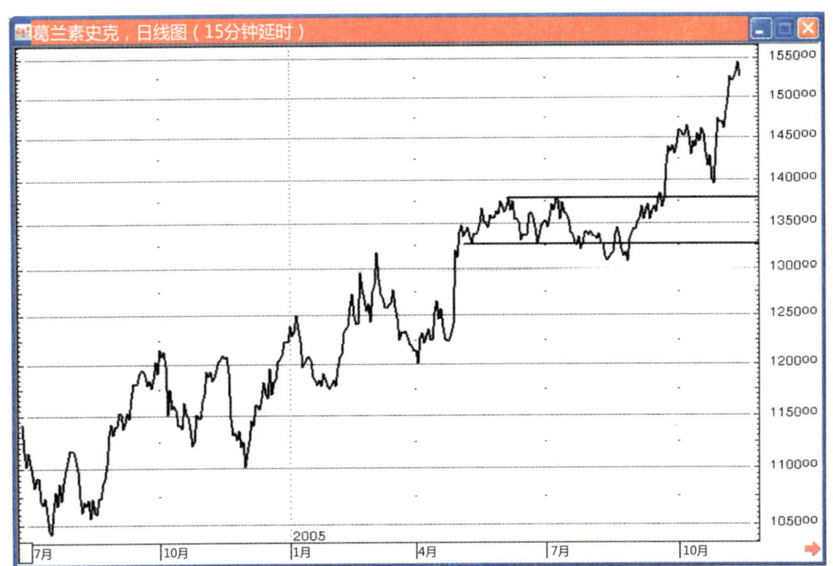

图片来源：CQG公司版权所有©2006
www.cqg.com

前面提到的是根据我的规则做的判断。有的书中写到，只要收盘价格不重新穿过中点，这个形态仍可确认为有效。

依我看这句话说好听一点是在说你赔钱太多了，说难听一点就是句废话。当收盘价重新穿透这个形态的顶边3%时，这个形态已经中止了，价格会进一步考验中点位置，如果收盘价跌破中点位置，下一步很可能会跌到双头的底部区域。对于双底来说，体格涨到双底的上限位置。

如果价格穿过中点之后又从反向穿回中点该如何操作？

价格仍在交易区间内运行，换句话说，突破方向仍不确定，你也应保持不确定的状态。无论持有什么仓位，多头或空头，没有必要做调整。

如果想使经过确认而又中止了的双头或双底形态重新有效，价格必须在重新穿透头部或底部的水平线涨3%位置以前到达最高点／最低点以上／以下。最初的目标位／期望值就重新变得有效。

要点：根据前面的内容，并不存在三重顶或三重底，很多人把它当成比双头／双底还要重要的图形。一个“三重”顶或底只不过是一个失败的双头或双底又重新生效的图形。

三角形

一个三角形属于哪一类型不重要，一共有好几种三角形，*这个形态的特点是方向不确定*。尽管有些书不把三角形算作形态的一种，而是把它们归类到有三个角的图形里，但是，在突破相应的幅度之前，所有的形态都有不确定的特点。

图4-16 等腰三角形

图片来源：CQG公司版权所有©2006
www.cqg.com

下降趋势线与上升趋势线逐渐收敛，这样的情况一点也不足为奇。在三角形形成的过程中，如果没有底边和两条收敛的边，有别的方式来形成三角形吗？我将以技术分析的方法做出解释。我在前面的段落中已经写过，我第一次意识到在技术分析里，三角形不存在底边，也不存在第三条边。

我们把三角形称作一个从左向右飞的箭头。如果是等腰三角形，那就意味着逐渐收敛的两边的角度是相同的，但这也不能称为等腰三角形，而是称作趋势线逐渐收敛的形态。

起初，这两条线每条线都只有两个触点，这个特点不适用于四法则。在按四法则画趋势线时需要一个低点、一个高点、一个高位低点和一个高位高点（一条下降趋势线则要求有一个高点、一个低点、一个低位高点和一个低位低点）。

但三角形是由一条只有一个高点、一个低点和一个低位高点的下降趋势线与另一条只有一个低点、一个高点和一个高位低点的上升趋势线逐渐收敛而形成的。

价格线与下降趋势线的接触点必须与上升趋势线的接触点相交替。

由这样的形态你就能看出三角形暗示着市场的不确定性：一方面买方愿意在逐渐升高的位置买入，另一方面，卖方准备在逐渐降低的位置卖出。如果这种状态延续到三角形的顶点，市场没有方向可走，那就没有趋势可言了。

要点：一个没有趋势（三角形）的市场就是技术分析师最大的敌人。

三角形的问题在于只有你看到了两个点与上面的线相接触，同时还有两个点与下面的线相接触时你才能够看得出，无论这两条线是平行、分散或像三角形一样两边收敛。如果任何一条线上的触点少于两个点，那就意味着不确定性（不符合四法则的规定）。

因为我们在绕来绕去时很可能会赔钱，所以我们必须坚持借助趋势来赚钱，而当趋势形成时赶紧加入。如果你只有在趋势已确立而不是在假设的状态下才能入场操作的话（这样做确实不容易），尽管前一种状态下也有趋势可利用，但我们最好是在前一种情况下在场外观望，而当趋势明确时再进场操作。

要点：一个三角形在形成的过程中（价格要先经历四次方向性运动，两个向上，两个向下）很容易赔钱。一旦你能看出区间的存在，盈利就不那么困难了，尽管这样操作与人性特点相反。

所有你要做的就是在区间的顶部卖空，在底部获利了结，然后开始做多。

还要注意别的吗？

是的，每次你交易时，设立一个3%的保护性止损单，你祈祷这个单子永远也不要被执行。当然，这是不可能的。但是当你被止损出局后，你就离开这个反复变换方向的局面了，那么你就等到新的趋势开始时再入场做多或做空吧。

> **要点：**如果你在任何三角形状态的市场里持有仓位，继续持有；如果你没有仓位，不要开仓。市场都没有做出决定，为什么你要做出选择呢？

对于所有三角形交易区间来说，三角形最终都是要得以解决的，最佳的突破位置往往出现在距上升或下降趋势线上第一个触点与三角形顶点连线的三分之二处或四分之三处以内。

“最佳”？

如果突破点出现在距三角形顶点与上升或下降趋势线的第一个触点之间距离不到四分之一处的话，这样的突破很可能是一种假象或突破失败。

原因不难看出：三角形区间之内的反弹或回调的距离逐渐变短时，体现的现象是买方与卖方的意见差别在逐渐减小。

等腰三角形的突破

这种形态对牛市来说，突破的确认是以一个高于下降趋势线的第二个接触点的收盘价为标志的。对熊市来说，突破是以一个低于上升趋势线第二个接触点的收盘价为标志的。

原因不难判断：一旦收盘价向任何一方突破，四法则条件就可以满足并被应用，而三角形的上升或下降趋势线就不再是不确定的趋势线了，它变成一条真正的上升或下降趋势线。

在等腰三角形得到确认后怎样计算目标价位?

如果突破是朝向东北（右上），或者说是牛市上涨，从下降趋势线的第一个接触点画一条与上升趋势线相平行的线，最终与这条线相触的点将成为无时间限制的目标价位。

图4-17是图4-16的延展走势图。图4-16画出的时候，价格还没有突破三角形形态，也就是说三角形突破还没确认（参看前面关于三角形突破确认的内容）。直到10月初，收盘价才高于下降趋势线的第二个接触点。

这时画出平行于蓝色上升趋势线的红线才是正确的，与这条线相触的点就是三角形的目标价位。

在之后的上涨过程中，10月的突破确认了三角形是一个延续上升的

图4-17 三角形突破后的目标价位

图片来源：CQG公司版权所有©2006
www.cqg.com

图4-18 反转形态中三角形突破

图片来源：CQG公司版权所有©2006
www.cqg.com

形态。如果突破的方向是东南方向（斜下），三角形的突破确认的将是一个反转形态。

在一波上涨之后绿色三角形也出现了（图4-18）。但5月份的一个收盘价收在绿色上升趋势线的下方使得反转形态能够确认，而它的目标价位就是深绿色线条的位置。对比绿色三角形与紫色三角形可以看出，紫色三角形是一个延续形态：目标价位是与5月至9月上升趋势线相平行的位于上方的紫线（上回调线）。

在上涨或下跌过程中，潜在阻力或潜在支撑在哪里呢？

三角形的确认过程并没有影响潜在支撑或潜在阻力的原则。要记住在第一组关于趋势的注释中有一条是关于趋势通道的，趋势通道常常假设是由平行线构成的，那么第一个潜在阻力应该位于新的上升（或下降）趋势线的平行回调（或回升）线，不难发现，这条线的起始点是以三角形的高点（或低点）为起点的。

如何判断等腰三角形突破失败？

形态确认之后，无论是否到达目标价位，如果收盘价低于穿过三角形顶点的水平线，那么将被认定突破中止。

图4-19 三角形突破失败

图片来源：CQG公司版权所有©2006
www.cqg.com

图4-19中的三角形在X点，即高于点2的一个收盘价，被确认为延续上升形态。当几天后收盘价低于绿线位置时，趋势开始向反方向运行，在下段会提到这种变化并不是一定的。

与头肩形态突破失败的情况不同，三角形突破失败后，不会向相反方向产生可预期的目标价位。而突破失败后的结果完全由当时市场的技术环境决定。

上升直角三角形

图4-20 上升直角三角形

图片来源：CQG公司版权所有©2006
www.cqg.com

当买方以不断增高的价格买入时，卖方却很适应这样的变化，但与等腰三角形不同的是，在直角三角形中，卖方不愿以逐渐降低的价格卖出。

因此很多逐渐上升的直角三角形是以收盘价突破三角形的水平的边而不是突破上升趋势线来结束的，但突破的方向由你自己来判断。

实际上，如果你打算买入或卖出，你愿意怎样做都可以。当顾问是我收入的来源，作为一名顾问，我从不建议客户预期任何类型三角形向某个方向突破，并且作为一名投资者，我总是听从我自己的建议，我也会把我给自己的建议同样告诉我的客户。

上升直角三角形的目标价位和突破失败

如果突破的方向是东北方（右上），平行于上升趋势线的线将成为目标价位（图4-20中的红线），而突破失败的点位是以收盘价低于水平线的3%来确定的。

下降直角三角形

图4-21 下降直角三角形

图片来源：CQG公司版权所有©2006
www.cqg.com

在这个形态中（图4-21中的图形1），买方一直在以相同的价位买入，但卖方在不断地降低他们的卖出价。这种变化导致收盘价向下跌破了水平线3%的位置（本图属1995年的英镑/美元外汇汇率，应该设定为1%）。

你可以预设那样的结果，但我还是要建议你避免过分自信，尽管在这个例子中你能够免于损失，但在三角形2的例子中，你就不能猜对了。在1995年我认为将会向下突破，也没能避免损失。我判断错了。技术分析师不是意味着要思考，而是要解释图表所表达的内容。

对于股票，下降直角三角形向下的突破应以收盘价低于水平线3%来确定，如果突破方向是向上，应以收盘价高于下降趋势线的第二个接触点3%（发生在9月12日）来确定。这个收盘价使得价格由下降趋势线，也就是阻力线开始一波新的上涨。而这条下降趋势线之所以被称为阻力线是因为有一些愚蠢的人是在这个位置开始买入的，他们开仓后认为决策错误，所以希望在这个位置卖出持有的仓位。

如果三角形2的那个点被突破，那么上升态势将能够延续。但如果那个潜在阻力没被突破，你将可能面临一个潜在的双头形态，虽然它只出现在两个高点中的低点被收盘价突破3%时。

楔形

对于所有的三角形来说，两边都是逐渐收敛的。但不同于等腰三角形和直角三角形，在一个楔形形态中，两边都在朝一个方向运行：在上升楔形中就是同时向上，在下跌楔形中就是同时向下。

你会想起前面讲过的假设，是趋势通道在两条平行线之间运行。当然并不是永远平行的，只是一种假设、一种前提，如果你愿意的话，不要把它当做一条规则。

一个**上升楔形**能够显示出每次上冲的力量都会比前一次要小，市场体现出能量逐渐衰竭的状态。直到趋势线被某一天的收盘价跌破相应的

图4-22 上升楔形

图片来源：CQG公司版权所有©2006
www.cqg.com

百分比，上升的能量将彻底衰竭。

只要趋势线和上回调线还没有被打破，那么趋势线，而不是上回调线，被打破的可能性将一直存在。

一个**下跌楔形**能够显示出每次下跌的强度都在逐渐减弱。尽管大多数情况下楔形形态是以收盘价上穿下降趋势线来结束的，但你不能假设所有这样的形态都会如此。

下跌楔形的突破或确认

如果下降趋势线被某一天的收盘价突破3%，见下面的英国天空广播公司走势图（图4–23），除了观望和等待以外，什么都不要做，因为接下来是一个弧形筑底过程，就像它的名字一样，要很长时间才能形成底部。

想一想，一个半圆形，顶部是直径边。当水平线被收盘价突破相应的幅度时，底部反转已经形成。这时，你可以买入了。

图4–23 下降楔形突破

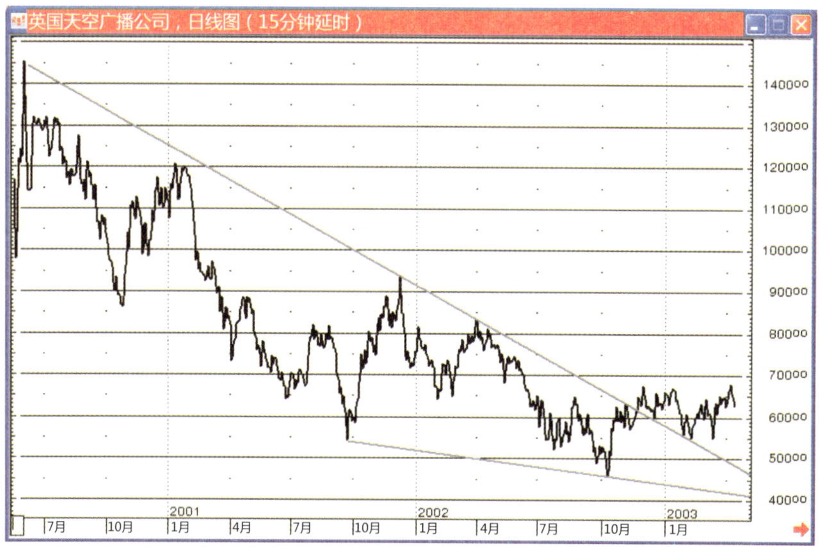

图片来源：CQG公司版权所有©2006
www.cqg.com

如果下回升线被打破，那么以下回升线的第一个接触点为起点画一条平行于下降趋势线的线并试图寻找与它接触的第二个点，或者说在更深的下跌中找而不是在上一次下跌的过程中寻找。

这样的形态常在大型或成立时间很长的公司里发生。

上升楔形的突破或确认

如果上升趋势被打破，除了在底部赚得的盈利以外，所有在楔形形成过程中赚得的钱都可能会赔掉。

图4-24 上升楔形突破

图片来源：CQG公司版权所有©2006
www.cqg.com

如果上回调线被一波上涨突破的话，以上回调线的第一个顶点为起点画一条与上升趋势线平行的线，当价格与新的上回调线第二次接触时，这个点的位置就是目标价位，图4-25的标准普尔500指数就是例子。

从1月高点与3月高点之间的图形看，标准普尔500指数似乎要形成一个上升直角三角形，但当潜在阻力1月高点和2月高点成为实际阻力后，2月的两个低点也没有形成支撑，当2月的第一个低点的支撑失效后，这一部分区间形成了双头形态。

图4-25 上升楔形突破

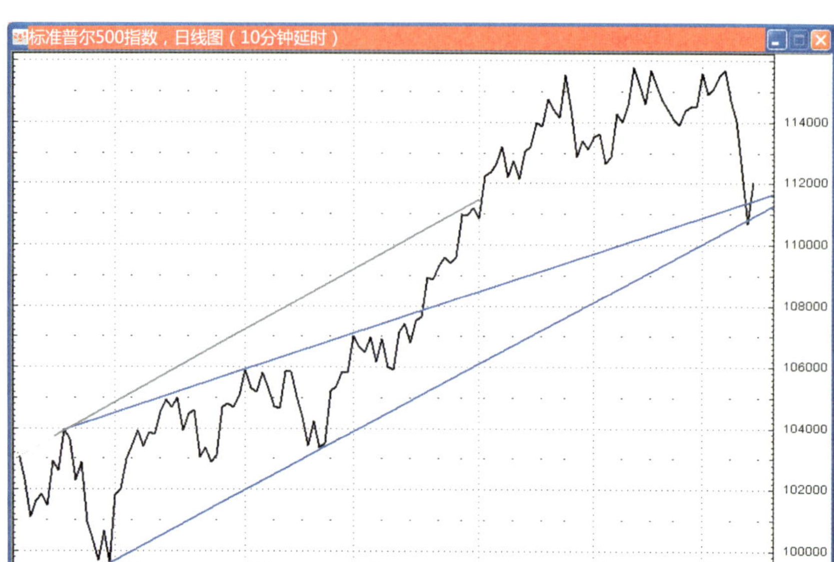

图片来源：CQG公司版权所有©2006
www.cqg.com

渐宽顶

最好的描述形成过程的办法就是给你看一幅图。

图4-26是英国30年期金边债券的走势图，它一共有两个渐宽顶，相隔时间为几个月。技术分析者的“圣经”里说这样的形态非常少见，这样的图形也很少见。

这个形态总是出现在头部，从未出现在底部，据说只随着一波延长了的上涨之后出现（爱德华和马吉的解释是：这个形态出现在一波长牛市的最后阶段，已经形成了一种惯例）。它出现时公众都“兴奋地专注于市场”，而市场正因受到各种传闻影响而上下波动。情况向来如此。

在2004年这些形态出现时，我不记得大家是否在市场里，但第三季度的低点就是绝对低点，而且由于5月至次年2月不能算是一波长牛市行情，至少对这个形态来说，也许市场的本质已经变了。

我记得的是，在这两次图形刚刚得到确认时（对于债券，收盘价跌破点4处1%的位置），我就预测了一波下跌即将开始。而我的错误在于，我牢记对于形态的解释中曾提到这个形态往往出现在长牛市的尾声

图4-26 渐宽顶

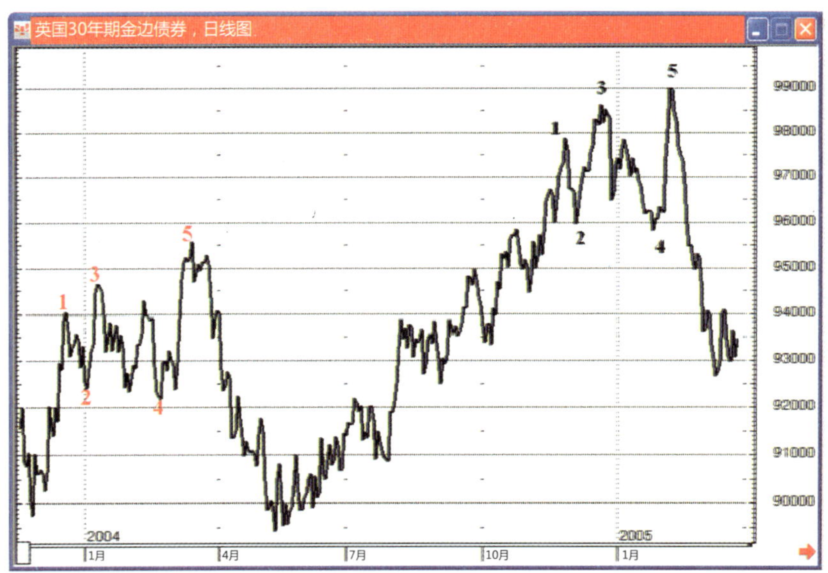

图片来源：CQG公司版权所有©2006
www.cqg.com

部分，使得我相信了下跌也会延续很长时间。

在渐宽顶得到确认后，下跌的幅度应与点5到点4的距离相等，并以点4为起点向下测量。

这个形态的名称的来源显而易见：第二个高点高于第一个高点，第三个高于第二个，而且第二个低点低于第一个低点。

在我们离开这部分内容之前，我有三个最终想法：

1. 如果你看到一个渐宽形态低于其他的高点，当心。尽管没有马上就开始下跌，但这是市场不稳定的迹象。

2. 虽然如此，如果反弹超过了点4和点5连线的中点位置，渐宽顶将不能成功。

3. 尽管人们都认为不存在渐宽底，但如果英镑／美元形成了一个渐宽顶，以美元／英镑来观察的话，那个顶就会以底来显现。

所有的形态都是与可能性有关，与时间长短无关。实际上我知道的唯一能体现可能性和时间长短的就是旗形。

旗形

图4–27 旗形

图片来源：CQG公司版权所有©2006
www.cqg.com

图4–27中，红线和蓝线区间的内容全都是旗形。

旗形的规则：

1. 旗形需要有旗杆，所以先要有垂直方向的运动，但如果整体的方向是向下的，可以出现连续两天上升；如果整体的方向是向上的，可以有连续两天向下。

2. 下跌旗形的第一次运动是向下的，上升旗形的第一次运动是向上的。这样的运动是紧随最近的高点／低点或盘整之后发生的。

3. 旗面是红／蓝线之间的区间。两个边都至少要接触两次以上。第一次和第三次在一个边上，第二次和第四次在另一个边上。

4. 旗的方向可以朝上或朝下，两个边可以平行、聚拢或分散。

5. 只有在日线图上出现的才算是旗形，旗形必须是完整的，或者说是得到确认的，整个时间跨度要在15天以内，其中包括形态突破的时间。

6. 突破：如果第一个运动（旗杆）是朝下的，旗形的结束／确认是以收盘价跌到旗面的最低点以下为标志的。

7. 旗面在桅杆的一半位置飞扬，但这不值得悲伤。

8. 在旗形确认/结束以后，第二次运动的方向往往与第一次运动方向相同，价格最后穿过旗面的一边，记为第二次运动的起点。

9. 第二次运动的长度的推算与第一次运动的长度接近。

10. 第二次运动所用的时间不会长于第一次运动。

11. 如果在允许的时间内，旗形未达到目标价位，那么旗形走势视为终止。

12. 以股票来看，如果在一个旗形下降走势后连续三天（对于指数需要两天）都在上升，或者收盘价高出旗面最低位3%，无论哪一个条件先满足，这个旗形下降都将会中止；在一个旗形上升走势后连续三天都在下跌或收盘价低于旗面最高位3%，无论哪一个条件先满足，这个旗形上升将中止。对于指数的限制为2%和两天。对于货币，在后两天的上涨或下跌过程中（这两种条件都可以）或收盘价高于（或低于）旗面的最低价（最高价），那么旗形走势将会中止。对于货币指数或债券指数，相应数值要减半来计算。

13. 经常但不是必然，如果旗形走势由于规则12所说的原因而中止，短期趋势将发生反转，但如果终止原因适用于第11条，趋势就不会发生反转。

图4-28是图4-27的重新使用。

图4-28 旗形

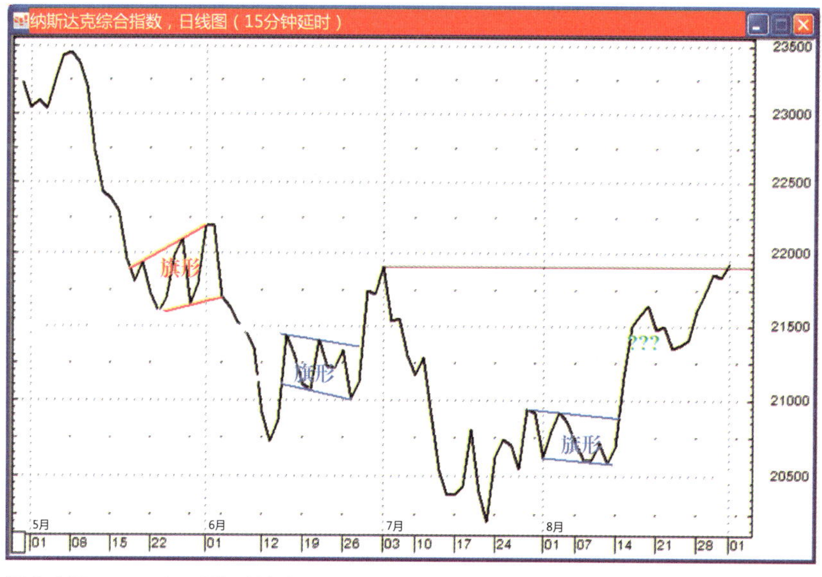

图片来源：CQG公司版权所有©2006
www.cqg.com

红色旗：它是下跌过程中的朝上的一面旗。在6月6日的收盘点2162.7时，这面旗的目标价位是1996，位于突破点下方8%的位置，这段下跌距离是5月高点到旗面最低点的距离。但实际到达的最低点是2062.1点。这个形态在15日，也就是连续上涨的第二天的收盘点2144处中止。

第一面蓝色旗：它是在一波上升行情中指向朝下的旗。上升的目标价位已经达到。

第二面蓝色旗：目标价位达到了，并且超过目标位置。

绿色问号：这是一个上升行情中的朝下的旗形，目标点位是2249点，位于突破点上方5%的位置处，与11日至18日的涨幅相等，但应当在5日内达到涨幅。因此，在9月1日，也就是第五天（我是在9月2日写这一段内容的）收盘时旗形走势终止，盈利幅度为2.47%。

关于形态的最后提示

1. 旗形与其他的形态一样都不会永远有效。
2. 在1998年，我把一张纸送到技术分析师协会，我向他们展示了在过去的16年中曾经出现过几次头肩顶形态，没有一次是有效的。
3. 由于所有的形态都不能永远有效，那就使用止盈或止损吧。

5 By The Way...

顺便提一下

你曾经多次使用这样的表述方法，而且也常常听过这样的说法，但你是否曾经想到，它的下面要讲什么内容呢？始终不变的是，一些非常重要的内容，说明这个小句是假的。

顺便提一下，我中了彩票……我要离开你了。

顺便提一下，我是在2006年5月末写的这一章，刚好早于上诉法院发出于婚姻破裂后财产的分配的决定。所以，顺便提一下，我没赢得彩票，但我还是要离开你。

顺便提一下，你是周六比赛的替补队员。

顺便提一下，我们买的股票赚了一点，但它的基本面很好。

所以，这一章讲的都是在投资业务中有些重要性又不足以独立成章的内容。

【顺便提一下，下面一部分的内容你有可能在其他地方了解过。如果你不记得了，当然很好；如果你仍记得，那么这些内容同样值得重复学习。】

顺便提一下……

• 西西拉娜（Sisylana）是一名专家，在开场白中曾经出现过，如果你对她的书籍并不熟悉，你可以在因特网上查询©Chatline 的相关内容，如果还是找不到的话，你把Sisylana 的字母前后倒过来拼写，就会看明白了。

• 在基本面分析师的言论中，总提到“这次与以往不同”。但技术分析师知道，每次都与以往一样。没有不变化的东西，为什么金融市场却不发生变化呢？

• 技术分析师永远在捕猎、射击和钓取目标物。他们要捕猎的目标物是趋势，他们不会为底部而垂钓，也不会去射击市场的顶部。

• 当人们听到“买入”的口令时，他们认为不会有更好的买入机会了，当他们听到“卖出”的口令时，他们却很少愿意听从，他们认为那句话意味着市场或股票的价格永远不会比现在这个时刻高。

• 技术分析师不利用基本面分析要比基本面分析师不利用技术分析对本金的损害要小。

• 投资是一项室内工作，不涉及体力劳动。

• 投资天才在上涨市场中是记性差的人，只有在长时间的下跌市场中才能积累投资的智慧。

• 别人认为人们在下跌之前最容易自满。我认为，自满是在下跌后产生的，前提是你提前预测到了下跌。

• 大多数技术分析师原本都是基本面分析师。我从未听说过有经历相反的人。

• 如果在一年中每个缺钱的人都不能做投机买卖，你们认为赌场会在什么时候开门营业？答案是1月3日。

• 真正的大笔损失都是因为思考造成的。为什么不让市场来替你思考！而你不断地解读市场的语言就可以了。

• 在技术分析里，明智的做法是不要耍小聪明。

• 如果图表显示某种特征已经过强，基本面信息将会使价格向图表显示的变化方向运行。

爱荷华州的雨

在20世纪80年代，只根据三个月变动速率指标（也是一个非常重要的指标，具体内容我会在第6章解释），我预测了美国玉米主产地的干旱将要结束。

其实很简单，真的很简单。由于这次干旱，小麦、玉米，随你怎么称呼，价格飞涨。铜和猪肉的价格也是如此。你认为我在开玩笑吧？铜和猪肉价格的涨幅仅次于软商品的涨幅。对玉米和小麦的热情竟会蔓延到其他产品上。人们是不是疯了？是的，但这就是市场。

我所能做的就是根据变动速率指标观察超买的程度。当超买状态达到顶峰，并且趋势发生反转时（在判断趋势方面，指标与价格一样都是我们的朋友），我在路透社的公共大屏幕上宣布说："五天之内，爱荷华州会有降雨。"只过了两天，雨就开始下了。

这是什么原因呢？

超买指标应该不能知道要下雨吧？它不能，它也不知道要下雨。但归根结底，价格涵盖一切信息。价格涨得太高了，指标已经说出了这个事实。但只有实际情况的变化才能触动卖盘来缓解超买状态，这就是与促进买入相反的变化：在缺水的地方下雨。

• 牛市在好消息出现的时候结束，只有熊市会在坏消息出现时开始结束。

• 在合作过程中有两个好日子，也就是你说你好和再见的两个日子。

• 经常有人问我最成功的预测都有哪些。我做过的成功预测没有人记得。他们不记得是因为他们不愿意这样做，他们在这些时刻几乎总是出现差错，并且更愿意以眼前的思路来推断趋势，而不愿改变自己的想法。

• 当为某种确定性而赌博时，赔钱的可能性更大（温斯顿·丘吉尔）。

• 有些人使用技术分析仅仅是为了确认他们原本的想法，当技术分析的结论与他们自己的想法相反时却抛弃技术分析的结论，这样做是不对的。

• 有时你可以买任何股票，有的股票你可以随时买，但你不可以随时任何股票都买。

• 相关性是有关基本面的概念，可以判断出：如果相关性真的有效，那么经济学家可能会有更好的交易记录。

• 如果要裁员，那么从摩根大通、高盛、美林开始吧。

• 当你面对挫折，仍要鼓起勇气乐观面对（沃尔玛创始人山姆·沃尔顿）。

• 尽管有人在蒙特卡罗的赌桌上大把赢钱，但如果你对这不感兴趣，不如到海边去享受（大卫·布莱克威尔）。

• 当一个人在与你握手时问你"今天市场表现怎么样？"，你总能从他握手的方式中判断出他是一个赔光了本金的期权交易者（乔·格兰维尔）。

• 如果你的目标太高，小心意外的发生。

• 20世纪中期，100年跨度的平均值是1950年。这个数对1999年或1901年有什么意义吗？如果你把长期平均值计入统计，尽管这个平均年份的人已经死去很多年了，可他的平均年龄却没有变化。

• 在金融市场中自食其果是一件很平常的事。

• 董事会成员应该保持单数，三个人太多了（詹尼·阿涅利）。

• 没什么能替代智力，但你只要把嘴闭上就能得到同样的声誉。

• 根本不存在“正在形成的头部区域”。只有经过确认了的头部区域才算是头部，只有在这个时候才算上是一个交易区间，这个区间既可能转为向上的突破也可能转为向下的突破。“形成一个头部区域”只是一种想法，并不是一个事实。顺便提一下，筑底阶段这种说法同样也不存在。

• 飘荡在风中的一根稻草也许会在最后时刻压倒骆驼，通道尽头的一线光明也能有同样的作用。

• 在一个非理性的环境中，没有比理性投资更能导致自我毁灭的了（J. M. 凯恩斯）。

• 经济学的研究通常昭示我们购买任何东西的最佳时间是在去年（马第·艾伦）。

• 人们常说要根据你的上一次预测来评定你的水平。但如果你上一次是对的，那么就根据你下一次的预测来判断了。

• 价格体现的不是本身的价值，而是人们对未来价值的判断。如果价格能够即时体现价值，那么就不需要市场了。

• 资格老的预测专家从不会在市场中消失，他们只是做更少的预测；老的经纪商从不会在市场中消失，他们只不过接到更少的客户；老的图表分析师从不会在市场中消失，他们只是在力量方面会相对减弱；老的交易员从不会在市场中消失，他们只不过不如以前勇敢了；老的投机商从不会在市场中消失，只不过口袋里的钱更少了。

• 如果基本面分析师真的那么有能力，技术分析师是怎么出现的呢？

• 我们没有必要也不可能真正了解市场，适应市场才是真正要做的。

• 人生总有涨潮时，随波逐流，或将致死（莎士比亚／马伯）。

• 当一个部门起名叫人事部时，他们负责照顾你。现在他们改名叫人力资源部了，他们所做的就是浪费你的才干。

• 在伦敦这个污秽的地方有太多的钱可以赚了。

• 好股票有如好的聚会，让人总不想离开。但股票并不知道你拥有了它，股票是用来交易的。如果你希望买了就一直持有，古玩收藏最适合你了。

• 只有在华尔街上，驾驶劳斯莱斯的人才会向乘地铁的人寻求建议（沃伦·巴菲特）。

• 对于一个诚实的人，你不会在他的所作所为上发现利益冲突，但在不诚实的人身上你也找不到利益冲突。

• 公开表明自己的立场要比闭口不言强得多。

• 如果在做图表分析时你觉得很困难，那么你用的方法已经错了。

• 由集体来完成的投资决策显得很好，但对投资者而言优势不明显。

• 很多在委员会中发生的事情在正常工作中是令人难以忍受的。

• 如果你很专注于工作的话，那么不要在委员会任职。

• 当投资者开始了解一笔投资的理由并据此提出问题时，他们总是表现得过于感性。

• 温良的人们可以承受土地，但不包括开采权（简·保罗·盖蒂）。矿就是由说谎者在上面看守的一个地下的洞（马克·吐温）。很多优质的矿藏在沉下钻头开采时被彻底毁坏了（股市用语）。在股票交易大厅的地板上能找到的油要比真正从北海开采出来的还要多。

• 浅色领带比深色领带更容易沾上食物痕迹。

• 生命如同一个熊市的过程，每一次反弹都比上一次要弱；变老总比死掉要强；死亡是大自然让你慢慢停下来的一种方法。

• 长期预测是为那些不知道短期内将发生什么的人而准备的，就如J. M. 凯恩斯的至理名言：长期来看，我们都将死去。

• 人生短暂，我们终究会死去（伍迪·艾伦）。

• 远来的和尚会念经（阿拉伯哲理）。如果你希望人们关注你，到国外去做市场预测吧。

• 美德就是回报，也是唯一的回报。

• 成功不能代表一切，而失败不值一提。

• 你有可能会赚钱，而当你逆势操作时你一定会自以为很聪明，但这样做有意义吗？对技术分析者来说这样做没意义，我们知道趋势是你的朋友。为什么要丢掉一个朋友呢？

• 你不必每次都赢，也没必要这样。

• 当你赚钱时，是因为你走运；当你赔钱时，是因为你自己犯了错。

你可以在汽车的保险杠上贴上这句话：*想让技术分析师追尾，除非市场关门*。

6 Indicators

指标

变异离散量	平滑异同移动平均线	价格通道
亚历山大过滤器	MACD柱线	变动速率指标
Alpha / Beta	资本多数原则	比率
柱状图	市场概况（芝加哥期货交易所）	相对强弱指标
布林带	动量指标	散点图
蝶状价差	资金流量指标	价差
蜡烛图	移动平均线	价差移动平均
佳庆指标	能量潮指标	快步随机指标
商品通道	加权能量潮指标	慢步随机指标
逆时针图表分析	未平仓量	终极指标
动向指数	摆动指数	挥发性
简易波动指标	抛物线转向系统	挥发性指数
云图指标	威廉指标	成交量
凯利指标	点数图	量价趋势
线	点数图高低点	加权收盘价

前面我整理的这些词汇是从路透社软件的目录里摘出的，我这样做是要告诉大家当你接受他们的服务时你免费得到这些指标，但这些指标不太可能管用，因为免费建议的价值与你付的钱是相等的。我又

想起我在这本书中已经教给大家我的一个指标的秘密了，等一下就教大家第二个。

这句话可以有两种解释：一种就是指标的发明者知道他们的指示不好使，第二种解释就是我们太善良了。

画线的指标要么没什么用，要么我会在书中其他地方做讲解。

我摘出的这部分指标是全部指标的三分之一，这样确实能减少一些：我不愿用指标来描述条形图、蜡烛图、线图、点数图或价格通道，我把动量指标和变动速率指标看成是可以互相转换的，在我看来成交量根本没用。

估波指标

很多年以前，一份报纸上就印有“价格变化是由情感变化引起的”，艾德文·估波设计了一个指标来告诉投资者什么时候可以以中长线持股为目的买入股票。当时他曾写下这句话：

“当曲线从零线以下转为朝上……可以长线买入强势股。”

别急，估波这句话的意思很快就会讲到。零线，以我的经验（这个指标我用了近40年了）来看，指标给出提示或是超过零线都可视为条件具备。

我是在1963年《投资人纪事报》上一篇由哈罗德·温科写的文章中第一次看到估波指标的。尽管严格地来讲，这根本算不上什么技术分析，但这是让我由基本面分析转为技术分析的主要原因。艾德文·估波是一个计量经济学家。

就像今天的其他指标一样，估波指标已经被简单化了。被谁简单化了呢?

当然是那些做交易的人了，无论是从基本面考虑或是从技术分析角度考虑，这些人都只管买卖，如果是对冲基金，他们买和卖都在做。

由于很多交易者的短视行为，他们常常迫不及待想赚钱，于是经常由于准备不充分而导致投资失败。

“感情波动导致价格变化”这句话使读者想起下面的内容：

“对于频繁交易者来说，这种技术没有价值。这是一个给长期投资者使用的技术，是他们长期买入的指引。”

估波信号不能提示趋势反转，但它能在市场风险较低时给予提示，也常常能够预示一波持久的上涨行情。

尽管估波信号只应用于道琼斯工业平均指数，但它的逻辑依据在理论上来看是可以适用于所有市场的，我已经成功地在很多市场中使用这个信号了。唯一不能显示作用的就是外汇市场，我从没在这个市场用过。

要点：从1919年到现在，在用估波技术来分析标准普尔500指数的过程中，只有在2002年曾出现一次提示为“坏”的信号。

图6-1 标准普尔500指数—估波指标

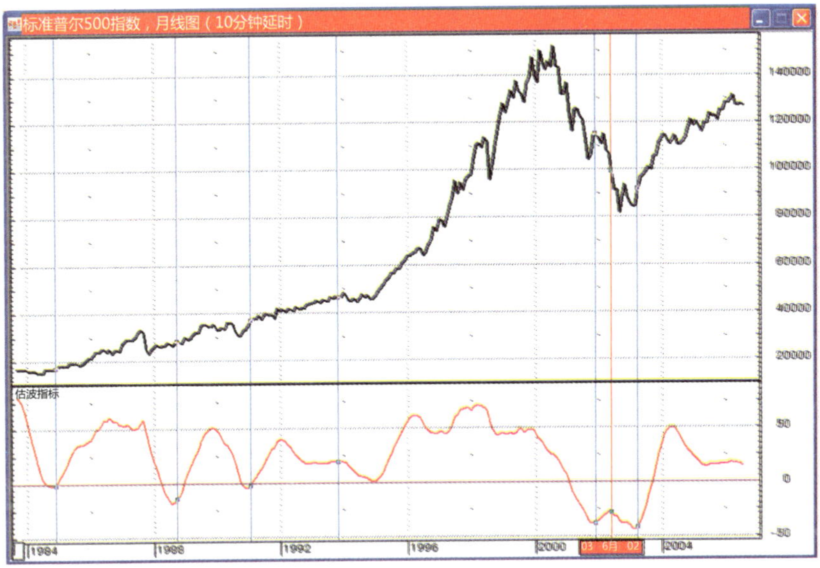

标准普尔500指数，月线图（10分钟延时）

估波指标

图片来源：CQG公司版权所有©2006
www.cqg.com

从1984年开始的指标记录

华尔街

但是这个指标不是设计用来买指数的，而是为长期投资者买基本面方面“实力好的股票”的。而且参考2002年的信号，你会在图6-1上的红线位置停止买入，在这个位置曲线开始由一个零线以下的位置开始向下运行（这种用法是我独创的），在熊市低点不久后又开始给出买入信号。

我不知道你是根据哪个信号买的哪只股票，但如果你根据两个买入位置算一下平均值，你所买入的经过仔细调研的股票是在1033.9的位置，觉得怎么样？

伦敦

在1975年1月底，我看到估波指标给出买入信息，尤其令我满意的是我在8日（低点出现在2004年12月13日）曾经预言了1972—1974年熊市的结束。

当一波牛市开始时，人们都认为这只不过是死猫式反弹，所以多数机构客户，尤其还有我以前在洛希尔公司投资部任职时的同事，都曾经嘲笑过估波指标，他们以这种嘲笑的方式对待我在1月8日做出的预测，其中的一个人（名字叫卡茨）至今还在恶意地说“布莱恩·马伯一直是个疯子”。

接触艾德文·估波

估波理论的批评者们认为市场已经变化了，周期也变短了，此次是不同于以往的等等，或者说，这些争论都是在市场出现转折点时才提出的没用观点。为了让他们安静下来，我与估波取得了联系，他给了我一个录音的回复。下面是主要内容：

他是一个虔诚的天主教派会员。教会基金的管理者让他设计一个长期低风险的信号，希望通过它们来了解什么时候应该增加手中的股票数量，什么时候应该离场观望。估波问了几个牧师一些关于人类要用多长时间才能够适应丧亲、离异、疾病、失业、失去钱财、搬家、退休等情况，或者说人不得不面对的极大压力。

答案是“11-14个月”。如果你从其他途径听说过这个故事的不同版本的话，那讲给你听的人一定是间接从我这里知道的，并且在一个传一个的过程中改变了真实的内容。你可以看出，这个指标除了与人性有关以外，与市场周期没有联系。估波根据这些内容设计了指标。下面是我做了修改之后的结果。

建立一个指标

1. 比较前11个月和前14个月与最后1个月的收盘价。
2. 算出这两个收盘价与本月收盘价的价差与本月收盘价的比值。
3. 把这两个数相加并乘以10。
4. 在前9个月每个月都按此方式进行计算，把前1个月得出的数值乘以9，把前2个月的数值乘以8，以此方法计算下去。当10个月的数值算出后，就可以得出以前24个月为参考周期的加权平均值。

5. 把指标画到你所观察的月线图上。

6. 当曲线在零线附近或零线以下转头向上（经过马伯修改）时开始买入。

7. 当指标在零线以下并转头向下时停止买入。

8. 在指标升到零线时完成买入。如果指示在零线附近才开始转头向上，参照短期技术指标完成买入。

9. 享受上涨给你带来的快乐吧：当指标超过零线时，牛市的大幅上涨就开始了。

卖出信号

这个指标没有给出卖出信号，因为人类由兴奋转为忧伤的过程并不需要11-14个月。

自1945年起，出现过两次“坏”的信号。第一次出现在1948年。不是出现在富时指数上，当时还没有这种指数，但是工业普通股指数当时是以全股指数来显示的。第二次是出现在2002年，是在标准普尔指数上

图6-2 估波指标在富时100指数的开始部分就给出了信号

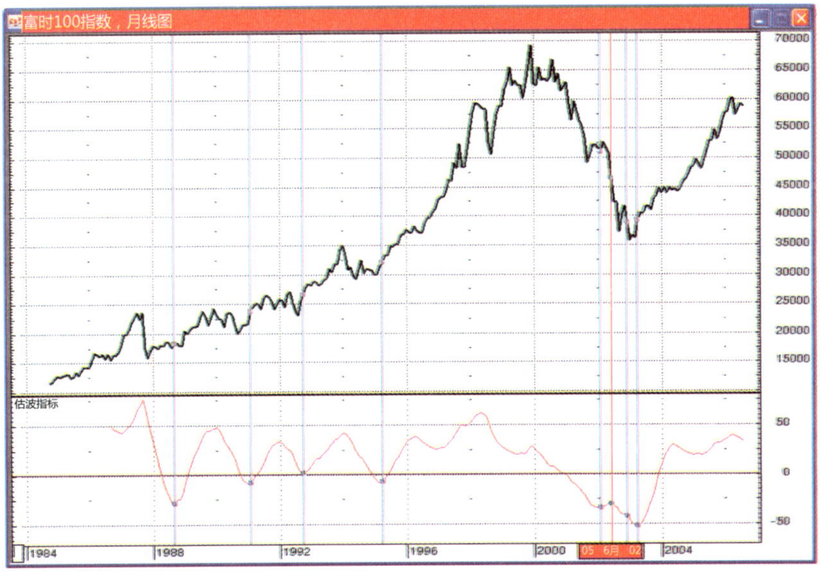

富时100指数，月线图

70000 65000 60000 55000 50000 45000 40000 35000 30000 25000 20000 15000

估波指标

50 0 -50

1984 1988 1992 1996 2000 05 6月 02 2004

图片来源：CQG公司版权所有©2006
www.cqg.com

出现的，这个已经介绍过了。这也可以解释为什么标准普尔指数的信号用在富时指数上也很不错。

要点：当估波信号出现时，基本面的状况总是很差。但是历史告诉我们要遵循指标而不是基本面，甚至有些操作并不是当时见效。例如1988年估波指标给出信号4个月后，富时指数下跌了4.8%，在1991年和1992年信号出现6个星期后分别下跌了5.1%和4.3%。

2002年，在《金融时报》的一篇文章中，由于在2002年的信号出现后市场出现了一定的下跌，菲利浦·科根曾经大肆批驳估波指标。虽然这个指标在60多年中出现过两次错误，我只能这样来评价这位作家：虽然他是在我这里学到估波指标的，却根本没有分清长期投资与期货的区别。

变动速率指标（ROC），也称做动量指标

如果你非常喜欢歌剧而又了解到票价翻倍了，你很可能会减少观看的次数。但假设一下，如果在下两年的时间里票价是慢慢上涨，最后达到翻倍价格的，你还会减少去看歌剧的次数吗？也许不会吧。

市场也是同样的道理。如果在你买入后，价格突然下跌5%，那么我能肯定这种感觉与价格在一年内下跌5%完全不同。

$E^2 = MC$

如果你认为以前见过类似的等式的话，那么告诉你，你是见过。但那个公式太陈旧了，$E^2=MC$是马伯的相对论法则。市场会遵循所有的物理法则。当E＝情绪变化、M＝价格变动、C＝经历的时间时，我们得不出什么结论，而当价格变动加大而经历的时间缩短时，情绪变化会变得明显。

如果从山上掷下一个球，在你放手前，所有的动量都在你的臂上，你松手后，这个球在下滚时会逐渐增长动量，球滚得越远，动量或变动速率越大，在到达谷底时达到峰值。

如果你向空中抛一个球会怎样呢？尽管动量（变动速率）在你一松手时就开始减弱，球在逆转方向前也一直在上升。当方向逆转后，球才开始下落。一定要盯住球，如果想知道球是在什么时候由向上运动转为向下运动，就得更加仔细地盯住它的动量变化。

市场就像这个球体。

要注意前面的公式。动量提供了情绪波动的原动力，情绪的波动导致市场变化，市场变动越快，造成的情绪波动越明显。

换一个角度来看问题，如果上个月你的销售额增长了10%，那是件非常好的事。但如果之前的三个月每个月比上一个月分别增长了14%、16%和18%，那么最近的销售额就不如前三个月乐观：虽然销售额在增长，但是增长的比率在缩小。如此看来，销售额由每月增加转为减少只是时间长短的问题。

设计一个动量或变动速率指标

把最近的价格以过去某时间点价格的偏离百分比表示出来。我采用的周期是3个月（63个交易日）。这个值绝不是一个突发奇想，我曾经认真地研究过。

我怀疑你们得编制自己使用的指标，在最开始的20年里我用的就是自己的指标。如果要编制一个指标，你可以向前取64个交易日，而不是63日，很明显这是出于精确的角度考虑的。计算出现在价格与之前价格的差别，然后以之前的日期为参照日，以百分比的方式算出后面日期的变动值。

为什么以3个月为参考周期?

这是由经验得出的观测方法。如果价格下落一段时间后，走势转为上涨，假设价格在低点出现11天后上涨了5%，经验观察告诉你如果在以前没有出现过这样极端的变动速率值，或者说每当变动速率达到5%时，变动速率往往会变小。如果这样的话，5%的数值表明超买状态的存在。

如何观察ROC图表

变动速率图表的观察方法与观察其他图表一样。当极端的状态出现时（极端情况根据股票、汇率、指数等分类的不同，设定标准也有区别，根据所处的牛市或熊市的不同阶段参考值也有不同），指标不但能显示超买或超卖，还能形成形态和趋势以及潜在支撑和阻力。

前面章节介绍过的均线的原理也可适用这个指标。

我告诉过你我用的是63日ROC，我也结合参考10日均线。

要点：当指标的均线发生反转，并且相对上升或下降趋势线被打破1%时，动量指标会发生反转。

什么是相对上升或下降趋势线?

我以63日为衡量标准（如果所观察的市场需要的话，我也会使用64日或65日）。

ROC是一个先行指标（它会领先于市场趋势的变动）。因此，我所寻找的反转走势常常是价格已经沿趋势运行大概3个月时间了。虽然如此，也一定要记住趋势随时可能会结束，而且经常没有一点先兆。但ROC有一个很大的优势，就是它常在趋势转变之前发生反转。

假设价格一直在下落过程中，变动速率的下降趋势线被突破1%，并且10日均线开始上升（这两个变化不一定非要按这个次序发生），然后，（前面讲过）动量指标的反转就开始了。

在动量指标发生反转之后，趋势将更有可能转向与之前相反的方向。如果还没转变方向的话，尽管没有规定让它一定要马上变化，或者说这种规定根本不存在，但价格随时会走出反转行情。

当你在驾驶汽车的时候，你把转向灯打开，这时你是要示意别人你要转弯了。你不会提前三个路口就把转向灯打开。但有可能你这样转了，也有可能你在转向灯开始闪烁后又改变主意了，你直行或转到灯光所示意的相反方向了。

要点：指标仅仅是指标，它不是发号施令的人。

有时价格会反弹到新高或回落到新低，但指标没有相应的变化。如果这样，价格在高点或低点位置时常会伴有动量背离的情况出现。动量或变动速率指标发生背离，往往不是好事，常常暗示在不久的将来会出现问题。

“不久的将来”是什么意思呢?

这就是问题所在：时间长短是不一样的。但如果你逆着指标的趋势操作，你有可能赚到钱（你逆着任何趋势操作都有可能赚到钱），但你承受着我不愿承受的风险，而且在逆着我的建议操作，那么我写这本书纯粹是浪费时间了，也浪费你看书的时间。

我从未在任何一本书中看到趋势和均线被用在ROC中，形态也没有用过。你们读到的是地道的马伯式手法。本章到目前所介绍的内容以及后面的段落，与潜在支撑和潜在阻力的技术一样都是我自己的发明。*这些内容我从未向其他人透露过。*

我用这些技术是因为它管用。但并不是在所有情况下都管用：技术分析不是一个自动的过程；尽管我说过这是一种追求的境界，技术分析还与观察图表者的自身经验和技能有关，他们要知道在什么时候用什么办法。在技术分析里唯一能够永远起作用的就是技术分析师。

当ROC出现转折点时，价格也会随之变化

例外

有一种情况下，ROC常常会与价格走势相反：在上升过程中价格第二次上升，或在下降过程中价格第二次下跌。

上升行情：第一个明显的超买状态缓和下来后（“明显”指的是比之前下跌状态下都要高的超买状态），第二波上涨的过程中，价格上涨的速率比第一次超买时的上涨速率要低，这样就导致了价格与动量（或ROC）发生了背离。

下降行情：第一个明显的状态缓和下来之后，第二波下跌时，价格下跌的速率比第一次超卖时的下跌速率要低，这样就导致了价格与动量（或ROC）发生背离。

动量背离：价格上涨但ROC下跌或价格下跌但ROC上涨。

日线图6-3是美元指数从1998年底的下跌到2006年7月的高点的过

图6-3 ROC

图片来源：CQG公司版权所有©2006
www.cqg.com

程，从图上还可以看出在4月到6月间，尽管ROC在下降，美元指数却在上升。

指数的月平均值，也就是绿线经常能够在连续上升过程中提示一直持有，这次它是否能够做到这一点呢？在整段时期内它没能做到。在5月份均线开始下落，原本在上升过程中它起的是潜在支撑作用，由于指数下落，它又变成潜在阻力了。

有没有一种技术能让你一直持有呢？

让我们看一下：在指数上涨到4月高点过程中，前一低点是一个潜在支撑，这个点也被跌破了，季线没受到考验；当美元指数跌到5月低点时，ROC显然没有任何超卖的迹象，连随机指标、RSI和MACD都没有给出提示。这些指标在这里都没给出提示是因为我还没有对它们进行解释。

技术分析在这里是不是失效了？

如果你愿意这么说的话，是这样的。但是如我前面所说，我要再提一次，这是一门艺术不是一门科学，它不能永远显示每一件事。

价格与ROC背离

是不是价格与动量的背离只倾向于发生在大的趋势反转的初期？不是。

换一个时间周期会怎样？

长于63日或短于63日的周期会不会更好？不会的，这种尝试我已经做过了：63日最有效。

当然，回归分析也许能够给出一个指标并能使你在5月份美元下跌时一直保持持有，但这个指标一定是在事后发现的。你总能在事后找到一个指标能让你在任何位置都保持持有，但这并不意味着下次它会起作用。

- **一轮新牛市的第一波超买状态**总是要强于上一轮熊市中的任何超买状态的，而且这也通常是整轮牛市最强的超买状态。如果有一波超买状态会比第一波超买状态强，那么这次新超买的最高点常常会与这一波牛市的终点相重合。

- **一轮新熊市的第一波超卖状态**总会比上一轮牛市的超卖状态要强，也常常是整轮熊市最强的超卖状态。如果有一波超卖状态的强度要大于第一波超卖状态，那么这一波新超卖的低点几乎总会与熊市的低点相重合。

一旦新一轮牛市的第一波超买状态（新一轮熊市的第一波超卖状态）形成了一个顶/底，或者说ROC形成了一个顶部/底部反转，随后几乎总要有一轮下跌（或上涨）行情。

图6-4 在新牛市中出现的第一次超买状态

图片来源：CQG公司版权所有©2006
www.cqg.com

图6-4是富时指数的图形，其实名称并不重要，重要的是图表显示了在熊市结束后，新的牛市中出现了第一波较大的超买状态（通过ROC能够看出）。在这个例子中，超买状态被记录在2003年6月的ROC上。

为什么2003年4月底的超买状态在牛市中不是第一波呢？

因为这次比2001年12月的要低。

你怎么知道第一波超买状态之后的回调已经结束了呢？

根据判断力和经验，但这个例子并不难：季线（在富时指数图上的红线）成功被考验了，有几次富时指数收盘收在均线下面后，又会重新收到均线上，从而确认了均线的有效性。

但价格常常会表现得更好，它能像在季线上一样在月线上寻得支撑。在其他情况下，两条均线都没能提供支撑。如果这样的话，你必须等待其他信号出现。

*注意：*不要把第一轮牛市的超买状态或第一轮熊市的超卖状态与上一轮牛市的超买状态或上一轮熊市的超卖状态相比：*每一轮牛市或熊市都有它自己的参数*。

当任何一个非技术分析师说“这个市场涨得太高了”时，他实际上是在说“我没想到它会涨得这么高”；或者可以说他判断错了，但不肯承认，但他更愿意指责市场错误，而不是指责自己和他的错误想法。但是就像我在本书的前面写的那样，市场是从没有错或对一说的。市场仅仅是市场。

“市场涨得太高”与“涨得太多、太快”的意思是一样的。只不过是换种方法在说市场太活跃，或者说市场的动量太大，难以维持。

变动速率指标／动量指标的研究结果能够有效，是因为这个指标能够测量市场中情绪波动的程度。它能够以数学方法计算哪种因素变化过多过快，这是一种冷静的测量市场情绪状况的方法。

要点：不要忘记，是情感因素和心理状态（还包括供需的不平衡）决定着价格，而不是由逻辑来决定价格。

有的时候其他指标也能告诉你下次价格变动的方向，但它既不能告诉你涨跌幅度，也不能在价格显示某种迹象之前给出变动开始的大概日期。唯有ROC能够告诉专家价格变动所持续的大概时间长度，它甚至能在价格变动之前给出提示。

只有短线的涨跌发挥充分之后，长线变化才得以发挥。长线提供了短线变化的范围。如果短期价格波动破坏了相应的支撑或阻力，长期趋势就有可能被扭转过来。

趋势，与技术分析中的所有理论一样是你的朋友。不管动量已经到了多大，只要指标（任何指标）没发生反转，趋势就能够延续。但动量也会随趋势运行，一旦上升或下降趋势改变方向，那么相信价格或只相信价格的人就得接受不愿见到的意外结果了。

我作为一个顾问常常感到不幸，但你作为投资者也不会感到幸运，很少有人相信我根据ROC所做的预测，也很少有人会在没有了解指标的逻辑依据的前提下，只看一个结论。当发现价格没有任何可疑的地方时，他们却把疑心转到指标上了。

需要考虑的最重要的内容是：

市场是否处于超买或超卖状态？

ROC的趋势是怎样的?

当指标反转之后，市场很可能会发生反转，但这不是一定的。在市场里没有一定，只有大概和可能。

系统评估

在20世纪80年代，我曾把这部分所介绍的内容应用在英镑/美元的走势上，并由一个客户公司启用一个叫“倘若如何”的方案来进行评估。

在测试期内(2年)，曾经对包括变动速率指标/动量指标在内的所有与技术分析有关的内容进行测试，只有一个系统的表现强于我的技术方法(当指标打破一条趋势线时，10日均线会扭转方向)。

这个神奇系统是什么呢?

把我的10日均线改为9日均线。

1980年，我到普林斯顿去访问商品集团，这是一个稳健参与任何有价格波动的市场的公司。在当时，外汇市场是最大的变动因素和影响因素之一，它使得除了几个少数技术分析师以外的所有人都受到影响。

我告诉这些交易员我如何使用ROC，我强调说，当交易汇率已经处于极度超买或极度超卖状态，无论以什么样的汇率延续现行的趋势进行交易都将面临巨大风险。但有一个声音却在不停地打扰：“这正是你能赚大钱的时候。”

我一直在讲高风险，而这个声音反复在说“这正是你赚大钱的时候”。这给我留下了深刻的教训：不要预期趋势、价格、指标或任何事物将结束。只要能赚钱就是好事，当然，在ROC没有给出提示之前不要逆转持仓的方向。

要点：技术分析是用来解译图表表述的内容的，而不是市场在想什么。

后者就是你赔钱的主要原因。

那个声音就是迈克·马克斯发出的。他命中注定是要在外汇市场中赚大钱的，他也被杰克·茨威格永久地写入《金融怪杰》这本书中。如果你想要了解真正成功的投资者是如何操作、如何思考的话，这是一本再合适不过的书了。无论是否因为曾经遇到过我，迈克·马克斯开始回避高风险了，我不能确定，但我怀疑。

有一件事可以告诉你：如果你不能够承担别人所承担的风险，最好不要去尝试。乔治·古德曼别名叫亚当·斯密，在他的著作《金钱游戏》（尽管此书的作者不很喜欢技术分析，但这是任何对金融市场有兴趣的人都必读的一本书）里写道："如果你不了解自己，在这里了解要付出昂贵的代价。"

现在我准备介绍一些其他的指标，但它们都比不上ROC。

随机指标

很久以前别人告诉我说，这个指标产生于商品市场。我从未考证过。我也没有在别的书上见过，因为：（1）我不理解它的计算方法；（2）我不在乎它；（3）我试用后发现在有些时候，它还有些用处；（4）依我之见，技术分析都应采取拿来主义的做法。

简而言之，这个理论就是说在一个上涨市场中收盘价常常会收在当日的高点附近，在下跌市场中收盘价常常收于低点附近。这已经描述得很充分了。

这个指标有个摆动范围，是由1到100。当它超过80时，收盘价常常会接近当天的高点，这个摆动幅度显示超买状态；当它低于20时，表明市场处于超卖状态。

交易"信号"

有人会说你可以在80以上就卖出，做空也可以；可以在20以下把空单平掉，再开始做多。

这两种方法我看都是"胡说八道"。

你能看到，这个指标有一条均线，如果你想要一个"卖出"信号和一个"买入"信号，等指标到80以上或20以下时，只要在均线改变方向后操作就可以了：当指标涨到80以上均线开始下落时卖出；当指标跌到20以下均线转为上升时开始买入。

为什么要用引号？

因为从长期来看，我不相信仅仅根据随机指标的变化来操作能有任何帮助。

5日随机指标

在商品市场中，5日是一个长期概念，在周末时仓位会被频繁地卖出，这个源自商品市场的指标不太像是能够在这样的市场变化后开始上升。

图6-5 5日随机指标

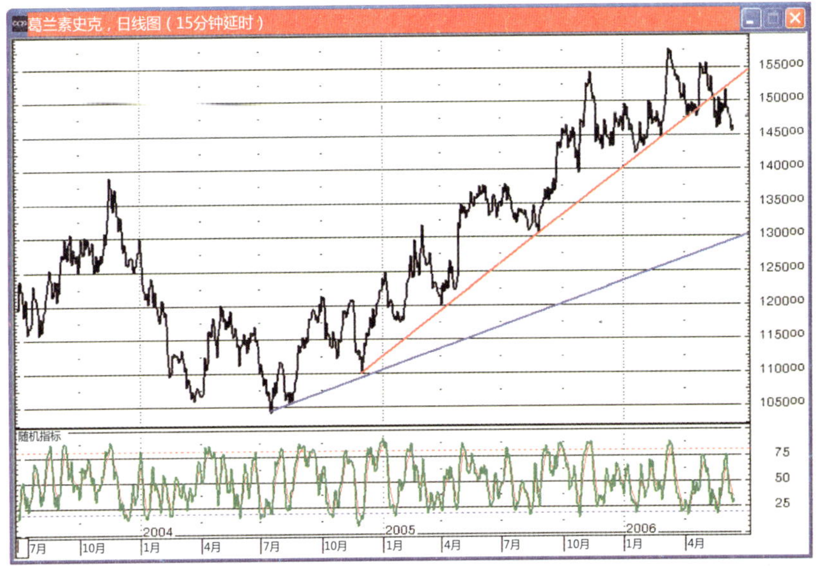

图片来源：CQG公司版权所有©2006
www.cqg.com

指标均线的上升有滞后现象。那么，如果一段上涨只运行了5日左右，你以均线转头向下作为你平仓的理由，当你这样操作时，你可能又回到了买点——这只不过是赔钱的一个委婉说法。

> **要点：**以5日为参考周期的话，（依我之见）你是找不到一种投资策略或一种交易方法的。

当你已经决定要买（或卖）并且想要引用一个短期元素来帮你选择进场或离场的时机时，5日随机指标能起到作用。

34日随机指标

我认识的所有使用这个指标的人都是从我这里学的。我用它，因为它有效。下面介绍方法：当指标超过80（如果你愿意，75也行）

时，尽管这时已经是超买状态，指标常常能在80或75以上保持较长时间，只有指标和均线都下落到你设定的水平线以下，这种状态才会缓和下来。

当指标和均线跌到25或20以下，表明超卖状态时，指标常会在这个位置保持较长的时间。

图6-6 34日随机指标

图片来源：CQG公司版权所有©2006
www.cqg.com

即便如此，在2006年1月和2月时超买状态转为缓和状态，而富时指数的月线从未停止过上升，一直都对指数起到了支撑作用。第二个过滤设置使你在没有充分理由时不去操作，这很有好处。

当指标给出矛盾的信号时，会产生问题。这就需要经验和判断力。当那些自认为是“懂一些图表分析的人”倒在路边时，他们认为技术分析一点也不好用。这是好事，技术分析师越少，技术分析就越有效。

要点：采用34日随机指标，你可以在市场中买入或观望，而别的指标虽然设定的周期短，但根本没起作用，除了填满经纪人的口袋以外，没帮上任何人。

为什么我选用34日为参数设定值？

这是菲波纳奇数列里的一个数。不合逻辑？有一些指标的标准默认参数是14，为什么？14日等于半个太阴月。但一个太阴月是包含周末的，而标准的14日默认参数不包括周末。这就是我所说的不合逻辑。

34日随机指标刚好符合了需要。我列出了一些不同的时间长度：

- **5日**（短期随机指标）
- **9日**（相对强弱指标）
- **21日**（月线）
- **63日**（ROC和季线）
- **252日**（英国股市的年线，外汇市场是261天）

相对强弱指标（RSI）

这个摆动指标是由美国的威尔斯·王尔德所设计的，而且也是他所设计的很多指标之中的一个。由此提出一个问题：这个指标有怎样的用处，为什么他觉得还有必要设计其他指标？这是个好问题（等于在说"我也不知道答案"）。

在20世纪80年代的外汇市场，这个指标曾风行一时。我做过研究，并且发现它对我不是太有帮助。但这个摆动指标看上去对一些技术分析师有用，那么就得讲一讲它是怎么起作用的。

摆动指标是以0到100的尺度来显示的。与随机指标一样，RSI在75或80（你自己来决定标准）以上显示超买状态，或者在25或20（也可以自己来定）以下显示超卖状态。

相对强度是多大强度，而它又是相对什么来说的呢？

这个摆动指标计算的是价格上涨的日子里的涨幅与价格下跌的日子里的跌幅。

我用了标准的默认参数，把摆动指标的参数设为9日（交易时间），把均线的参数设为标准默认的21日。

如果你打算只在摆动指标显示超卖时买入，只在摆动指标显示超买时卖出，你会在2005年10月买入，在11月卖出，在2006年5月再买入，你有一次账面利润和一次账面损失。

利用均线方向的变动（参看图6-7上垂直的红线和蓝线），你可以交易更多的次数。如果你把均线参数21日换成一个更短的周期的话，你

图6-7 RSI

图片来源：CQG公司版权所有©2006
www.cqg.com

的交易就能更活跃。

RSI的拥护者还像我在第2章讲过的那样画出了趋势线（我在图上画了三条趋势线），并且把趋势线与均线的上下转弯结合起来，再结合与之相关的超买和超卖状态来判断买入和卖出的时机。不仅如此，他们几乎考虑了所有的相关因素，其中还包括穿越中线50的因素。

可能性是无止境的，但我还没有讲完。指标与价格的背离也要考虑在内。例如，在2005年11月到2006年5月之间，标准普尔指数在保持上升趋势，而RSI却在下降趋势中，形成空头背离。

不能否认在5月时指数出现了大幅下跌，但这是因为指标出现了背离吗？如果这样，为什么在之前的五个月中每个月都出现过背离，且每次的背离都是同样明显，而指数却没有大幅下跌呢？

在黄金的走势上，尤其是在2005年5月以后的时间里，这个指标的效果好多了（参见图6-8）。

这说明了什么呢？

这再次说明，在金融市场里没有一定的事情，只有大概和可能。如果你想要使用RSI，查看一下它以前的记录，看看它对你想分析的内容的效果是好还是坏。

图6-8 RSI

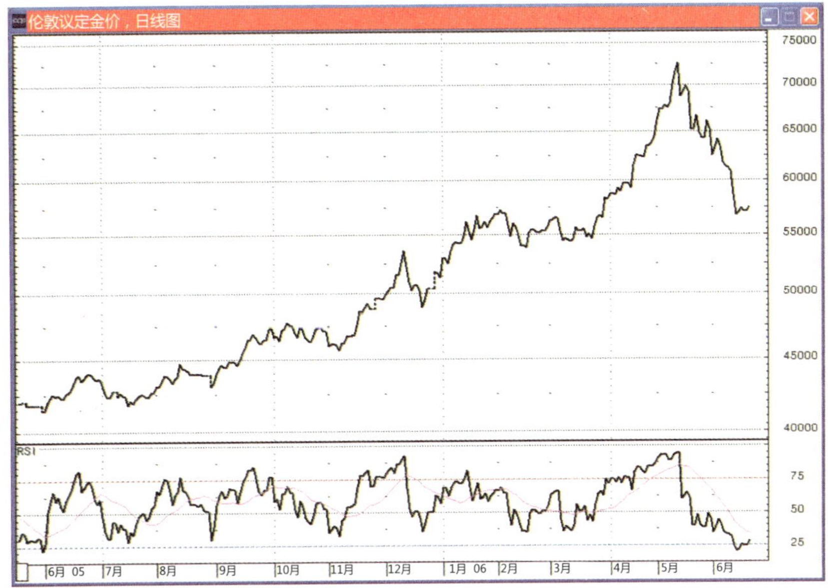

图片来源：CQG公司版权所有©2006
www.cqg.com

在20世纪80年代，一个英国石油公司的资深交易员，也是我的一个客户，对RSI非常着迷，但他用的方法要比上面给出的例子要简单得多。他断言当摆动指标超过80时要把英镑的多头仓位平掉，而当指标跌到80以下时要开始做空英镑。

我曾做过研究：尽管当时我曾尝试过改变摆动指标和均线的时间参数，但没能得出任何好的效果。

但是，就像我曾数次说的那样，如果某个办法对你有效，就继续使用。我最近发现，这个指标对我有用，由于我使用的其他指标设定的都不是两周的长度，所以我把它列入我的工作簿里了。

平滑异同移动平均线（MACD）

如果我不标示出处的话，那是在欺骗你们。这个指标与我多年前初次使用的相比有些改动，它是一个叫大卫·厄普肖的美国朋友介绍给我的。

大卫把它的研究成果命名为**MARS**——移动平均比率序列。它的原理是把两条均线中较短的均线与较长的均线的百分比差值绘成图形。

当价格上升时，较短的均线与较长的均线的差值逐渐增大，当它们像橡皮筋一样拉得很远时，两端（均线的级别）会收缩回来。如果没有合到一起，那么至少两端是朝向一起的。当价格下落时，两条均线的差值会变得非常大（怎样算大要通过观察来发现），这时它们会再缩回到一起。

只有价格上升或下跌的时候这个指标才能运行。

技术分析的数学原理

到这章为止，除了ROC，我一直对没有解释指标的计算方法表示歉意。我又意识到没有理由道歉，因为没必要理解数学道理。唯一重要的是，指标是不是有效。

如果你已经在使用技术分析，或者打算在读完本书之后使用技术分析，你很可能不用像我的工作经历那样自己计算指标，因为这些工作全都由你所订购的服务来解决了。无论你用的是什么公司的服务，它都能让数学专家把每个指标解释得比我要清楚。

技术分析不是一种智力方式，但既然技术分析是一种经验观察，而不是单纯的理论，这些不依靠智力的技术分析师就相信，如果它有用，就继续利用它。投资这一行不是一个智力消遣游戏，它的目的是创造利润和限制损失。

假如你依赖技术分析但没有订购服务，那么即便你理解其中的数学原理，你也没有时间把每个指标都计算出来，这本书讲的全都是技术分析，不是数学。有几个会计师能胜任优秀的投资经理呢?

技术服务出现后，我曾试过几家公司。到目前为止最好用而且价格较合理的，其价格要比路透社或彭博社的要便宜得多的，就是我在这本书中引用了其插图的CQG公司。

这个系统使用方便，技术支持也做得很好。你总能找到人，并且得到帮助。对CQG来说，不存在在非工作时间出现问题这种情况：因为你的电话已经被转到美国了。

自MARS产生以来，技术分析领域已经有了很大进展。首先，计算器和计算机的应用使得指数平均数可以算出，虽然我在观察价格图表时并不使用它（原因我在别的部分已经讲过），但这种算法被应用到MACD上了。

图6–9 MACD

图片来源：CQG公司版权所有©2006
www.cqg.com

图6–9是富时100指数2005年11月到2006年6月的走势与MACD对照的图形。这里用的均线是指数平均线。红色的是短期均线，它并不是由黑色均线取平均值计算得出的。

富时100指数的绿线是一个月算术平均线。

指标给出信号的条件：

1. 均线交叉；

2. 均线穿越零线。

信号：

- **买入信号：**黑线上穿红线。
- **卖出信号：**红线上穿黑线。

竖线显示的是按上面的要求富时指数出现的15次信号。

当均线低于零线时，虽然黑线上穿红线给出买入信号，但此时两条线都处于零线以下的位置。

当红线上穿黑线时，刚好相反。你收到卖出信号，而且当均线下穿零线时，你已经没有仓位了。

既然如此，零线有什么意义呢？

只有当均线处于零线附近而在近期又没有任何信号时，零线才有意义。

在这幅图的例子中，如果只观察指数的月线（绿线），你可以少费很多麻烦，而且也会收到更少的信号。这条均线的法则与所有均线一样，也就是说只要均线保持上升，你就可以持有仓位不动，无论多长时间的均线都能构成潜在支撑。

你可以在11月买入，在5月卖出，在6月底再买入。

你用的是哪个指标？

选择权在你：当你选择时应考虑很多因素：

1. 你的时间单位；
2. 你打算买卖的次数；
3. 你对风险的喜好程度[①]；
4. 你对付佣金的反感程度；
5. 你的气概；
6. 你对做决策的喜好程度。

你可能只打算使用一个或两个指标，第二个指标用来过滤第一个指标的结果，或者完全靠你自己的判断力和经验并根据特定的环境来选择使用哪个指标的结果。

无论你用哪个指标，如果你在不同的指标中使用同样的时间周期的话，那么你得出的信号将会是相近的。例如，9日RSI与9日随机指标的结果没什么差别。

在第1章中我曾写道，价格是所有指标中最重要的一个指标。现在仍是。我的工作图表6-10是这样构成的：

这幅图把价格线显示在顶部，然后是63日ROC，接着是34日随机指标、26日和13日MACD、9日RSI和5日随机指标。

位于价格线下面的这些指标是依据它们的时间参数的长短，由长至短排序的。

竖线显示的是指标给出的一些买卖信号：当两个或以上信号同时出现或相接近时，为了清楚起见我只显示了ROC的信号。

注释

①承受别人的风险一点好处也没有，不要对自己说如果他能做到，我能或我应该能做到。如果你这样做，一定会赔钱的。你只应承担你所能承受的风险。尽管有人在蒙特卡罗的赌桌上大把赢钱，但如果你对这不感兴趣，不如去海边享受一下。

图6-10 我的工作图表

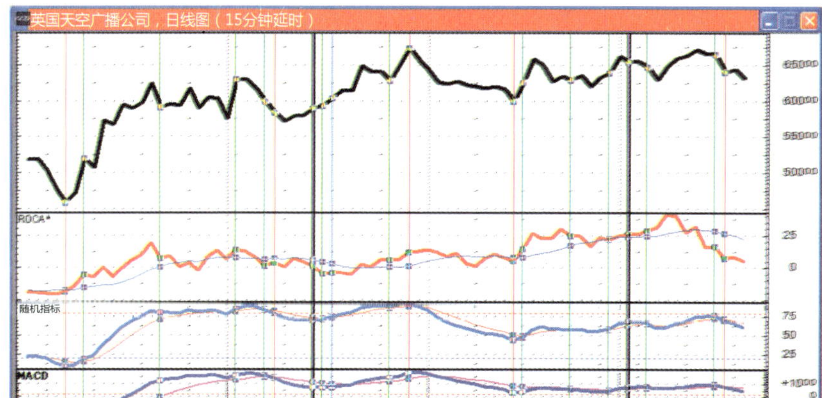

图片来源：CQG公司版权所有©2006
www.cqg.com

颜色标志

- ROC：红色
- 34日随机指标：浅蓝色
- MACD：深蓝色
- RSI：黑色
- 5日随机指标：绿色

5日随机指标

在前面讲解这个指标时，我写道由于已知的原因，单独使用这个指标你找不到合适的交易策略。图6-10说明了这个问题。

拿10月份来说，当价格变动时指标显示趋势是延续的，图中的“买入”信号证明有获利可能。

同样，10月份的卖出信号怎么看呢？当趋势还在延续时，卖出信号还是出现了，如果你短线交易的话，赚不到钱。如果你不采取短线交易的话，你还可以保持原有仓位，一直持有到比你卖出时还要高的价位。

绿色竖线显示的信号中，6个是能赚到钱的，5个赚不到。前提是假设你不用付交易佣金（这种假设很愚蠢）。

9日RSI

四个信号中只有两个显示了，另两个信号分别与ROC的第一个和最后一个信号重合。

你在第一个长线交易中赚到了钱，但当11月14日的信号出现时，你又退出了市场，或者看空市场，鉴于后面持续到1月的涨幅来看，退出得太早了。再次买入的操作证实无利可图，你“被迫”在最后一根红线出现时（ROC和RSI同时给出信号）卖出。

9日MACD

第一个和第二个信号与5日随机指标的第一个和第三个信号重合。这两个信号都能赚到钱，你再次做多或者说买入的时候，第二个信号被黑色竖线挡住了。

你在下一条红线（MACD和ROC同时发出信号时）卖出，平掉了仓位。在下一条红线位置时，ROC与RSI再次重合，你再把它买回。你可以在最后一条绿线位置（MACD和5日随机指标同时给出信号）获利出局。

34日随机指标

你的第一笔交易与ROC的第一个信号同时发生，在11月初两个信号重合时获利了结。在11月18日（浅蓝竖线）再次买入，并在下次与ROC同时发出卖出信号时获利出局。

在12月13日，34日随机指标给出买入指标（图上未标出），在1月中旬获得了结。

ROC

第一笔交易赚到钱了，但卖出的时间太早，11月8日就卖出了，如果你是短线交易者并预期市场下跌的话，你会在此做空，在12月底平仓并开始做多时，会损失一部分钱。新的多头仓位在2003年1月中旬平仓时会产生小的亏损。

总结

我们所观察的时间跨度显然太短，不足以得出结论来说明哪个指标的效果最好。但如果用更长时间来进行比较又会变得难以理解：当然通过图表能够选出一个合适的，但解释比图6-10还多得多的各种线条的话会非常难以理解，不仅对你有难度，对我也有难度。

无论如何，我的目标不是要通过试验来告诉你哪个指标最好，而是要告诉你指标的信号是怎样给出并在什么时候给出的，其中还要特别强调信号出现的相对时机。

然而，尽管我在很久以前已经得出过结论，5日随机指标只适合在根据其他原因而制定了买入和卖出的决策后来决定进场和离场的时机。我发现，比起之前我刚开始写这一章的RSI时，我已经更喜欢这个指标了。

至于MACD，不知道它是否能告诉我们任何通过观察一个或多个其他指标所无法得到的内容。

现在只剩下34日随机指标和ROC了，这两个指标我都喜欢。不要忘记，为了使这段评论更容易理解，我故意没有展示均线和趋势线有可能会对某个买卖决定产生什么样的影响。

要点：归根结底，价格涵盖一切信息。

但是纪律、判断力、经验以及运气也是同样重要的。永远不要忘记，当你赚钱时，是你的运气；当你赔钱时，不是市场或图表出了错，而是你自己出了错。

7 Candlesticks

蜡烛图

蜡烛图分析比西方的技术分析早200年，但直到1984年才开始有人在日本以外使用。

许多人在第一眼看到蜡烛图时认为蜡烛图是非常难以理解的。我从不这么认为，我发现学习蜡烛图技术令人感觉非常愉快，而且回报也是令人非常满意的。

蜡烛图技术的分析值得写一本完整书，但当我受委托写这部分内容的时候，我的任务不是再写一本大厚书——这种大厚书已经太多了——它应该告诉读者我用的是什么，我是如何使用的，以及我是如何做到的。

因此，我不打算每一根蜡烛线都讲给你，不管它是单独的一根还是一组的一部分。这些内容你在史蒂夫·尼森写的《日本蜡烛图技术》里全都找得到。这本书是纽约财经学院出版的。

图7-1不是一幅蜡烛图，它是英国石油公司从2005年6月底到2005年11月初的条形图。垂直的线表示的是每日的交易范围，垂直线两侧的水平线显示的是开盘和收盘价格，开盘价在左边，收盘价在右边。

不知你是怎么想的，我总是觉得条形图几乎无法被理解或者看懂，所以我不使用它。

虽然条形图贯穿了爱德华和马吉的《股票趋势技术分析》的全部内容，但作者声明只有收盘价才是最有用的。

我一直把爱德华和马吉的伟大作品以及他们的言行当做技术分析师

图7-1 英国石油公司—条形图

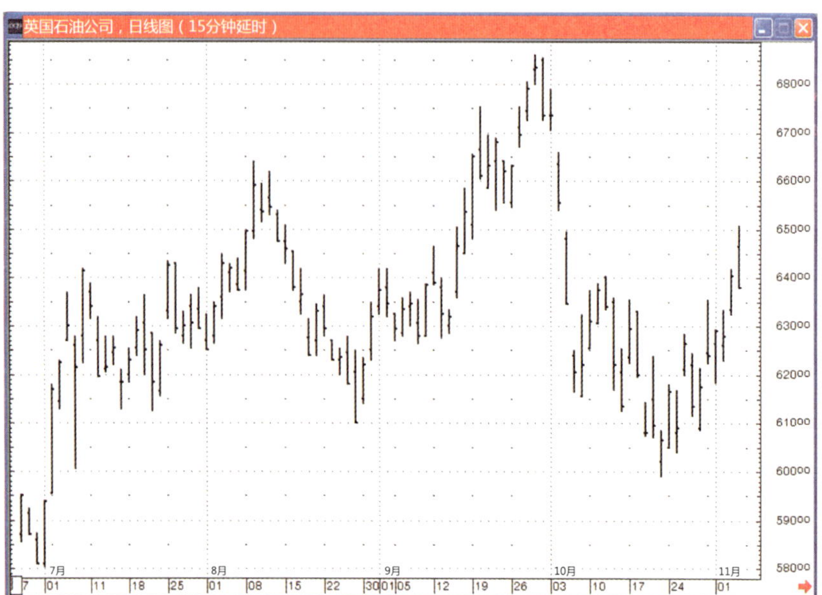

图片来源：CQG公司版权所有©2006
www.cqg.com

的圣经，直到20世纪90年代初时，我开始学习蜡烛图技术，当时我已经做了29年技术分析师。

图7-2与条形图一样，显示的是英国石油公司在2006年5月9日到6月30日之间的走势。

要点：

• 每一条竖线都是一根蜡烛线，包括粗的和细的部分。粗的白色（或黑色）部分被称为*实体*。细的称为*须线*或*影线*。

• 当开盘价低于收盘价时，蜡烛线是白色的；当开盘价高于收盘价时，蜡烛线是黑色的。

• 当开盘价和收盘价相同或者非常接近时，实体是水平的，称为*十字线*。

我不知道你是怎么认为的，我发现蜡烛图很容易理解，相信你一旦知道它们代表的意思就能明白了。

为什么这个细线不叫做蜡烛芯呢？我一点也不知道。也许想说明蜡烛不能从两端同时点燃，或者因为很少有蜡烛有两根烛芯。

有些蜡烛线仅在一端有影线，很多蜡烛线在实体的顶部和底部都有

图7-2 英国石油公司—蜡烛图

图片来源：CQG公司版权所有©2006
www.cqg.com

影线。

当没有影线，蜡烛线呈黑色时，开盘价是这天的最高成交点，收盘价是一天的最低成交点。比如8月23日就是这样的：黑色蜡烛线没有影线。

当没有影线，蜡烛线呈白色时，开盘价是这天的最低成交点，收盘价是一天的最高成交点。比如9月9日的图：没有影线的白色蜡烛线。

1. 影线长度相对于实体的比例能告诉你蜡烛图的特点：蜡烛图能告诉你的远远超过条形图和收盘价能告诉你的。

2. 当单根蜡烛线的形状和尺寸符合条件时，可以单独形成反转形态。

3. 一根蜡烛线相对于它后面的一根或多根蜡烛线的相对尺寸以及关系很重要。

4. 当一根蜡烛线形成后趋势随之发生反转时，表明收盘价收在最低点或收在最高点（有别的图表能把这个关系显示得这么清楚吗？），有些蜡烛线自己不能独立形成反转形态，当下根蜡烛线能够形成指定的确认的话，那么当价格下跌时它能预示行情看涨，当价格上涨时它能预示行情看跌。

5. 并不是所有的反转形态都是由一根蜡烛线所导致（造成）的，两根、三根、四根甚至五根蜡烛线构成的反转形态也出现过。

6. 有一句中国的古话叫：

一幅画可以代替千言万语。

但是当我在一个香港举办的研讨会上说这句话时，有人很礼貌地纠正了我。显然正确的说法是：

一目了然

这正是我希望的。我写了377个单词来描述蜡烛图的本质，我只准备了一幅图来展示它的特点。我这么做只是想和条形图做一个比较，图7-3还是那幅蜡烛图，我在上面加了标注，这样你一看就全明白了。

图7-3 有注释的蜡烛图

图片来源：CQG公司版权所有©2006
www.cqg.com

在读下面的内容时，如果你把图7-3复印一份你会发现，这样会方便得多：你可以不断地参照这幅图，而不必总把书翻到前面。

蜡烛图

与第4章讲到的反转形态不同，蜡烛图反转后的涨跌幅度是不能预测的。当某个形态起作用后（形态不会每次都有效，否则技术分析师都成为拥有几十亿资产的富翁了），它只能扭转前面与它相邻的一段趋势，反转后的趋势会持续到下一个反转形态出现，或者说它能把这个刚形成的趋势扭转。

但这并不是全部：反转仅仅是将要反转，不代表已经反转。确实，任何一天的收盘价如果低于/高于最高点/最低点的话，都可能在随后孕育出一波下跌/上涨的行情，在当时你是绝对不会知道的。

上升趋势不一定会在反转形态出现后就中止，下降趋势也是同样道理。第4章讲过的反转形态内容中，由反转形态所导致的上涨和下跌也适用这个道理。技术分析只是一个指导方法，并不是一个由上天赐予的毫无过失的礼物。

请记住，我在前面曾经提过，你在这本书里读到的内容不一定和在其他书里读到的一样。我不是在道歉或在吹嘘自己，我只是说明一下情况：当我严格按照许多别的书中介绍的方法去操作时，我赔过很多钱；你在这本书中读到的是我根据亲身经历修改过的内容。

1. 白色吞没形态

一个由两根蜡烛线构成的*反转形态*。原因很明显：第一根蜡烛线是黑色的，而且要比后一根蜡烛线小，第二根是白色的，最好是更长一些，它的开盘价要低于黑色蜡烛线的开盘价且收盘价要高于黑色蜡烛线的收盘价，也就是说第二根要吞没第一根。

这个形态*只有出现在一波下跌后时*，才能扭转前面的下降趋势。

（如果你想知道它是不是只在下跌后出现，参看第6点。）

2. 流星线

在一波上涨之后，当开盘价高于前一收盘价时，蜡烛线实体可以是黑色也可以是白色。无论哪种情况下，如果有下影线，那么它必须很短，多数情况下根本没有下影线。上影线（必须存在）一定要很长，并且要比实体长出很多。

这样的蜡烛线预示将要下跌，但不一定在第二天就下跌。我比较喜欢第二根蜡烛线是黑色的，最好开盘价低于流星线的收盘价。否则的话，你怎么会知道以后会下跌呢？你不知道。只有后面一根或几根蜡烛线（与流星线不一样）形成一个顶部反转走势后你才会知道。

根据我的判断，如果流星线后面没有立即出现确认信号的话将不能预示任何信息。

底部流星线？

其实并不存在这种形态。但参看第7点，它看上去像一个倒置的流星线。

3. 孕线形态（Harami）

这个形态由两根蜡烛线构成。它们可以都是黑的；也可以都是白的；或者第一根为白，第二根为黑；或者反过来。

第二根蜡烛线的实体必须被第一根蜡烛线的实体包含在内。日语里Harami的意思是怀孕，第一根蜡烛线代表母亲，第二根代表婴儿。

孕线形态与吞没形态相近，吞没形态是从右向左读的。但是与吞没形态不同的是，孕线形态并不是一定要形成反转。它表示的是当前趋势结束。

在一波上涨之后出现的孕线形态表现出供给增加与需求达到平衡。在下跌之后出现的孕线（这个形态在两种情况下都可能出现）刚好相反，表示需求增加进而与供给达到平衡。

当你见到孕线形态时，该做些什么？

你要忘掉所有的技术信息，除了观望和等待以外什么也不要做。但是如果在前一波上涨时你在做多（或者在下跌时做空），之后孕线形态出现了，无论怎么分析你都应该平掉一半仓位，具体操作时间由你来决定。

4. 十字孕线形态

这个形态的第一根蜡烛线出现在由一个孕线形态引发的单日下跌的第二天之后。当第二根蜡烛线——一根十字线（将在第5点做解释）出现后，形态已经完全形成，不需要在下一天出现白蜡烛线来确认它是个底部反转形态了，因为十字孕线形态本身就是一个完整的反转形态。尽管没有马上出现上涨，但是，14日的蜡烛线（参看第5点）是一个低点，它的收盘价直到6周后才被突破。

5. 十字线

开盘价和收盘价在同一水平位，或者接近到几乎一样的程度。有的书中说，十字线是所有蜡烛线中最重要的，我从未明白它指的是什么意思。它当然不会总能独立形成反转形态，尽管有时能，但依我的经验来看不是这样的。

在英国石油公司的图表（图7-3）中标号4的十字线在一个下跌后

出现，之后出现的是一根白色蜡烛线，这个十字线是一个反转形态且反转已经有效。

尽管这个十字线的上下影线都很长，称得上**长腿十字线**（如果这两根影线都很长，而且一样长，那就该称作**黄包车夫**），实体相对于影线的位置在大部分情况下并不重要，除非影线非常短，这说明这一日、周、月的交易区间很窄。

如果这一日的交易区间很窄，十字线在上升市场中出现在前一天的蜡烛线的实体之上，或在下跌市场中低于前一天的实体，那么这根蜡烛线称做**十字星**。

如果十字星的下一日、周出现了起确认作用的蜡烛线（参看下面的内容），那么就形成了*反转形态*。

具有确认作用的蜡烛线？

据我所知，在一波下跌之后，只有当十字星的下一根白色蜡烛线收盘时收在当天的相对高点，那么这颗十字星才能被确认是底部反转形态；当十字星的下一天是黑色蜡烛线且收盘价收于当天的相对低点时，这颗十字星才能被确认为顶部反转形态。（理由根据请参看第6章随机指标之后的内容。）

6. 黑色吞没形态

在一波上升之后，一根白色小蜡烛线被一根黑色蜡烛线吞没（参看第3点和第1点），第1点讲得具体些。黑色吞没形态是一个顶部反转形态。

7. 倒锤子线

这个命名方法真是一看就懂，看上去就像个锤子。它的实体部分可以是黑色也可以是白色，但一定要小，而且上影线要长。上影线必须比实体长2-3倍。如果有下影线的话，那么一定要短。很多情况下根本没有下影线。

倒锤子线只出现在一波下跌之后。

如果倒锤子线后面紧跟的是一根白色蜡烛线，且收盘价位于上影线的最高处，那么，这就是一个底部反转形态。所有这些要求都能在图7-3中7的位置看到，图中底部得到确认而股价的上涨也如期开始。

8. 孕线形态

这个孕线形态有两根白色蜡烛线，但这也是可以的。当下一根蜡烛线是黑色且收盘价不但低于孕线形态的第二根蜡烛线而且以当天最低点收盘，这就能够确认这个孕线形态是一个顶部反转形态，尽管在图中没能生效，我们根据下一根蜡烛线不难看出原因（参看第7点）。

9．倒锤子线

在孕线形态8出现后，黑色蜡烛线出现了，孕线形态表面上看来是一个顶部反转形态。但是看一下黑色蜡烛线的形状：这个倒锤子线的意义在第7点已经讲过，它想要形成一个底部反转，如果下一天是一根白色蜡烛线，那么就能确认反转有效，第二天果然是一根白色蜡烛线。

在这个形态确认之后仅涨了一天，但是在介绍它的历史时我已经告诉过你，一个反转仅仅代表一次反转，与真正意义上的反转有区别，第二天出现的新的反转完全可以扭转已经形成的这次反转。

能否依靠蜡烛图技术为生?

如果你靠蜡烛图技术赚钱，是不是也会因蜡烛图技术赔钱？如果你愿意的话，是这样的，或者根据你的交易周期的长短、交易时的长期趋势方向、你对风险的喜好、交易成本等因素的不同都可能会有不同的结果，换句话说你的判断力与经验决定成败。

这也就意味着你应该做一些思考，做技术上的思考，而不是基本面思考，而这种思考并没与最大的损失来自思考这句格言相冲突。

既然倒锤子线以介绍过的方式经过确认后可以形成反转，那么是否存在锤子线反转呢？确实是有的。

最接近于这种描述的图形就是位于2号流星线后面的那根蜡烛线，但纯粹主义者可能会认为它的上影线偏长。我对这一点的要求不那么严格。观察一下下影线的长度：毕竟它比所要求的2倍或3倍于实体的长度要长得多。

尽管在这根锤子线之后只上涨了一天，但毫无疑问这根锤子线是个底部反转形态。

上吊线与倒锤子线

由于两个形态都要求实体要比较小，而且上吊线的收盘价应收在当天高点，而倒锤子线应收在当天的相对低点附近，为什么要根据下一天的蜡烛线的特点才能判断形态能否形成一个顶部/底部反转形态呢?

我提出这个问题是因为，在上吊线出现时，开盘价开得较高，在盘中下跌后强劲反弹直到收盘。表面上看来，有上涨的潜力，因为卖盘都被消化，然后价格上涨。至于倒锤子线，它表明多方被空方战胜，所以这个形态证明后市有下跌可能。

答案很简单：凭经验观察得出来的。

10&11．孕线形态

永远在第二天得到确认后上涨停止时，供给增长至与需求平衡的水平。

这个形态什么时候形成顶部反转？根据已经解释过的规则来分析，反转没有出现在孕线形态后的第一天，而是出现在了孕线形态后的第二天。

原因何在？

尽管孕线形态的两根蜡烛线之后出现的是黑色蜡烛线，但它的收盘价格高于孕线形态的第二根蜡烛线，这不符合我说的顶部反转的要求。于是在11的位置出现了黑色蜡烛线，价格收在前面三根蜡烛线以下，这根蜡烛线提供了形态的确认。

12．窗口

当蜡烛线的实体和影线都没有与前一根蜡烛线出现在同一水平位时，窗口呈现打开状态。窗口与西方技术分析中的缺口是一回事。见图7-3中的12a、12b和12c。

在下降趋势中，当价格回到前面蜡烛线的影线，没有影线的话回到实体的价格水平时，理论上窗口就关闭了。如果／当价格能回到这个位置时，窗口就闭合了，而且先前的趋势得以恢复。换句话说，窗口不是反转形态而是一个继续形态。

注意我在上面句子中用了“理论上”和“如果／当”。理论只是理论，因为这还未被证明或者无法证明有效，并且窗口也不总会闭合。尽管图7-3中12（窗口打开的当天）和13位置间的蜡烛线把窗口关闭了，而且这也是窗口理论一个完美有效的例子，而当你观察10月的蜡烛线时，你会发现，也有很多的窗口没能关闭的例子。

在我关注蜡烛线以前很长一段时间，我一直对缺口理论有看法。因为我每天工作时只用收盘价来做参考，我从不看任何的缺口。没有任何问题出现，我这么做对我一点损害也没有，同样我不参考成交量信息也没给我带来害处。

缺口理论出现的问题

每当我要看懂一个短期或长期的走势时，我都会观察一下周线图或月线图。每当我看到缺口时，我都能学到一些知识。下面是我总结的技术知识：

1．缺口应在三天内关闭；

2．如果在三天内缺口没能关闭，那么将会在三周内关闭；

3．如果在三周内缺口没能关闭，那么将会在三年内关闭。

当然，这几句话什么也没教会我们，而且也没有实用价值，因此，我去问我的朋友，也是我以前的同事大卫，他是一名经验丰富的美国技术分析师，我想让他告诉我他对于缺口理论的看法。

无论是他的出身还是他的姓——约哈南，都与小说《第二十二条军规》中的主人公约塞连非常相似。他的答案一点也没令我惊讶（他的答案也是一个进退两难的答案），他说："要根据缺口的类型我们才能判断，是已经突破且正在继续还是力量已经衰竭了？"（译者注：《第二十二条军规》中提到一条军规，军人必须是"精神异常"才能申请退役，但有趣的是，如果能主动申请退役，又怎么可能"精神异常"呢？所以"第二十二条军规"就用来形容这种进退两难、两面不讨好的困境。）

无论你是日间交易者，还是周期稍长一点的以周线图为参考的交易类型的人，或是以月线图为参考的长期投资者，当相应的蜡烛线出现并已经确认了缺口的类形时，交易的机会已经不存在了。这是个公认的智慧的例子：当普遍得到认可的时候，已经太晚了。

我还将继续介绍缺口与窗口存在的问题。

13．窗口

这个窗口在8月23日627的位置被打开，22日的收盘位置是628，在两天后的25日最高点628时窗口又被关闭。

14．吞没形态？

尽管黑色实体确实吞没了前一天的白色小蜡烛线并准备形成反转，这就是吞没形态的特点，在一波下跌之后，反转确实形成了，而第14号蜡烛线本应该是一根白色蜡烛线的。

第14号蜡烛线后面的黑色长蜡烛线是底部反转吗?

不是的。

不是反转那为什么第二天市场反弹了呢?

因为蜡烛线并不能对每个顶和底都给出信号。

15. 镊子形态

由两根蜡烛线组成的反转形态：如果出现在一波上涨后会形成一个顶，如果出现在一波下跌后会形成一个底。但镊子形态不如前面讲过的形态重要。有时第二根蜡烛线与第一根蜡烛线合并在一起后会再次形成反转或双反转形态，这时这个形态要显得更加重要。

当前某一根蜡烛线的高点或低点（收盘时或盘中）与前一根蜡烛线（根据时间周期不同可以是日线、周线、月线等）的高点或低点一样高时，图7-3中9月2日的高点与9月1日的642点相对应。如果前一根蜡烛线是出现在前几天、几周等时间范围内，这个形态也算成立。“多久”？这要看你的判断力了。

16. 白色吞没形态

这个形态是白色的，因为它是以第二根蜡烛线的颜色来命名的。两天后，13日的低点与吞没形态的第一根蜡烛线形成了镊子形态：这就是第15点所描述的双重反转信号。

17. 流星线

一个顶部反转形态，参看第2点。但下一根蜡烛线的低点仅比两天前的白色蜡烛线的开盘点低0.08%，这两个点几乎位于同一水平位上，再次形成镊子形态，流星线所引发的下跌被扭转过来了。

在七天内发出三个反转信号后，即便第二根和第三根蜡烛线形成了顶部反转形态，英国石油公司股价的上涨仍然一点也不足为奇。

18. 窗口

这个窗口在后来被关闭了，但它是在14天后被关闭的，在这期间英国石油公司的股价曾经上涨过6.11%并下跌过7.51%。所有指望窗口关闭的人都在智力上得到了回报，但在金钱上有回报吗？我看没有。

18a. 窗口

与上一例子存在同一问题，窗口在5天后就被关闭了。

未标号的位置

难道22日的白色蜡烛线不是锤子线吗？虽然上影线很短，下影线也足够长，这根蜡烛线看上去像锤子线吗？不是的。也许像根锤子线，但锤子线是只出现在下跌之后的，而这根蜡烛线的收盘价是这波反弹中最高的。

因此，虽然22日的蜡烛线没有出现在绝对高点（20日、21日的盘中价格都比它高），但它却是一根上吊线，一个潜在的反转形态，虽然第二天需要一根黑色蜡烛线（收盘价位于当天交易区间的底部）来配合，从而这个潜在的起相反作用的蜡烛线能够变成顶部反转。

尽管第二天（23日）确实出现了一根黑色蜡烛线，但它没能确认上吊线的顶部反转形态，因为收盘价接近于当天的高点，从而构成了一根潜在看多的锤子线，26日的白色长蜡烛线确认了底部反转形态。

19. 长腿十字线和黑色吞没形态

长腿十字线（参看第5点）之后出现了一根黑色长蜡烛线，它的开盘点高于前一天的实体；收盘时这根黑色蜡烛线不但使十字线确认为反转形态而且还形成了第二个反转形态——黑色吞没形态。两个反转形态同时出现在一个价位上。两个形态比一个形态更能预示下跌，这两个形态可能更会有效，因为它是一个黄昏之星（将在本章后面部分解释）。

20. 十字线

10月3日的蜡烛线就是个例子。

是潜在底部吗？

确实是潜在的，并且再也没有得到确认。相反，这根十字线后面出现的是一个敞开的窗口，而这个窗口直到下一年的1月21日才被关闭。

如果你是一名投资者，只要你知道这个窗口最终一定会被关闭，在价格在后13天里从655.50跌到599.90的过程中，你可以放松一下了。

但不得不问一句：你会感到放松吗？如同我在第6章解释过的一样，无论在这一行或其他任何一行里，一切都是不确定的。在越短的时间内跌幅越大，给情绪带来的影响越明显。

21. 窗口

这个窗口直到下一年的1月份才被关闭。

22. 捉腰带线

形状像这样（白色，开盘价接近或位于当天的底部，收盘价高于开盘价且盘中价格曾到过更高位置）并出现在一波下跌之后时，这样的蜡烛线预示将要上涨。

如果影线是实体的2-3倍长，而不是现在的不到2倍的话，是不是就成了倒锤子线了？如果让我连续假设两次的话，我能打赢泰格·伍兹！

这根蜡烛线的实体比锤子线大一点，但即使这样，也可以算是个锤子线。但有谁会在意呢？一根倒锤子线只是一个潜在的底部反转，而位于低位的捉腰带线可以独立预示上涨行情，况且倒锤子不一定像捉腰带线一样能够马上引发一波上涨。

23. 乌云盖顶

在两根白色蜡烛线后，第三天的开盘很有力度，跳空开盘，不但高于前一根蜡烛线的实体，而且也高于前一根蜡烛线的上影线，但日落马上就开始了。当价格回落后，收盘价不但低于开盘价而且跌至白色蜡烛线的中线以下。这根顶部反转的蜡烛线的名字是乌云盖顶：理由是显而易见的：

- 也有一种黑色捉腰带线，当然了，它是看跌的。我要在发现它时再讲给你，但如果你愿意找一下的话，扫一眼就能找到。
- 也有一种底部反转形态可以称上是乌云盖顶，但它是倒过来的白色蜡烛线。我还是要在找到它时再告诉你。

24. 黑色吞没形态

参见第6点。

25. 十字线

这根十字线出现在一波下跌之后，这根蜡烛线（看上去很像墓碑）本应是一个底部反转形态。但如果是反转形态的话，那么在第二天就应该出现反弹。但第二天没有反弹。即使是这样，在下跌后出现的十字线、墓碑、长腿十字线或黄包车夫也常常是距离低点不远的信号，在这个例子中，低点在两天后就出现了。

但是这个低点，无论是在前一天的下跌时，还是在最低点当天或第二天上涨过程中，都没有伴随任何底部反转形态出现，我们能把它看做是25号十字线所直接导致的结果吗？也许可以，但我不愿在没有任何技术条件为支撑时以这样的蜡烛线为理由而开始买入。

在上涨行情后出现的墓碑十字线：一根白色长蜡烛线之后出现的十字线常常是顶部的信号。

26. 非底部反转形态

低点但不是反转形态，这种情况时常会出现。技术分析是一门艺术，不是一门科学。

27. 诱惑

这并不是蜡烛形态的一个名称，但这两根白色蜡烛线确实看上去像一个孕线形态，如果前一根蜡烛线出现在低点当天的话，就可以算是孕线形态了。但这个“形态”仅仅晚于低点一天。

尽管有第25、26、27点为证，但我在当时还是不会买入的。也可能我是错的。

不仅仅是供短期交易者参考

截至现在，你也许在想，蜡烛线的反转形态在起作用时都很理想，但因为它们仅在出现反转形态时才会指向反方向，这可能只会吸引短期交易者的兴趣。你这么想就错了。

蜡烛图在周线图和月线图上同样有用，甚至要比日线图还要有效，而且当投资者在高点出现的后一个月或更好一点的一周后平仓出局，即使当时他不知道他出局时是个高点，这对他也是一点坏处也没有的。

但是在我给你看任何周线图或月线图之前，你应该再看几个日线图中的蜡烛反转形态。

图7-4是12个标号的蜡烛线组合。有的你已经见过，有的没有见过。

1. 请看一下这幅蜡烛图，并注意你所认识的组合，不认得的也要仔细观察。（如果需要请查阅图7-3及其解释。）
2. 把你认识的标出名来。
3. 哪个是看涨的，哪个是看跌的图形？
4. 它们都是由一两根蜡烛线组成的形态吗？
5. 哪些是你见过的？
6. 它们是看涨的还是看跌的？

新出现的蜡烛形态是3和8。但首先我要解答几个存留的问题。

1. 黑色吞没形态：顶部反转形态。
2. 镊子形态（下影线：底部反转形态，但未能发挥作用）。
3. （有待解释。）
4. 流星线：潜在顶部反转形态，但下一根蜡烛线未形成确认。

图7–4 英国石油公司（2005年底—2006年初）

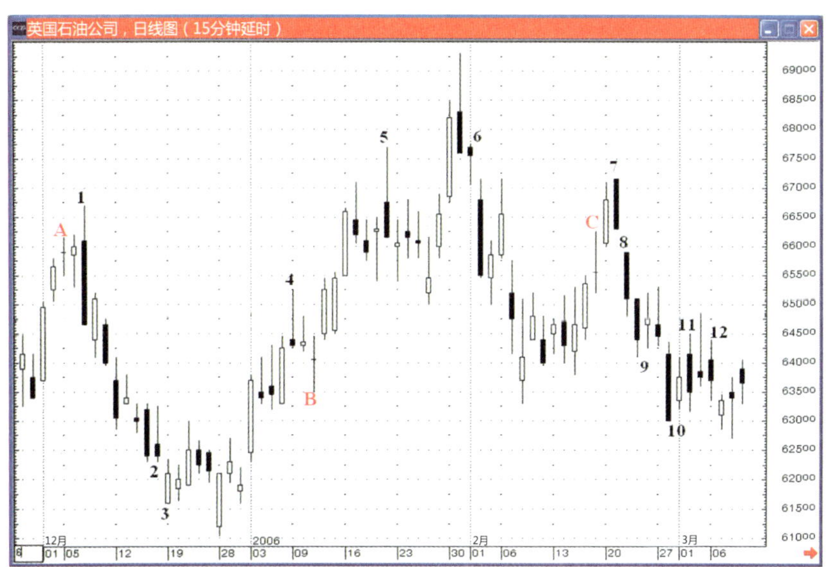

图片来源：CQG公司版权所有©2006
www.cqg.com

5. 黑色吞没形态：顶部反转形态。

6. 锤子线：潜在低点，但下一根蜡烛线未形成确认。

7. 黑色吞没形态。

8. 限制好奇。

9. 孕线形态：买压与卖压平衡。随后的蜡烛线是黑色的。因此，这两根蜡烛线的组合形成了一个持续形态，而不是反转形态。

10. 孕线形态：停滞。标号11的蜡烛线是黑色的，未能对标号10的孕线形态形成底部反转的确认。

11. 孕线形态：标号12的蜡烛线确认了顶部反转，同时也确认了黑色吞没形态。

其他值得注意的内容

窗口在1月3日开启后，到3月中旬仍未关闭。

1月16日、17日的孕线形态在18日时本已确认成为顶部，但没能起作用。

3和8都是捉腰带线

当价格下跌时，不一定要回调跌到新的低点（尽管在3的位置出现了低点），在这个时间内（日、月、年）开盘价开在低点，实体是白色且收盘价低于盘中的高点，但这并不符合倒锤子线的标准，这是一根看多的捉腰带线。

当价格上涨时，捉腰带线不一定在高点，只要在相对较高的位置（见8）就可以，实体部分的开盘价开在当天高点，但这根黑色蜡烛线的实体太长了，算不上是上吊线，影线太短，也不符合上吊线的特点，这是一根看跌的捉腰带线。

现在我们来讲一下ABC三个位置

星线、普通星线和十字线

A、B和C（图7-4中）都是长腿十字线，但是你能认出哪个有决定性的作用吗？

答案应该是B。尽管三条十字线的实体都与前一根蜡烛线有着缺口（这是十字星的第一个必要条件），为了确认反转形态的成立，十字线的下一根蜡烛线必须深深刺入十字线前一根蜡烛线的实体水平位内。

能够满足所有要求的是B，且12日的白色蜡烛线出现后确认B是一个**早晨之星**，这是一个底部反转形态。

如果A的下一根蜡烛线是黑色的，并且深深刺入1月2日的白色蜡烛线的实体水平位内，并且／或者C的下一根蜡烛线与2月16日的一样的话，也能够成为**黄昏之星**，这是一个顶部反转形态。

下面是一个黄昏之星

在图7-3中标号19的位置你已经见过了。

十字星的下一根蜡烛线不但确认了十字星形态，而且还确认了一个黑色吞没形态。（图7-5）

不属于十字线的星线：

在一波上涨行情中，一根白色长蜡烛线后紧跟着一根小蜡烛线，颜色可黑可白，而且它的实体与白色蜡烛线的实体之间存在向上缺口。第三根蜡烛线必须是黑色的，并深深地刺入第一根蜡烛线的实体水平位。这样就形成了一个黄昏之星，这是一个顶部反转形态。

在一波下跌过程中，在一个黑色长蜡烛线后出现一根小蜡烛线，颜色可黑可白，而且它的实体与黑色蜡烛线的实体间存在向下缺口。第三根蜡烛线必须是白色的，并深深地刺入第一根蜡烛线的实体水平位，这样就形成了一个早晨之星，这是一个底部反转形态。

图7-5 蜡烛线、星线

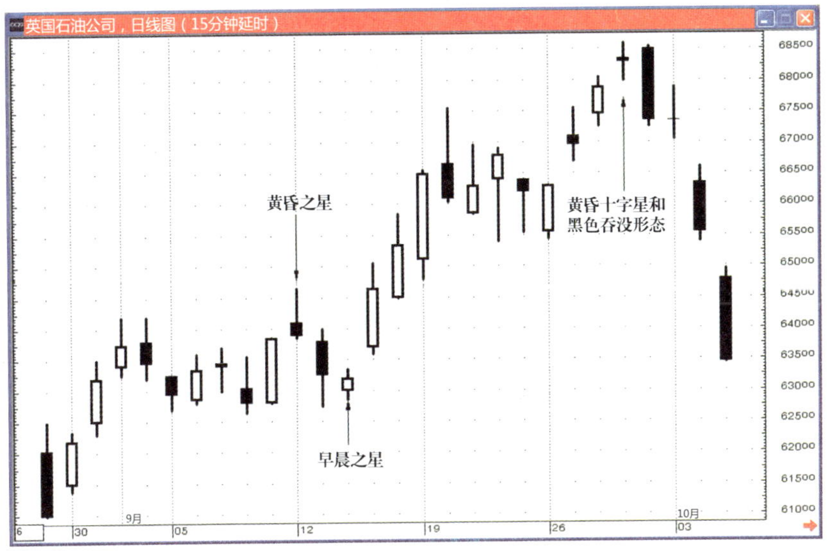

要点：前面两条星线都没有在很大程度上扭转趋势（之前运行的距离越长，产生的反转越明显），但不能否认它们都实现了它们应表现的作用，也就是扭转前一波趋势的方向。

到目前为止所解释的蜡烛图内容不能构成一个全面的讲解。如果全部汇编起来得写一整本书，但前面讲的内容包括了你最常见的例子。我希望它能使你感兴趣。如果你有了兴趣，你需要读一本关于这方面知识的专门的书籍。但是我们还没有讲完。下面是一篇写于2006年7月6日的商情报告，刚好比我写这页书的时间早一点。

东京市场新闻

2006年7月6日

三星组合不仅构成一架飞机的样子

它还是所有形态中一个最少见的反转信号。

这个形态在标准英文蜡烛图书籍中非常少见，几乎没有实际例子：作者也找不到，于是他画了一个。

但是2006年7月3日、4日、5日的日经指数形成了一个三星形态：三颗十字星，其中第二颗星高于第一颗和第三颗。

图片来源：CQG公司版权所有©2006
www.cqg.com

尽管我承认中间的这颗星的实体稍大一些，不符合十字线的标准，这一点与它所使用的标记尺度有部分关系，如果你考虑到实体部分开盘与收盘的价差只有0.246%，而且一根十字线有究竟多小的价差才能算得上小并没有一个精确的定义。

如果那颗星算是一根十字线，那么这就是一个三星+，加什么？加一个**弃婴形态**，这是一个几乎比三星形态还要少见的顶部（或底部）形态。这个形态形成时，中间的蜡烛线与第一根蜡烛线和第三根蜡烛线相比，不仅实体与实体间形成了缺口，而且影线与影线之间也形成了缺口。作者公正地标注了在他所研究的范围内找不到一个这样的例子。

但他这本书的出版日期要比2006年7月6日早很多，但这篇报告没那么早。

在东证指数中（见下图），没有出现弃婴形态，因为中间的蜡烛线的下影线与第一根蜡烛线的上影线发生了重合。而且，这两幅图都非常地罕见。

前面所提到的标准英文蜡烛图书籍的作者史蒂夫·尼森用“重要”来形容一些反转形态，而其中就包括三星形态。

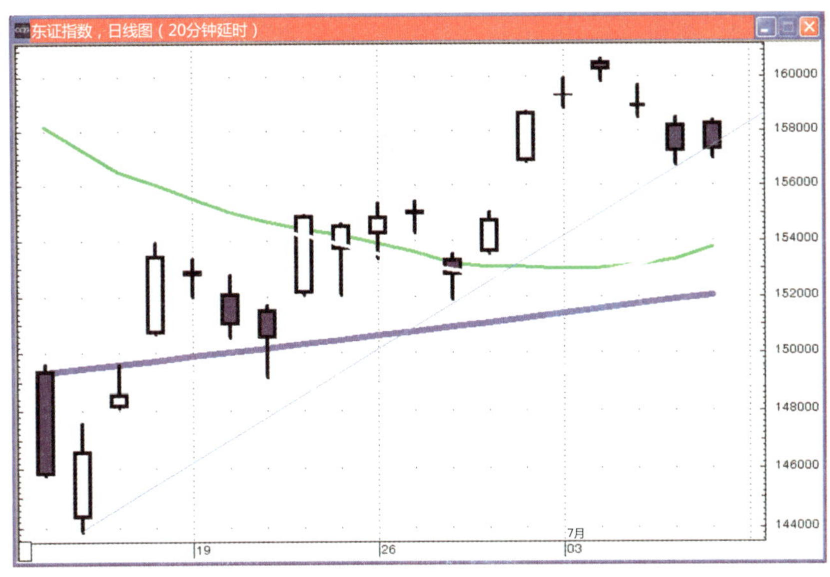

图片来源：CQG公司版权所有©2006
www.cqg.com

不幸的是，我没能够了解他这么说是什么意思。

根据我的经验我知道有些反转形态你可以一直使用，有些时候所有的反转形态都能使用，但你不要指望所有的反转形态永远都起作用。

三星形态是一个反转形态，市场应该随之出现下跌：今天已经下跌了，到达第一个潜在支撑位，也就是6月和7月的上升趋势线。我不是在做葛底斯堡演说，但我的话在这里也很有效：你不要期望所有的支撑一直有效，否则价格永远无法打破趋势，那么永远也不会出现熊市了。

支撑和阻力有时确实会失败，这就是为什么每次使用这两个词时我都要在前面加上“潜在”两个字。我从不期望潜在支撑会失败或有效，我要等等看会发生什么变化。

除非一个底部反转形态已预先出现，如果趋势线被打破，月线和年线（蜡烛图中的绿线和蓝线）将受到考验。重要既不意味着“确定”，也不一定能够暗示在形态确认后会出现大幅的上涨或下跌。

在上个月年线起到了支撑作用时，我写道这波反弹应该持续下去，如果价格没有连续三天低于6月低点的话，冲击高点的可能性一直是存在的。

*“日本蜡烛图技术”

东京市场新闻

2006年7月11日

三星形态重要吗?

与别的反转形态一样。

图片来源：CQG公司版权所有©2006
www.cqg.com

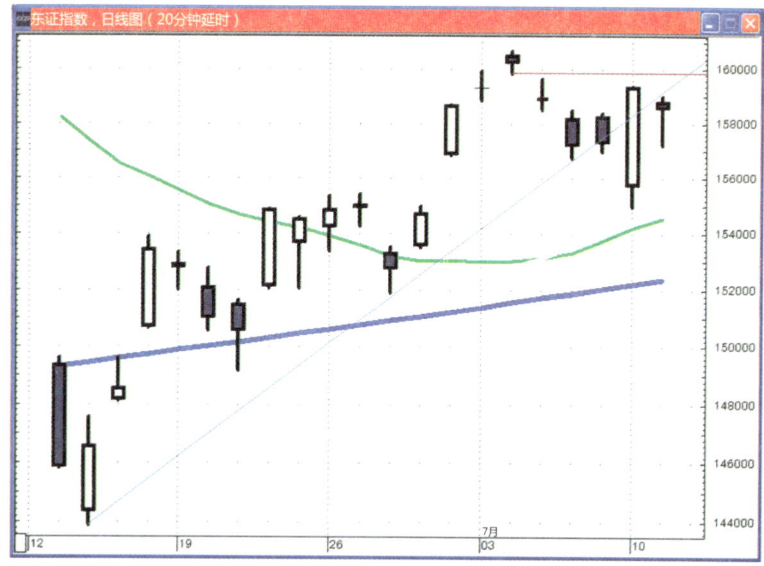

图片来源：CQG公司版权所有©2006
www.cqg.com

三星形态出现后，星期一的白色长蜡烛线是一个白色吞没形态，预示一个底部反转。今天的黑色十字线已经把那根白色蜡烛线变成了孕线十字线，这是另一个底部反转形态。

日经指数的窗口是由一个弃婴形态打开的，东证指数的黄昏之星的窗口仍保持开启。如果窗口很快被关闭，并且随即出现新高，那么我相信“重要”仅仅是这么一说而已，对于所产生的反转走势的幅度的大小没有影响，仅仅是吹嘘。

白色吞没形态失效，但5天后镊子形态（与少见的弃婴形态和三星形态相比仅仅是一个不重要的反转形态）出现，并且发挥了作用。在8月上旬时，缺口被关闭了。每一次反转与其他的反转一样重要，你能说不重要吗？

如果你是一名与短线交易者相对立的交易者，你也许会认为蜡烛图技术并不那么重要，也不用把它加入到你的技术分析装备里面。但周线图（甚至月线图）你怎么看呢？

周线蜡烛图

图7-6 日经指数—周线蜡烛图

图片来源：CQG公司版权所有©2006
www.cqg.com

1．白色吞没形态

白色吞没形态出现后，开始了一波长达9周的上涨。

2．流星线

流星线在之后的一周得到了确认。市场继续下跌了4周。在下跌之后出现一根白色长蜡烛线，这是一根捉腰带线，虽然没有标出，但它引发了又一波长达5周的上涨。

3．捉腰带线

图7-6中标号3左边的黑色长蜡烛线预示下跌，但这个形态并不要求下跌马上开始。市场中从来没有唾手可得的事情。相反，下一周出现了一根白色长蜡烛线。但是看看随后出现了什么？一根长腿十字线，它预示顶部后可能会形成下跌，后几天中下跌真的出现了。与长腿十字线形成向上缺口的白色蜡烛线是一根星线，星线下周的黑色长蜡烛线形成了一个顶部反转确认。

尽管当时指数又涨了两周，其中第一周是一根看多的捉腰带线，它的出现并不是那一周唯一看涨的事件。出现低点那一周的收盘价格低于处于上升状态的季线（确切地说是13周），而随后一周的捉腰带线收盘价收在均线之上——上升均线起潜在支撑作用——潜在支撑变成了实际支撑，它暗示*如果中途没有出现一根起顶部反转作用的蜡烛线*的话，指数将返回到近期高点。

后一周的十字线是一个顶部反转形态，尽管在星期五收盘时这还只是一种可能而已，当周蜡烛线出现在均线下方，开始下跌，均线形成了潜在阻力：在随后的5周中均线曾三次阻止了11月中旬的反弹。

下面解释一下1—5标号（图7-6a）

1．白色锤子线

指数在试图触底，这也是**孕线形态**的第二根蜡烛线，这是一个底部反转形态。这两个形态在下一周白色蜡烛线收盘价高于锤子线的收盘价时全部得到了确认。随后的上涨持续了10周。

2．黑色吞没形态

我希望到现在为止你能够彻底明白这个形态。

3．墓碑十字线

前面讲过了。

图7-6a 日经指数—周线蜡烛图

图片来源：CQG公司版权所有©2006
www.cqg.com

4. 倒锤子线和白色吞没形态

第二根蜡烛线确认了倒锤子线的有效性，同时它与倒锤子线形成了一个反转形态。

5. 黄包车夫

随后的一根白色蜡烛线确认了底部反转形态。

指标与蜡烛线

尽管这是我第一次把均线、趋势线和ROC放入蜡烛图中，我想你一定已经注意到了。

为了回答一个我希望是你特别想知道的问题，是的。均线和趋势线（潜在支撑和阻力）在蜡烛图中的表现与在线形图中的表现一样。对于布林带也是一样的，下面我将进行解释，然后再介绍所有指标组合在一起的使用。

我不知道这些指标在日本是否也有人使用，这点我并不在意。我用，而且这本书讲的就是我如何使用的。我用它们是因为我发现我用的所有内容都能够帮助我。这就是我使用布林带的原因。

布林带

图7–7 布林带

图片来源：CQG公司版权所有©2006
www.cqg.com

在本章的前面部分说明蜡烛图的形成时，你曾经见过这幅图（没有黑线和绿线）。绿线是20日均线，这是CQG信息系统默认的参数，据推测也是布林带的设计者约翰·布林格设计的，他还设计了一些其他指标。

我很少看到关于这个指标的内容。我只是从另一个技术分析师嘴里听到过，他在均线的上下两边各加上一条标准偏离线。

据推测，这两条线没有模仿中间的均线的原因是它们体现的是价格相对于均线的方向变化与活力。我明白了，这也是为什么这两条线彼此不会互相模仿的原因了。

我不准备为我对这个指标的漠不关心而道歉。我写的不是一本手册，是我马伯的书。我也不是一名数学家，我是一名技术分析师：只有有效的东西我才会用。

布林带如何起作用

布林带是灵活的趋势线。上轨是一个潜在的阻力，下轨是一个潜在的支撑。由于布林带的变化很灵活，上升和下降的角度根据价格的方向与力量的大小随时变化。

布林带在蜡烛图分析中的应用

有一次我在技术分析协会的刊物看到一篇文章，作者是布林格。我当时没有时间完全读完，但我确实曾看清他的文章中使用的是画有布林带的蜡烛图。这就是我想知道的：如果这对布林格有用，那么一定也会对我有用的。

我还记得这篇文章的主题说的是，当价格接近布林带上轨或下轨时，趋势将倾向于逆转，下一步将会去考验另一轨。这样的描述对我来说还不够好。我是一个过分注重细节的人，我需要确定性，如果不能确定的话，我会尽我所能地做到接近确定。因此我创建了我自己的代表“接近”的规则。

马伯的关于布林带反转的规则

一旦价格触及下轨，（条件1，如图7-7）白色蜡烛线出现在中轨线上，而且收盘价高于它前一根蜡烛线的收盘价，（条件2）实体和影线都没有触碰到上轨线，这种情况叫做布林带分离。这并不意味着趋势已经确定地由向下转为向上，它只是提醒你它可能已经或正在这样做。换句话说，如果你做短线，你应取出部分利润了。

看一看图上标号2和3处。位于2左边的蜡烛线是黑色的而且触到了下轨线。位于2的蜡烛线没有接触到下轨线，但它是黑色的。位于3的蜡烛线没有接触到下轨线，形成了一个布林带分离，它是趋势可能反转的信号，且反转在马伯的理论看来是确认有效的，这根蜡烛线正好也是一根捉腰带线。（捉腰带线是看涨的信号，自己不具有反转的特征。）

马伯的规则在价格接触到上轨线时也有效，然后会出现一根低于上轨线的黑色蜡烛线，收盘价低于前一根蜡烛线的收盘价，无论实体或是影线都没有与上轨线接触，这就是一个布林带分离。标号6处的蜡烛线就是例子。

如果你说6处是一根上吊线，那么它自己就意味有反转的可能，这一点我知道。但要记住图中数字标出的原因都与布林带没有关系，它们出现在图中是因为能够标示蜡烛线的排列。在马伯的理论中，你不必等待一根起确认作用的蜡烛线出现，尽管在第二天出现了确认：布林带分离加上上吊线就是已确认的顶部反转形态。

布林带外面的蜡烛线

当蜡烛线完全低于布林带下轨线或完全高于上轨线（整个实体和影线都未与上下轨线相接触），这是短期超卖／超买的信号。

为了缓解这种状态，只需要一根蜡烛线与轨线相接触就可以了，在日线图上通常需要两天的时间完成。

图7–8中，4月18日的低点和7月3日的高点就是蜡烛线出现在布林带之外的例子，而下一天的蜡烛线分别缓解了超买和超卖的状态。

图7–8 蜡烛线出现在布林带之外

图片来源：CQG公司版权所有©2006
www.cqg.com

前面的蜡烛线也属于趋势反转，但这个反转并不是超卖导致的，而是这根蜡烛线本身决定的，这是一颗早晨之星。

除了布林趋势线以外，图7–8中还有两条直的趋势线显示出使用布林带的时候并不妨碍引用趋势线来帮忙。在我看来，任何你认为有可能帮你的东西都是好的，如果你认为必需的话，甚至基本面分析也是可以的，尽管我是彻底排斥基本面分析的。

布林通道收窄

当上下轨线收窄时中间的通道也随之收窄，并向正东方向运行，这是一个横向运行的信号，通常但也不一定，当一根蜡烛线的实体与上轨

图7-9 布林通道收窄

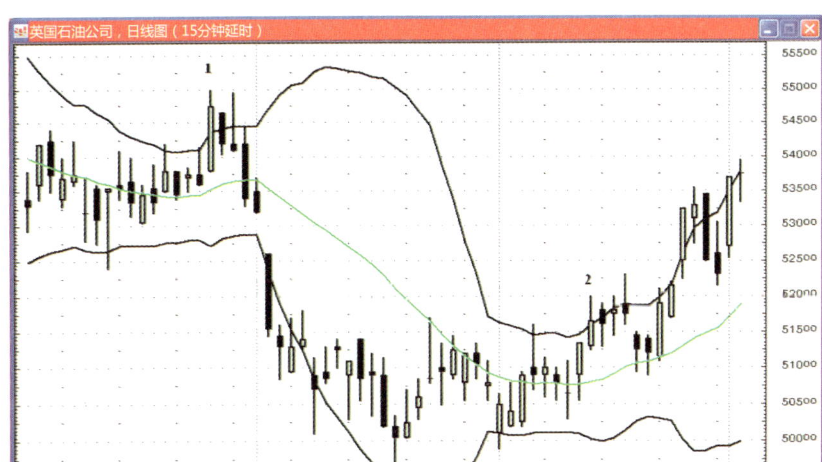

图片来源：CQG公司版权所有©2006
www.cqg.com

线或下轨线发生交叉时，就能给出趋势方向的信号。

图7-9中标号1处就是这样的例子，但自白色蜡烛线发出信号后，却从没出现过上涨，这是因为白色蜡烛线后的黑色蜡烛线不仅是一个看跌的捉腰带线，而且当它出现时与前面的白色蜡烛线构成了一个孕线形态，而随后出现的墓碑十字线也确认了孕线形态为顶部反转形态。

标号2处的白色蜡烛线给出了另一个通过第一根蜡烛线实体穿透狭窄的上轨来寻找运行方向的例子。尽管4天后的黑色蜡烛线与上轨线发生了分离，并显示存在下跌可能，但上升均线（20日是布林格设的指标参数，21日是马伯设的指标参数）给出了支撑，使得2处所指示的上升趋势能够延续。

结论

在介绍过的内容中，这一章偏长一些。正如我在前面说的那样，有很多整本的介绍蜡烛图的书。我的目的不是要浓缩它的内容，而是要把大多数而不是全部你在做蜡烛图分析时可能见到的内容教给你，同时也从我认为有益的角度把知识介绍给你们。

还有一件事显露出来了，至少是出现在我脑海中了。在我开始写这章内容时，我想到蜡烛图分析是可以自成体系的，日本人一定也是这么想的。但当我结束这一章内容时，我认识到蜡烛图借助了西方技术分析的技巧，而西方技术分析同样也因借助了蜡烛图分析而有了提高。

8 Relative Strength or Ratio

相对强度或比率

在我当股票经纪人（相信现在那叫“卖方”）的时候，具体来说，那是在20世纪70年代（我进入到这个弱肉强食的行业是在1955年，但直到1973年我才正式拿起笔写专业报告）。为客户写技术报告是希望他们能读一读，而不是像我过去对待研究成果那样，直接把它们扔到字纸篓里，那时做研究的一方现在被称为“买方”。我决定把精力集中在1969年到1973年我为洛希尔公司做投资经理期间发现的那些有用的东西上，只要有人还在生产它们。

除了一般的事物——股票、指数、金边债券（那时这么称呼债券）、利率和黄金（原油期货那时还没有被“发明”出来，至少在投资词汇中还没有），我还将交换汇率以及市场行业加入到我的分析内容里。对于市场行业我既做了绝对分析也做了相对分析，比如，银行股相对于全股指数的表现，因为在当时还没有富时100指数。

我不认为我的工作对于目标观众会产生什么影响，因为，尽管伦敦的投资机构连续6年将我评为最佳技术分析师，我任职顾问的企业的市场份额并没有因我而扩大。这是因为不识货而不被珍视吗?

相对强度起作用

尽管投资经理们相对于一种指数，或是一种货币强度相对于另一种货币强度的行业优势相当冷漠，相对强度图表是大有助益的。否则，我也不会使用它们，或是论述这个概念。

相对强度的确曾对我起过作用。在股票市场，它可以帮忙发现超过其相关股指的行业，以及哪种指数很可能是最佳表现者。这直到今天还是对我有帮助。

假设你已经推断石油股可能上涨，而且正在寻找最有可能上涨的一只股票。图8-1可能有所帮助，那是英国石油公司对荷兰皇家壳牌公司的比率。但是要注意：英国石油公司在3月下旬到7月期间的表现没有壳牌公司好，这很容易看出来。但这幅图并没有告诉你，英国石油公司在那段时期是下跌走势。的确，你需要看英国石油公司的价格图表来发现这种情况。

图8-1 相对强度

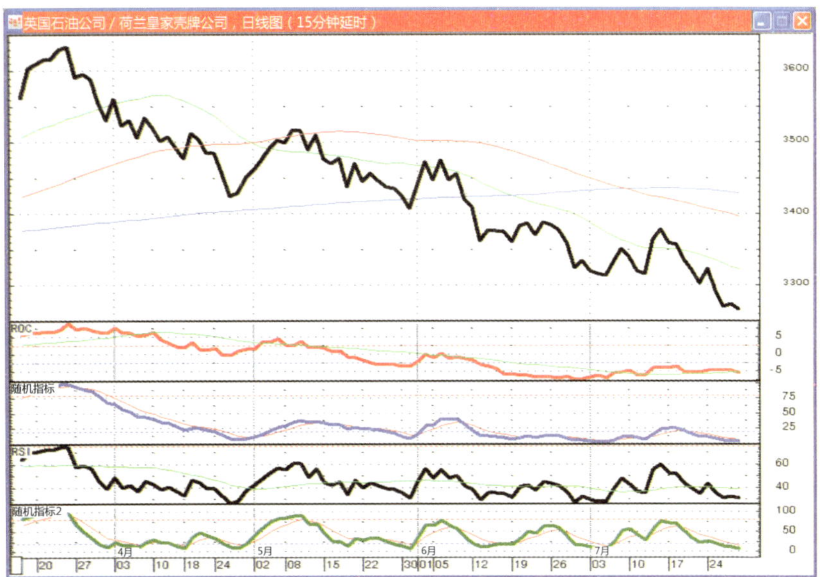

图片来源：CQG公司版权所有©2006
www.cqg.com

从图8-2很容易看出，在2005年11月到2006年5月之间，富时100指数与富时250指数相比都是在走下坡路的。但是，富时100指数是绝对下滑的吗？完全不是。富时100指数走势是上扬的，但没有富时250指数上升得那么强势。

从图8-3中可以看到，在5月初到6月期间，富时100指数的表现强于富时250指数。但富时100指数上升了吗？不，它下滑了。

图8-2 富时100指数/富时250指数

图片来源：CQG公司版权所有©2006
www.cqg.com

图8-3 富时100指数

图片来源：CQG公司版权所有©2006
www.cqg.com

富时250指数也是如此。但是图8-4中的高点显示，富时100指数的下跌相比富时250指数的下跌要平缓些。

图8-4 富时250指数

图片来源：CQG公司版权所有©2006
www.cqg.com

图8-5是从1988年以来所做的东证指数与富时100指数的对比分析。它阐释了从1988年开始，这个值达到的相对历史高点与1998年的相对低点相比较的结果。东证指数（上面的那条线）没有富时100指数表现得好。不管怎样，从1998年开始，游戏完全变了，东证指数反而超过了富时100指数的表现。

图中均线代表一整年（更确切地说是12个月，这是月线图）的平均值，而由于这个值的走势在上扬，长期的下滑趋势线被突破，超过了2000点的高位。而从1998年的低点后的一系列高点和低点的逐步抬高也成为现实。如果从长期角度来看，那就是东证指数应该继续比富时100指数表现得好。不过，图表并没有显示这超好的表现是如何实现的。

图8-6是富时指数与标准普尔500指数比率的比较，它表明从1994年到2004年初，富时指数并没有标准普尔500指数表现得好。而自前者的表现超过后者的那一刻开始，这种趋势将持续下去，直到趋势终止。

富时指数上升，标准普尔500指数就会下跌吗?

图8-5 东证指数／富时100指数

图片来源：CQG公司版权所有©2006
www.cqg.com

图8-6 富时指数／标准普尔500指数

图片来源：CQG公司版权所有©2006
www.cqg.com

未必。它们可能都处于下跌趋势，后者比前者更甚。

相对和绝对表现

在洛希尔公司，我已经厌倦了为管理的单位信托基金没完没了地写报告。当我试图看透熊市冷漠的真实表现时，我在一个圣诞节写了这么一首诗：

喜乐的善民，愿上帝赐你们平安，
给人希望没有烦恼。
虽然去年相当难熬，
观望未来前景看好。
你的基金下跌19%，
但比全股指数损失还少。
啊！充满欢乐的佳音愉悦舒适。

我不喜欢赔钱，即使与指数下跌时的损失相比我的钱以更缓慢的速度流失我也不喜欢。那时还没有什么追踪基金，不过即使有，我也不会喜欢它们。现在依然如此。

追踪基金都很不错，但是由于熊市并不比牛市更反常，而投资经理又在避免过多持有现金，那当熊市来时，你该怎么办呢？除非你足够幸运，掌握着安东尼·博尔顿基金（1970年它还不存在），你只能笑笑忍了："熊"的意思是忍受，而不是将自己低价卖出。对冲基金在1970年的确已经有了，不过那时它们还没有获准在英国做理财服务。

别忘了投资天才只是意味着短期记忆力好而又恰逢上升利好的市场，而投资的智慧只能通过积累在下跌走势中摸爬滚打的长期经验来获得。特别是在当下（2006年7月），现在的大牛市已经持续了3年4个月，在过去24年中长度排第三位。自从上一个熊市终止以来，年轻的投资天才们就变得多起来，这不足为奇。但我怀疑他们中有多少人在下一个回合终止时还可以被称为"投资天才"。

相对强度与外汇市场

在外汇市场，一种货币的汇率并不是绝对的，它是相对的。一种货币的汇率永远是相对于另一种货币而言的。当一个人在旅行社询问英镑的表现如何时，他通常指的是英镑相对于美元的表现。

在我刚进入外汇市场参与交易时，汇率的表现使我非常困惑。英镑／美元，即英镑相对于美元的汇率表现的应该是多少英镑可以换一美元。但其实不是这样的，其实是你用多少美元可以换一英镑。至于欧元／美元反映的应该是多少欧元可以换一美元，而实际上是多少美元换一欧元。美元／日元反映的当然是一美元可以买多少日元。

英镑／美元的注解是你可以用一英镑买多少美元，这应该被表达为美元／英镑，但不是这样。汇率的表达方式（并非计算方式）与其他相对强度的图表正好相反。你选择的一对货币的第一个货币是被第二个货币相除，图表上升得越高，前者相对于后者的表现就越出色。

我介入的外汇市场交易

在20世纪70年代，虽然我当时还是股票经纪人，但我相信外汇市场是对投资经理们有致命吸引力的另一个区域，于是我写了大量的文章分析英镑是否有可能比美元、日元、德国马克和瑞士法郎表现得更强劲。

当然，在有关投资经理们被外汇市场走势深深吸引的问题上，我错了。大部分情况下，他们对自己无论何时购买海外股票都会暴露在外汇市场的风险中这点完全不在意（或完全不清楚？）。

大部分经理都倾向于让他们机构的或是私营的客户，以及单位信托基金的持有人，承担外汇市场的风险和痛苦，而且还不告诉他们这有危险。很多经理并没有改变自己的态度，坚持说当单位信托基金客户等谁谁谁决定投资海外时，他们知道他们这么做可能产生风险，因此，去尝试并保护他们不应该是经理人的职责。

G. B. 肖伯纳早在很多年前就总结了他们这种态度：

“外汇市场的走势就像星期六的下午，尽管形态呈居间式发展，却总让贝克街站的侦探大吃一惊。”

在20世纪70年代，投资经理们对外汇交易市场的无知可以与大企业的财务总监以及为他们提供告诫的主要大银行相媲美——几乎没有银行听说过什么图表，更别说使用过了。

虽然当时我还不知道在70年代末我将变成全职外汇交易顾问，20世纪70年代我所做的有关外汇汇率的工作就是引我入这行的试金石。

1979年3月，我开始为《欧洲货币》杂志撰写每月一期的外汇市场评述。我得到的报酬大概是每篇文章100英镑（以基本汇率计算）。这笔钱，在撒切尔夫人执政之前的日子里，除去巨额税收，只给我剩下每个月12.50英镑的净收入。

图8-7 美元/德国马克

图片来源：CQG公司版权所有©2006
www.cqg.com

我在1979年6月1日写的第三篇文章中提到，过去5个月以来，美元/德国马克从1美元兑德国马克1.8200上涨到1.9200。这个升值是极其脆弱的（即经纪人所说的“将会大跌”）。随文章一起的图表在这里又重新绘制出来，如图8-7所示。

美元的确下跌了，几乎就在此文刊出时。只要市场总那么适应需求，就会如此。

发生在1979年6月、7月间的下跌（见图8-8）让我接到了来自埃德·米勒的电话。他是当时美国最大的自然资源公司Amax的财务总监。

“如果照你文章里说的那么做了，我们应该能给公司节省上亿美元。”他对我这么说。埃德来到我在迪金森的办公室看我，直到那时他都没有听说图表这回事。我的秘书把我写的有关汇率的一切复印了发过来。一周后，我就进了外汇市场，做这行挣得比每个月100英镑多多了。

图8-8 美元／德国马克

图片来源：CQG公司版权所有©2006
www.cqg.com

我有关美元／德国马克的文章以及随后的与埃德·米勒的会面完全改变了我的生活。我相信杂志会给我带来好运，因而给《欧洲货币》杂志又写了14年稿子。这期间，再没有其他读者给我打电话像埃德夸我那样令人印象深刻。

无知与外汇市场

不管怎样，在20世纪70年代，主要公司的财务总监（一般是对外汇市场毫无经验的会计师）被放到全世界最大的赌场上摩拳擦掌。他们对怎么操作一窍不通。在这里，外汇市场是唯一的游戏。在第一个半场还没有结束以前，规矩就会被更改，推出一种形状完全不同的球，而且在没有通知任何人的情况下就会改变游戏规则。

出于对外汇市场风险的担心，使他们所做的决策不是关于商品的，而是有关金钱的。无所作为被视为良好的管理，还有回避曝光、投机的决定。结果是：对外汇市场的反复无常视而不见得到尊重；回避曝光，遭到怀疑。

发生了什么？

不可避免的，汇率的走势变得对财务总监和他们的雇主相当不利。无所作为那时变得像动作过多。结果，呼地插上空马厩的门并没能阻止到处游走的大潮，在最近的悬崖下的岩石上留下了无数旅鼠高兴地纵身跳下的痕迹。（译者注：插门是表示他们对外界以不变应万变，旅鼠有一个自然现象：它们常常无畏地从悬崖上跳下去，然后被摔死。）

除了技术分析师之外没有人对外汇市场有什么了解。而无知和傲慢配对再合适不过了。对于这种普遍性的态度，温斯顿·丘吉尔早在1949年在英国下议院的演讲中就做了简练的总结：

“人类思想的范畴中，展示肤浅的聪明和看似高级的智慧比探讨货币和外汇交易问题显得更容易。”

在20世纪七八十年代，每个人对于外汇市场都有自己的意见，尤其是那些大公司的主席。如果财务总监依其老板的意见行事，那么主席使公司亏损的钱就是对这种信念的挑战。

技术分析在外汇市场的兴起

很幸运，对财务总监们来说，技术分析开始普及。最值得注意的是，1978年12月的《欧洲货币》杂志发表了胜家公司的财务计划主任斯蒂芬·古德曼所做的调查，其结论是“所有的技术类预测都异常出色，其最糟糕的平均表现也比最好的计量经济业预言者的平均表现强得多”。从此，技术分析师从备受冷落中走了出来。

计量经济师来淘金，
有件事情他们不明白；
假如外汇汇率出现趋势和交易区间，
规律就是供与求。

为什么技术分析师那么出色，而计量经济师和其他基本面分析师那么糟糕呢？因为前者实际操作时，即使是无意识地参与也应用了他们对市场，特别是外汇市场的知识。与股票市场投资者的决定相比，技术分析师的决策是短期的，它们不是由逻辑而是由心理和情绪力量统管的，而其他的却不是这样的。

要点：外汇市场只有一条基本原则：投机交易与真正需要的外汇交易的权重比例要远远大于50：1。

外汇市场中基本面分析师的相对强度的下降

在20世纪70年代和80年代，关于外汇交易分析，人们常常谈论的话题是*利率差异*和*购买力*。偶尔，技术分析师会被请来与基本面分析师辩论彼此智能分析方法的功过，这里不存在比赛。

1985年5月，从上一年《欧洲货币》关于自1980年12月起每隔六个月的走势的预测的调查结果来看，我完全可以证明：那些研究购买力族群和利率差异的基础面分析师，无论如何也没有展示出什么能力。

从1980年12月开始的那个阶段，有12位预测者参与。截止到1984年5月，有33位。到1985年5月一共有7个预测阶段。没有一个人对其中的4个阶段的趋势预测正确；而剩下的3个阶段中，一位正确预测了两个阶段，另一个阶段有两位正确。

直到1985年12月，大多数参加尝试的预测者在前一年以基本面技能做的预测才押中了趋势。

技术分析师并没有参与这些调研。我们知道得更多：趋势终归是趋势。有些持续好几年，而通常它们不一定按照一种趋势持续，我们的工作就是在趋势发生后预测趋势变化，一路持有支撑直到它改变方向。尽管如此，1985年11月，我预测到1986年6月美元对德国马克的汇率会远远低于当时的2.5100。在1986年6月，这个汇率是2.200。

我是否打破了常规？

没有。随着5年的涨势，美元在1985年第一季度达到顶点。一旦其上升的趋势发生方向的改变，预测其2年或更久的下跌走势是没有头脑的。那种特殊的下滑走势一直持续到1987年年底。

无知者胆大妄为，智者驻足不前

企业财务总监常常得不到银行良好的服务，在史蒂芬·古德曼的调查之后，他们太愿意听技术分析师的意见了，这一点都不像投资经理。相应地，让主要的美国企业开户订购那些有50%以上机会可能使他们与趋势站在同一方向的金融服务并不难。不过英国的公司比较难对付。

在20世纪80年代我曾试图从乐购揽生意做。我认识那里的主席，但我被告知，他们总是找查托勋爵做预测，自从公司有了两位保险计算员，他们就不需要更多的专业意见了。

两位保险计算员？

这就像是上过两所出色的公立学校——一所已经足够了。

WPP的财务总监告诉我，当他需要专业建议时，他会请一个他在银行工作的朋友做预测。显然，他并不知道那些坐在卖产品位子上的人是要揽客户做生意的，而不是送出预测忠告。

贝纳通的主席告诉我，他并不喜欢我对英镑/美元汇率做的预测。我告诉他，如果他想要自己喜欢的意见，他应该去找劳埃德银行做预测，他们和我在英镑/美元汇率上的看法正好相反。

塞恩斯伯里连锁超市接纳了我的服务，主要是因为他们的三文鱼罐头批发商是真正的外汇交易员，就像美洲豹的一样。如果塞恩斯伯里连锁超市将英镑/美元的汇率搞错了（精确地说误认为是英镑/加元了），将三文鱼罐头放在错误价位的架子上，那罐头就走不出商店了，而离店的会是购物者。

当英镑/美元的汇率为1.3000时，杂货店业者想知道他们是否应该买进美元。汇率是在1.3000和1.2900区间内，我对财务总监说，如果英镑在1.3000以上收盘，他们应该什么都不做；如果在1.2900以下收盘，他们应该马上买进美元。

在1.2900以下收盘的情形是几天后才公布的。英镑在此位又撑了3天多的时间，之后，迅速下滑到1.2000。现在的问题是他们应该怎么办。我说，既然他们已经按照我上次的建议做了，现在他们应该笑了，他们应该能卖出很多三文鱼罐头了。

不过，他们没能刚好在1.2900以下的位置买进美元。为什么？因为“主管希望英镑能升到1.3200以上”。

健康警告

在本章的开始部分我提到了东证指数/富时100指数比率，我告诉过你图8-5的信息意味着：买入东证指数，卖掉富时100指数。图8-6的信息是：卖掉标准普尔500指数，买进富时指数。换言之，对这三种指数可能的相对表现的意见是：（1）东证指数（2）富时指数（3）标准普尔指数。那是当时的表现。现在（2006年9月），标准普尔已经与富时变了位置。

图表变了，我也会改主意。那你会怎么做呢，先生？

从那时到现在，我一直没有给你发出邀请买进什么日本股票或卖掉英国股票，更不是邀你卖掉美国股票买入英国的。比率揭示的是指数之间相互比较的结果，而不是它们的成分股的实际表现。

目前的信号是东证指数有可能会比标准普尔指数和富时指数表现得好，而第二位的有可能比第三位的表现得好。

那种相对表现可以持续多久呢？

可以一直持续到相关的图表扭转其目前长期的趋势状况，正如富时指数与标准普尔指数最近的表现似的，这几页的其他地方也有记录。

比率图

图8-9 比率图

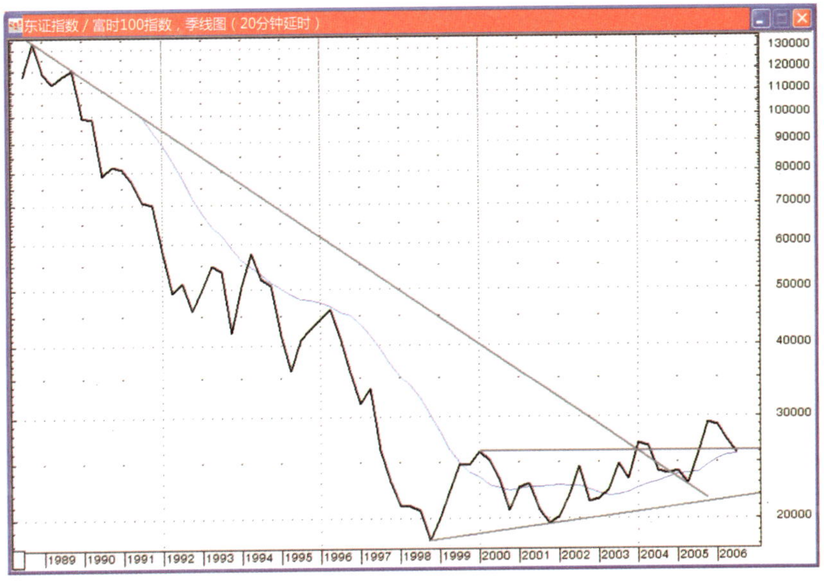

图片来源：CQG公司版权所有©2006
www.cqg.com

> **要点：**比率图告诉你的是，比率可能会怎么样，那是比率图唯一的实际用途。

如果东证指数／富时指数比率（参见图8-9）的确延续上升趋势，可能由下面任何原因引起：

1. 东证指数和富时指数都上升，但前者的升势得比后者更强。
2. 东证指数上升，富时指数横向运动。

3. 东证指数上升，富时指数下跌。
4. 东证指数横向运动，富时指数下跌。
5. 东证指数和富时指数两者都下跌，后者比前者下跌得更厉害。

要点：永远不要推断比率构成分子之一的绝对价格会是怎样的。

不管你从比率图中得出的信号多强，如果不参照其他信息单独来观察比率图的话，你得出的结论很可能是错的。

个别专家、经纪人对于比率图的错误解释

道琼斯工业平均指数／黄金

《金融时报》最近报道，根据一位法国经纪人的研判，从1971年布雷顿森林体系崩溃以来，道琼斯工业平均指数／黄金比率平均值一直是12.5。

图8-10 道琼斯工业平均指数／黄金

图片来源：CQG公司版权所有©2006
www.cqg.com

图表与那位不知名的证券经纪人并未达成识。那位法国先生错了：自从布雷顿森林体系崩溃以来，除了很短暂的一段，比率从未达到或接近12.5的平均值。正如图8-10所示，在1980年有一周比率平均值曾达到1.8。

但是经纪人这样的错误应该不会令你太吃惊：我做这行已有27年了，而直到8年前我正式成为技术分析师之前我还总是在出错。

做经纪人就像是打四人一组的高尔夫球：你总是得说对不起。

图8-11 道琼斯工业平均指数／黄金

图片来源：CQG公司版权所有©2006
www.cqg.com

根据同一位经纪人推测，道琼斯工业平均指数在2000年的顶点时是黄金价格的40倍。正如你从上表可以看出的，证券经纪人又犯错误了！当时是在43.84位。他继续说：“当金价在850美元时，比率又达到了12.5。”不，不是那样的。正如图8-10所显示的，当金价在1980年1月达到850美元时，道琼斯工业平均指数／黄金的比率为1，年线的最高点大约是1.9。

现在来做一下比较：假设经纪人关于12.5的预测正确，现在道琼斯工业平均指数是在黄金价格的约17.5倍价位上做交易，假如它降到1971年后均线的水平，黄金价格就会涨到接近900美元／盎司。但他还是不对的。

凭我那令人生疑的数学水平，我只是希望算出——用比率的10年期均线计算这些年来所有在6位上收盘（共 4 个）。而自从布雷顿森林体系崩溃以来，比率的均线就一直是35。相应的，如果是以过去35年来的均线水平计算，黄金价格就会跌落到317美元/盎司。鉴于我对黄金的负面解读，没有什么比这更能让我高兴或更令我惊讶了。

但是为什么这比率应该与过去35年来的均线水平相等呢?

这一行不存在什么"应该不应该"，除非那是图表所显示的。从图表目前情况看来，尽管现在趋势是下滑的，而当这一趋势与19年均线相遇时，它提供了潜在支撑。

不仅仅是法国的克鲁索警官在帮人预测1971年以来的比率的均线水平时犯了错误，他的有关黄金接近900美元/盎司的评述是：它应该能到那水平，假设（难道你不喜欢"假设"这个词吗？）"道琼斯工业平均指数停留在现在的水平"（2006年7月26日）的话。错上加错，紧随这评述发生的事简直是双重坏运气。

图8-12 道琼斯工业平均指数

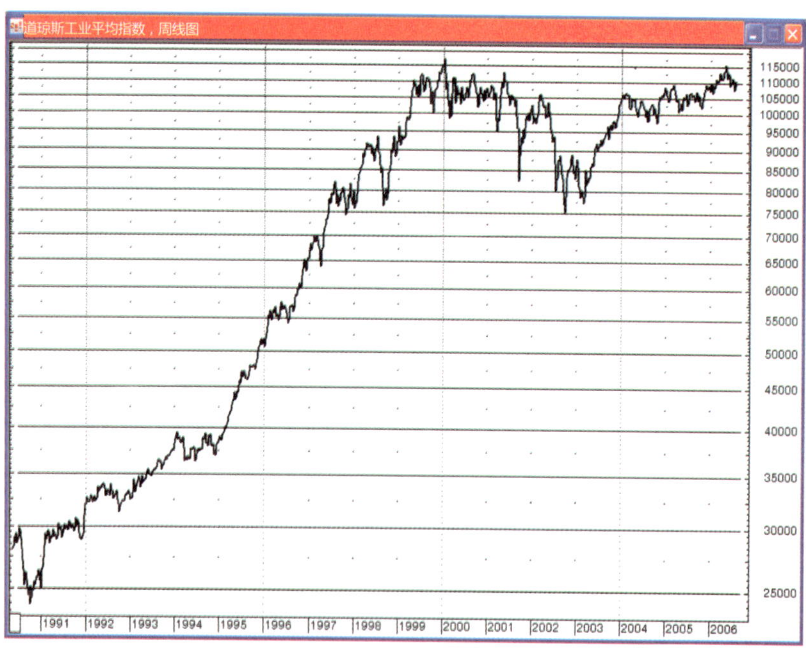

图片来源：CQG公司版权所有©2006
www.cqg.com

自然，道琼斯工业平均指数总是停在它该驻足的地方，这就是为什么它既不会上升也不会下滑，也许它有过？当然会有这种情况。如果市场不会上升下跌起伏不定，那些股票经纪人以什么为生呢？

石油／黄金比率

克鲁索先生也在看原油／黄金的比率。显然，这比率的长期均线是在16附近。目前，它在8.4位上。啊！回落到长期均线会使金价超过1000美元。但这句话是否应该将“假定”一词也包含进去呢？这有点像“假定原油价稳定在目前的水平”。就像道琼斯工业平均指数停留在现在的水平一样，那也是一种假设。

图8-13 原油／黄金

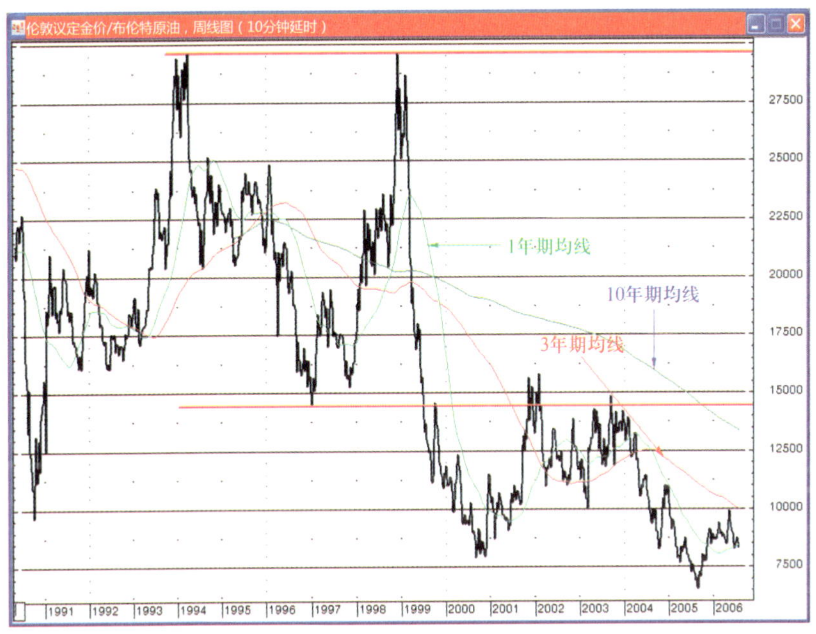

图片来源：CQG公司版权所有©2006
www.cqg.com

图8-13这幅比率图正在表明什么呢？

1. 在两条红线之间的双头意味着7.17的目标已经达到。

2. 年线走势在上升，代表着比率线在目前位置可能找到了支撑，因为上升的均线可以提供潜在支撑。

3. 在10点位也存在潜在阻力，不仅由于它是最近的高点，也因为3年期的均线就是在此水平上，而且正在下跌（下跌的均线是潜在阻力）。

黄金/白银

图8-14 黄金/白银

图片来源：CQG公司版权所有©2006
www.cqg.com

在20世纪70年代初，金价为35.00美元，而专家们说，历史上的黄金/白银比率均线是15。它不能再涨高了。原因是，如果再涨，套利者就会卖掉黄金买入白银。这种情况下，比率是不会改变的。但是，你已经知道我对所谓专家及其意见是怎么看的了。

看到图表的证据，我不明白为什么专家们还在说，历史比率均线是15。不过，我的数据只能追溯到1971年，也许在20世纪60年代它曾是15，对此我充满怀疑。无论何种情况，在1971年初，比率就已经上升到了25（参见图8-14的LHS）。那么，我在想，那些套利者和长期均线论者在这期间做了什么呢？

我估计没有什么人会说，比率不能或不“应该”能高于15，或者，如果它的确如此，它就是没有听话。自从那时起，它不能离15的长期均线太远（它的确在1971—1986年之间一度下跌到那个水平，在金价1980年的高点）。与目前的56.16相比，这比率的确曾上升到102.2的高点（1991年），下跌至45.48的低点（1998年）。它目前的长期趋势是下滑的。

经纪人的言论和经济的预测一样，总是充满了“假设”：给我举两个假设的例子，我便可以在任何时间随心所欲地击败泰格·伍兹。

作为一个经纪人，表达力强是有帮助的。这一点，兰登书屋的前总裁罗伯特·伯恩斯坦是这么描述的：

只有直觉可以保护你区分出人群中最危险的人，这一点口齿清晰不能胜任。

收益差额比

你听说过“收益差额比”吗？它是财产净值和金边债券的收益比率。与持有股票风险更大相对应，股票总是要比金边证券产生更多的收益。1963年，那个叫做“通货膨胀”的东西显现，紧接着，信托投资法案出台。收益差额比变为反向收益差额比。这将我们带入……

我们应从比率中学到什么？

1. 永远不要在意专家在说什么，自己抉择。
2. 比率显示的是那些一定会做成的事。
3. 图表将告诉你比率必然会怎么样，或将会怎么样。
4. 历史水平是有意思的，但也许毫不相干。

“驴唇不对马嘴”说的就是，在交易A产品时不要错看B的图表——如果你做的是粉笔交易，就不要去看奶酪的图表了。

历史案例1——英美资源集团／富时100指数

在2003年到2005年之间，我在欧洲对冲基金代人做证券投资组合，那儿的总交易师对相对强度着了迷。2004年3月初，他对英美资源集团的相对表现自然很满意。为什么不呢？自从2000年它探底相对低点100以来，英美资源集团就比市场的表现强200%。

至于相对图表（均线是1个月和3个月的）我看不出有什么不妥。假定你可以看到其中的错误，我也不会看不见。

如果你看图8-15中上层的红线（潜在阻力），会发现周价格与两条线的任何一条都没有接触。的确，在3月1日的高点，它与那两条都非常接近，但接近与相接触还是有本质差别的。

长一些的红线是回调线，画得与主要的上升趋势线（底下的蓝线）

图8-15 英美资源集团／富时100指数—周线图

图片来源：CQG公司版权所有©2006
www.cqg.com

平行，短的是内部上回调线。当然，两条都是潜在阻力。

我在3月4日收盘价1370点时做空。

图8-16揭示出为什么我做空，至少我希望他们会如此……

我做空主要是因为3月2日的价格曾两次冲高回落，第一次就在内部回调线之上，而更重要的是，第二次就在叉开的整个牛市上层趋势线之上。如果这还不是看跌的理由，那什么才是呢？

如此看来，为什么我还不在2日卖出呢？因为还没有迹象显示这次冲高回落是会持续下去还是会反转方向。从3日的情况我们看到，英美资源集团选择了反转方向。为什么我当时还不卖呢？有以下两个原因：

1. 3日的黑色蜡烛线仍然在与布林带上轨线接触，可以说还没有形成趋势反转。

2. 那根蜡烛线虽然确认回升已经停止，但是不一定会调转方向。如果4日出现的是白色蜡烛线就会意味着反弹将继续下去，出现黑色蜡烛线则证明反转已经形成。

4日的蜡烛线不仅是黑的，而且与上面的布林带上轨线分开，确认孕线形态是一个顶部反转形态，与上轨线分离是第二个原因。冲高回落

图8-16 英美资源集团—日线图

图片来源：CQG公司版权所有©2006
www.cqg.com

图8-17 英美资源集团—日线蜡烛图

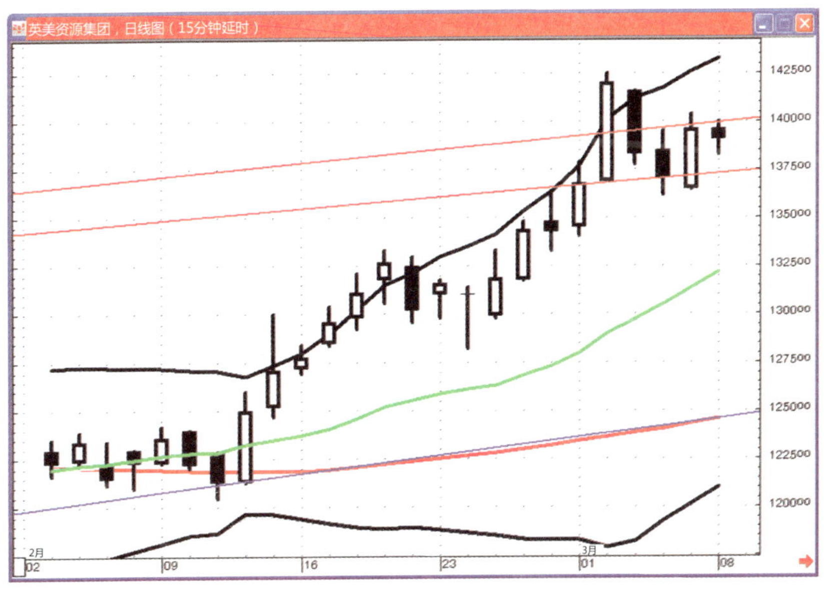

图片来源：CQG公司版权所有©2006
www.cqg.com

走势已经确认，加上观察蜡烛图得到的进一步证据，*卖出是必须的*。

我在4日收盘时卖出股票，5日我接到对冲基金总交易员的电话："为什么你在价格相对位于顶点时将英美资源集团的股票卖出？""看看绝对价格吧。"我回答说。

看看接下来的是什么吧……

图8–18 英美资源集团—日线图

图片来源：CQG公司版权所有©2006
www.cqg.com

图8–19是相对价格日线图，它与绝对价格图是同步的。

这个历史案例并非虚构，每字每句都是真实的写照。

历史案例2——1972—1974年熊市

这一案例与1972年5月1日至1974年12月13日的大熊市有关。全股指数（那时还没有富时100指数）跌幅达74%时，华尔街出现了自1929—1932年经济危机以来最大的熊市灾难。

前者发生的那段时间，我就在现场；我没有经历后者。但由于我从1952年开始在这行工作，我读了有关那次熊市的所有资料，特别是J.K.加尔布雷思的《1929大崩盘》中的那部分。

图8-19 英美资源集团/富时100指数—日线图

图片来源：CQG公司版权所有©2006
www.cqg.com

历史价值

现在的年轻人好像不读什么书就去赚钱发大财了。在20世纪60年代，举个例子，伯尼·康非尔德彻底改革了整个投资行业，但当你问今天大多数50多岁的人伯尼是谁（如果你能在投资行业找到这么大岁数的人的话），他做了些什么时，即便有人听说过他，也不多。

现在在这行业（老人叫它“金融城”）中的年轻人好像对市场历史没有什么感觉，也谈不上要了解它。例如，有多少图表服务公司能提供（Datastream公司除外）可以追溯到1945年的图表信息？

探究历史越久，前瞻未来越远。

——温斯顿·丘吉尔

就在巴林银行灾难之后，洛希尔公司的伊夫利对我说，没什么经验的年轻人申请工作时，他们甚至懒得告诉银行他们的简历怎么样，只是说说他们现在挣多少钱。我怀疑从那时起事情真的会有所改善。

1929—1932年经济危机的余波使整个那一代人都不进华尔街了，部分原因是“它完蛋了”，还有部分原因是第二次世界大战。在1952年我入行时，他们也是这么说伦敦市场的，而他们似乎没错：一天只有

7000宗交易，数量很少。如今，交易数已经被实际成交量取代了。

因此，大崩盘向我们袭来，而且还会再来。即使它没有在经济后果上显现，也会在股票市场词汇上反映出来。尽管一直等到1973年它才又肆虐起来。

回到历史案例2，尽管上述事件都发生了，我仍然没有离开过此行。

至于20世纪70年代早期的大崩盘，在我看来，市场就好像是“工会”。我为什么这么说？

一员出局，全体出局。

在股市词汇里，这就像是“给婴儿洗澡后把洗澡水和婴儿一起倒掉”一样，小公司受到冲击，就此被市场彻底淘汰。我是这么想的，这么说的，也是这么写的。当一个投资经理（他还在我们这个圈子里，我就不说是谁了）听到我这么说之后告诉我：

……市场不能下跌，因为它处于市盈率为19的时期，预期前景是17。特别是银行不能下滑，因为它们的市盈率为16，预期前景为14。因此，相对而言，绝对而言，它们都算便宜。至于贴现公司，没有人会去卖它们。

贴现公司当时是市场的宠儿。虽然它们相对于市场而言表现依然是好的，但它的绝对图表是糟糕的。如果你在想问那些图表在哪里，答案是：它们已经不复存在了。你就相信我说的是真的就可以了。

银行也会倒闭，贴现公司也一样。当一个大熊市来临时，只有卖出那些支撑得最好的行业和其股票时才让人感觉不那么伤心。

那市场的市盈率又怎么样呢？

那也是溃不成军了。在熊市终止前就走向3了。是的，我写的的确是3，不是打错了字。为什么3不成呢？总之，一位专家这么说：这是“正如我们知道的资本主义的末日”。

作为市场偶像的伯马石油表现也是欠佳的，而有传言说国民西敏寺银行很可能会跟进。

至于地产业，我们被告知它彻底破产了。约翰·赖特布拉特的英国房地产公司那时居领先地位，它直到最近才从每股390便士（如果我没记错的话）下跌到6便士。

但是，即使是最可怕的故事也会到处流传。在熊市的最后几周，几只领先的地产股，其中包括英国房地产公司股，在绝对价格图表中可以看到它出现了双底形态。此时，Land Securities地产证券正在走上升的趋势。由于全股指数直到1975年1月都没有完全形成双底，英国房地产公司和Land Securities地产证券在相对价格图表上都表现极佳。

经验教训

1. 价格并不总是由相对价格引领的。

2. 除非你操盘的是追踪基金，你是看价格做交易的，而不是看相对价格。

3. 如果你没有在操盘追踪基金，那么即使你赔钱的速度比市场的速度慢，赔钱还有什么意义呢?

历史案例3

在最近的一次熊市中，一位金融专家建议投资者购买水务公司的股票，他给出的理由是："人永远都不会不饮水。"当然，他们没错。不过那并不意味着人们会为支撑他们的股价上扬走势而去买足够量的水务公司股票。

熊市就是熊市。因为在熊市里，投资者决定不像在以前牛市那样高估股票的价值了。因而，市盈率会在盈利下跌之前走跌。而后利润下滑，之后才是价格下跌。

警示寓言

一位顾问来到一家医院的10层危重病房。他打开窗户，跳了出去。向下降时，相对来讲，这个顾问的感觉与他落地时可能经历的感觉相比是好多了。

一位已经被诊断得了不治之症的病人看到了顾问的跳楼身亡。他的感觉比外科医生的感觉要强。几天之后，这位病人也去世了。

*道德教训：*相对强度什么都很好，但你可能为之丧命。

9

止盈止损

图表分析师的目标既不是要钓到市场的底部，
也肯定不是为了要射中市场的顶。
为避开所有的困扰，
唯一的办法就是止盈止损。

每一个在屏幕上看过股市图表的人都会觉得自己多少有点像一个图表分析师。你也相当有可能有点儿像外科医生。技术分析师可不是业余人士做的工作。滑铁卢之战也可能会在伊顿公学的学校操场上转败为胜，但是战胜市场的战斗可不能由兼职员工完成。

技术分析同样不是基本面分析师所做的半日制工作。我从来不认为光靠看看那些基本面信息就对（技术性）图表产生怀疑有什么意义。基本面分析师什么本领都没有却瞧不起技术分析师——那些认为他们需要在工作中不断进取的人——至少在怀疑论者眼中是这样的。他们将技术分析与基本面分析混为一谈。

当我刚开始成为技术分析师时我问自己：如果我的技术分析和基本面分析的观点相左，我该怎么办？答案很简单：如果我认为自己是个图表分析师，我就得相信那些图表。同样，为什么要去注意那些显而易见的基本面信息呢？无可辩驳的是，股票的走势常常完全与它们所代表公司的财富状况大相径庭。

任何情况下，没有基本面分析的技术分析师造成的损失远不会有没有技术分析的基本面分析师造成的损失大。单技术分析本身就具有完整的规则。遵守规则就是游戏的名字。

技术分析师应该只依据技术原因建立仓位，这个规则也同样适于平仓。如果你因为反向头肩形态确认而买入，之后趋势又中止了，你应该卖出股票。为持股再寻找别的理由是毫无意义的。同样，这也适合于那些由于其他形态确认而建立的仓位。

假设你因为某个形态出现而买入（或卖出）股票，而紧跟其后出现趋势逆转，或均线方向发生逆转，导致价格回穿均线，而且预期的支撑或阻力没有出现等等，但形态依然有效，你该怎么办？你要理智地判断。这些情况下，你的操作将不是由技术层面来决定，而是靠你对账户的盈亏管理来决定。

要是上述的任何情况都没有发生，为使损失最小化设立止损怎么样？那样做是有完美理由的，它不是一种技术性的止盈或止损，而是出于交易考量。偶尔我也会在外汇市场使用止损单，但条件是存在我想保住的巨大收益，而且附近位置不存在合理的技术性止损点。

但是请记住，我是顾问，客户付钱来听我的技术性意见，而且仅仅是技术层面的意见。试图在顶点时离场或在最底部进入股市的想法都和我无关。我只是从纯粹的技术缘由出发，去获取最大收益并减少损失。作为一位投资者，你可以做你喜欢的事。

不管是日收盘、周收盘还是月收盘时，我只在收盘时平掉仓位。如果你在使用周收盘或月收盘为参考，那么当你观察日线图时你可能会发现更好的交易机会，而你也可能会遇到由交易员的遗憾带来的后果。

正如你将从下一章出现的许多报告中看到的，我在建议别人建立仓位时推荐他们不要设立止盈或止损。图表分析师常说谎话，难道是因为我相信没有止损的预测其价值连写报告的纸都不如吗？并非如此，我每天都在管理止损的情况。在每个交易日收盘时，我会重温当日所有未平仓位的情况，并依据我通读的最新技术概况告诫客户应该怎么做。

如果你是作为私人投资者在读本书，那么开仓时你就应该永远知晓在什么位置你应该平仓。如果你不知道，那就根本不要做交易。股票多如牛毛，技术条件形形色色，你很快会发现其他的机会。

止盈止损终归是止盈止损……它会停住利润，停住痛苦和损失。

谁止盈止损离场，

他永远可以抓住下一次机会。

我发誓，这会是最短的一章，它的确是的。

10 The Nitty-Gritty

细节

《牛津英语大词典》的定义：

一种情形、事物等的现实情况或基本事实，事情的核心。

这一章是要把一切“综合汇总”。但是我发现，大多数关于技术分析的书都有这么一章，而本书就是要与众不同。原来如此！

处理困难的细节只有一种方法——给你看我写的有关市场在不同时期的各种报告。不是看一个特殊的预测报告，而是其后续情形。我选择了非常吸引我的三个市场——富时指数、黄金指数和美元指数。

如果我按原来计划的那样写这本书，你会发现追踪报告中写的技术争论很容易。大多数我为其写报告的人只是对结论而不是对原因感兴趣，有些人则对两者都感兴趣。而我一直注重的是解释为什么我会下这样的结论：我可不是暗箱操作的商人。

虽然在写新报告时我常常参考以前的章节，而且常在必要时重复一些章节。但实际上，我探讨每个问题就好像以前从未写过一样。给报纸或杂志写文章时，他们常批评我不按记者要求的方法做——我喜欢先以结论开头，然后再阐释我是怎么得出这结论的。直到我自己说服自己，我都不知道会得出什么结论。

商情报告1

2005年11月5日

富时指数在5423.6点（上一次在5213.4点）。

一周前，富时指数在5213.4点，考虑到ROC的下跌趋势和不利的动量环境，我的结论是：如果在11日本周结束时指数回调出现新低的话，我会很吃惊。但我错了。

富时指数在1日上穿季线，季线蓄势上扬。季线真正上扬时形成潜在支撑，推高2日走势，有可能尝试刷新高点的记录，除非收盘时收在5315.5点以上。当时的高点是5344.3点，富时指数依然可能更上一层楼。

估波指标自5个星期前开始再度上扬，而直到它开始下跌前市场都不会达到顶点。但即使估波指标的确下滑，也不是卖出的信号。因为在下滑转势和市场顶点之间的延迟处于变量期间。

因此，指标目前给出的信息是，牛市高点还没有出现。10月的高点可能还会更高。但就像以前一样，富时指数首先得超过顶点2%的幅度才可能有较大幅度上涨。

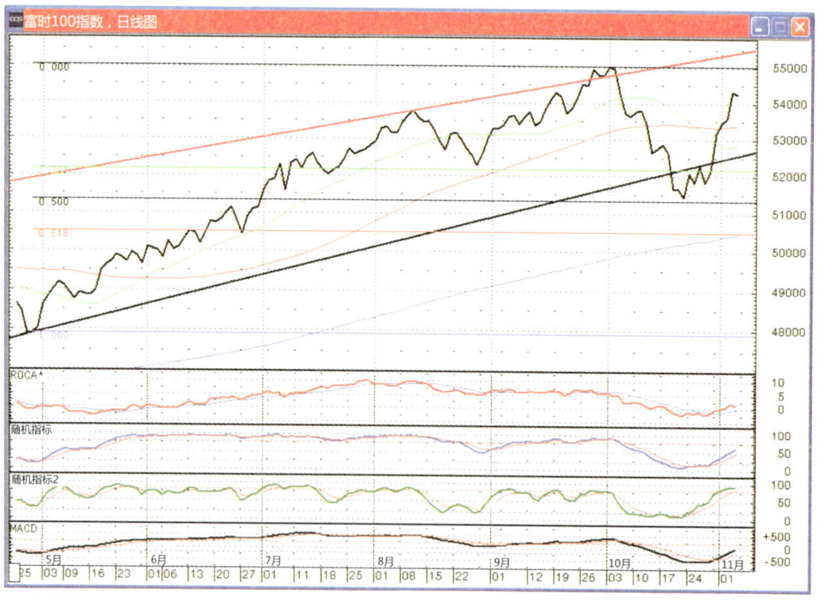

图片来源：CQG公司版权所有©2006
www.cqg.com

难题是：最近的反弹已提前于圣诞节开始，年末很可能会出现一波更大的反弹，而11月是个较弱的市场。

参考这些指数，包括高点/低点的比率，可以看出行情是有利的，没有理由停止反弹。

这些报告（一般每周一期）继续预测市场为上升走势。

商情报告2

2006年1月8日

富时指数在5731.8点（上一次在5531.6点）。

2003年3月已开始的牛市，从历史标准判断已经成熟。

华尔街从2002年10月开始的牛市更是这样。

但是直到长期指标下滑情况更恶劣之前，预测终止接近是不成熟的。

技术分析师的工作并不是提前预测顶点，而是当趋势反转时说出来。

尽管有80%以上的股票在其长期均线之上，富时指数仍处于超买状态，直到这长期指标回落到70%以下，市场不太可能证明它是相当脆弱的。

短线来看，上升的月线正处于上升阶段并持续提供支撑作用，而这个支撑是自去年10月以来就一直存在的。下跌风险限在5560点附近。同时，作为上个星期ROC向上突破的后续，市场观望前景直到1月底依然看好。

1月8日到4月29日之间也有报告。但是他们说的都是一回事：市场将要走上升之势了。

商情报告3

2006年4月29日

富时指数在6023.1点（上一次在6029.4点）。

牛市还是熊市？技术分析师的工作不是预测市场的名字，而是它的方向；不是提前预测顶点，而是在趋势发生转向时表述出来。

富时指数处于超买，而90%的股票价格高于其长期均线。虽然直到整体低于70%才会出现卖出信号，但从1月初开始，股价高于季线的股票已经从90%以上跌到74%以下。在这种情况下，买家在选择股票时应该比平时更加慎重。

估波指标

虽然估波指标并没有给出卖出的信号，但从1985年以来，估波指标有超过8次的下跌。有2次富时指数与估波指标同时下滑，提示熊市到来。有3次富时指数在一个月之前就转势下行。剩下的3次中，估波指标的下滑与富时指数的下滑之间的延迟分别为3个月、23个月和现在的21个月。在4月底，估波指标还在上升。

动量环境不利的情况已经延续了很多个星期，只有当ROC处于下跌趋势时，这才显得极其重要。上个星期，就出现了一次。

不必重复去年10月以来我几乎每周都写的报告：只要指数在不断上升，月线就会像其他任何均线一样一直提供潜在支撑。现在富时指数在6043.7点，而昨天指数收盘时还低于此位。这是过去7个月以来，它第8次这么表现了。如果下个星期五收盘时收于或低于6024点都会使均线开始下滑之势。

图片来源：CQG公司版权所有©2006
www.cqg.com

富时指数会收于或低于5947.4点以跌破自10月低点以来的上升趋势线吗?

5月要做空吗?

鉴于自去年10月底的低点以来有显著的上涨(通常万圣节至4月底的股市行情比5月至10月要好),尽管图表未呈现,但回调可能在不久后出现。不管怎么说,5月31日之前还有另外24个交易日。在市场上,24天可以发生许多事。

还不止如此:在5月做空有可能被解读为从4月的最后一周或是5月的第一天开始(这由4月30日恰巧是在一周的星期几决定),因为从1983年12月以来已经有22个4月了。

有11次在4月底做空是正确的,但其中一次只能持续3周。在另外3次,你需要在6月中到下旬再度买入。在剩下的7次,你可以撑着等到7月下旬再做空。即有11次在4月底做空是错误的。

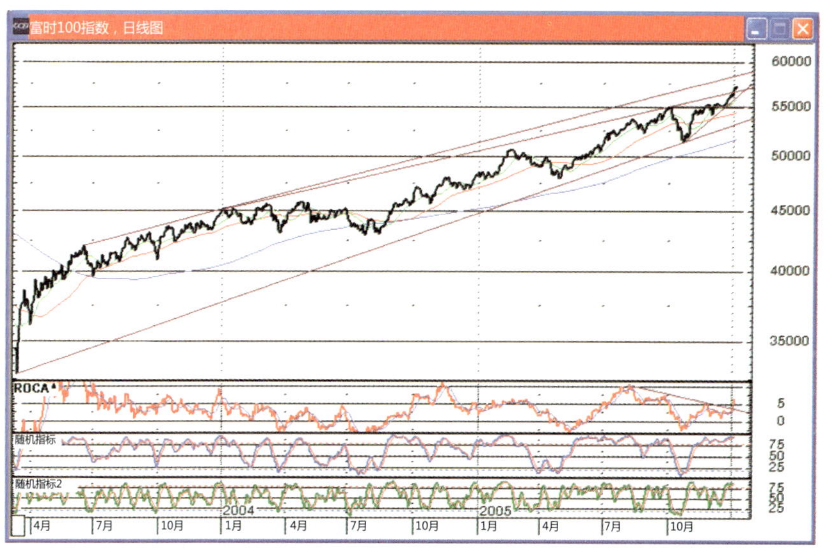

图片来源:CQG公司版权所有©2006
www.cqg.com

在上图中,上面的趋势线存在潜在阻力,但在上周已经被指数穿过,这阻力延伸到5778点,但如果指数涨到这个点位,可以预期不受时间限的上涨,现在目标价位在5855点。

商情报告4

2006年5月23日

富时指数盘中点位在5600.5。

估波指标

全股指数（它的历史比富时指数还悠久）自从1985年以来已经有8次转势下跌。有2次市场同时下跌；有3次全股指数的下跌比估波指标的下滑先行了一个月。

在剩下的3次中，指标下跌和全股指数的熊市开始之间的延迟分别在3个月、23个月和目前的22个月。5月底收盘于3024.86点之下会导致股市下跌，意味着熊市已开始。

以前的报告提到：

从10月以来，只要股市保持上扬的走势，我几乎每周都写报告，月线像其他任意均线一样提供潜在支撑。月线位于6057点，并在下滑，有潜在阻力。季线目前处于5965点，除非它提供支撑，否则将会在5660的点位考验牛市上升趋势线。

经过测试后，趋势线被跌破，季线现在是潜在阻力。

图片来源：CQG公司版权所有©2006
www.cqg.com

昨日富时指数以5532.7点收盘时，年线位于5330.8点位。我更喜欢一次或多次收盘价出现在均线以下，新的收盘价重新站上均线后，考虑到支撑测试已成功，我对是否有测试抱着开放的态度。

鉴于随机指标和ROC的超卖状况，目前后者比从2004年7月低点以来的任何时间的超卖情况都要明显。富时指数可能会回升，特别是在月线刚刚下行穿过季线的情况下：朝向/接近穿越点的回升常常可能发生。

我的三个预测主要趋势下滑的标准还一个都没有达到。其中之一是季线要下行穿过年线（一段时间内不太可能），而年线在几个月内更不太可能下跌。市场需要回升，为下一个熊市创造可持续的下跌趋势线。而尽管它可能被测试，现在看起来牛市已触顶了。

*注：*尽管在10月低点到5月之间ROC有三次顶部反转，月线仍在持续上升：以此作为我的第二个过滤器使我在这段时期保持做多状态。

商情报告5

2006年6月5日

富时指数盘中点位在5764.6（上一次在5600.5）。

上次预测（5月23日）在5600.5的位置。

图片来源：CQG公司版权所有©2006
www.cqg.com

鉴于随机指标和ROC超卖的情况，后者现在的超卖状况比2004年7月低点以来的任何时间都要明显得多，富时指数可能回升，特别是在月线刚刚下行穿过季线的情况下：朝向/接近穿越点的回升常常可能发生。

到目前为止，市场已适应需求。但月线和季线及其交叉点都是潜在阻力，分别位于5805、5938、5955处。所有的红色趋势线也一样。为了站上已被跌破的上升趋势线，收盘需要位于5802点。

目前指标情况有利，不过，取消回升时机还未成熟，除非它被月线或季线中任意一条均线逆转方向（新的收盘价重新回到均线下方）。

估波指标

估波指标看起来会在5月底下跌，它的确如此。那5月底的跌势意味着什么？根据指标发明人艾德文·估波的说法，它什么也不代表。一般认定：人类从丧亲、离婚、患病、失业或赔钱等状态中恢复，心理上需要11—14个月的时间。但这种心理关口不能成为卖出信号。

图片来源：CQG公司版权所有©2006
www.cqg.com

技术分析是经验观察，在这幅图表上，除了1996年和2004年这两处标有X的位置，每当指标开始下滑时，富时指数都处在高点区域。1998—1999年间有过三次下跌，第一次转瞬即逝，但第二次和第三次

（与第一次之间相隔了很多个月）找到了顶。

2004年的信号是两次错误中的一次，这次的指标彻底错了。1998年的信号也可认为是错的。但看看15个月和19个月之后发生了什么：两个有效信号把高点包住了。

2006年5月的下滑是在2004年6月的错误指标出现之后23个月时出现的，这阶段越来越像1998—1999年情形的重演。如果的确如此，2006年5月的下跌可能意味着指数再一次找到顶点或顶点附近的位置。

商情报告6

2006年6月8日

富时指数盘中点位在5594.7（上一次在5764.6）。

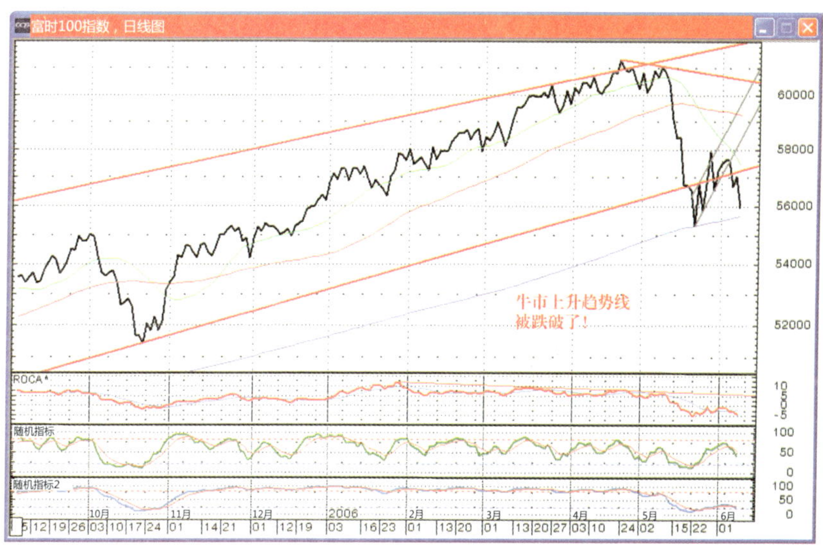

图片来源：CQG公司版权所有©2006
www.cqg.com

虽然上星期五指数表现较好，但我的结论是：除非两条均线中的任意一条均线能够扭转这波反弹，否则反弹结束为时尚早。当然在不与任何一条均线接触的情况下指数也可能发生逆转。如果最近的5532.7的低点在未来几天收盘时被跌破，旗形形态即被确认。

可以推测指数将进一步下滑到5330。下跌中止，3个连续交易日价格上升并高于低点或收盘高于低点2%。

在最近几年，我见过几个旗形形态生效的例子。但我的工作不是猜测任何特别的技术性的变化会奏效还是失效，而是让你了解如果这种情况出现应做恰当的止损。

旗形形态是受时间限制的，但这篇报告中提到的旗形如果在6月23日前仍未到达目标价位，旗形作用将会停止。

以前提到的观点是："市场还是需要回升来为下一波熊市提供可持续下跌的趋势线。尽管这个位置可能已经被测试过，但现在看来好像牛市顶点已经出现了。"我的这个看法没有变。

商情报告7

2006年7月5日

富时指数在5826.7点。

指数可以短暂休息了

阻力生效，上吊线和捉腰带线都在看跌后市。

图片来源：CQG公司版权所有©2006
www.cqg.com

如果新收盘价收于均线以下，且随后一个或几个收盘价收于均线下，下跌均线成为潜在阻力。这里的均线是季线，富时指数在星期一和星期二以高于均线的位置收盘，而今日的收盘价低于均线。

上吊线预示顶部反转，星期二的就是这样的例子，同时也形成了镊子形态，与星期一的蜡烛线形成一个轻微的顶部反转。今日的蜡烛线是捉腰带线，是一根看跌的蜡烛线。

布林带趋势通道像6月13日／28日那样收窄之后，通道必须变成向东走的铁轨式趋势线。第一根白色蜡烛线收盘时高于布林带上轨线或收盘价低于下轨线可以决定趋势方向。6月12日的蜡烛线是趋势下跌的例子，6月30日的蜡烛线是趋势上涨的例子。

不过，趋势可能因随后的第一根“错误”的蜡烛线而终止——错误是指在下跌趋势中白色蜡烛线与布林带下轨线分离（6月15日），或在上升走势中黑色蜡烛线与上轨线分离。今天我们看到的是后一种情况。

结论：富时指数看起来可以喘口气了。

注意：蜡烛线给出反转信号，但不是大趋势的反转。如果前面讲过的潜在支撑会成为实际支撑，一旦刚才预测的休息进入尾声，图中对高点的考验依然存在。

如果指数未能克服季线的阻力就可以推断：除非月线或年线提供支撑，否则指数将向低点回落，正如指数曾在6月低点时受到年线的支撑，如果月线和季线没有阻挡住上涨的话，将会进一步考验高点。

季线起到阻力的作用，但唯一可以使下跌停止并使最近的上涨恢复元气的是几天之内反弹到新的高点。

商情报告8

2006年7月25日

短暂休息结束……富时指数恢复上涨态势

昨日的上涨提供了依据。

11日收于5870点，我的结论是：位于5876点时，富时指数正准备喘口气，月线或年线被称为潜在支撑。在17日的低点，富时指数跌到5654.6点。

昨日的上涨使指数高于最近低点2%以上的位置（证明指数已找到支

撑），而且也高于正在上升的月线（证明月线也提供了支撑）。

灰线是潜在的反向头肩形态的颈线，颈线的突破需要指数收于6080点。

图片来源：CQG公司版权所有©2006
www.cqg.com

目前，富时指数是在颈线和最近低点之间的区间内运行，昨日的收盘增加了对区间顶部考验的可能性。

一旦年线在6月提供支撑，可以推论如果月线或季线没有起到阻力作用的话将可能进一步考验高点阻力。尽管昨日的上涨已经超过季线，但它依然是潜在阻力，而且直到这根均线开始上升前仍将保持阻力作用。看来8月10日前不太可能。

如果反向头肩形态被确认，可以推论：指数可能向前期高点回归，也可能会超越它。除ROC外，所有指标都是有利的，除非之前就确认头肩形态，ROC很可能在8月10日前后出现底部反转。

商情报告9

2006年8月5日

富时指数在5889.4点（上一次在5851.2点）。

受阻失败

上次的预测——考验区间的高点——突破成功。

指数区间反弹。突破的方向取决于标准普尔指数。

商情报告10

2006年5月13日

黄金下午议定价为725.75美元（4月20日为625.00美元）。

自1999年以来上涨已经有近7年的时间，这是布雷顿森林体系崩溃之后时间最长的涨势。在星期五的新高点盈利187%之后，它成为自那时起排位第三的大牛市。

打猎、射击或钓鱼：技术分析师不应该是要钓到市场的底部或要射中市场的顶，而是要猎取趋势。由于我还没有预测顶点出现，我的错误是没有像我分析股票指数那样来对待外汇市场，我去主动寻顶部而没有等待1个月平均线开始下滑。直到现在尚无法评判，原因是目前金价正在冲高，金价与均线拉开较大差距。均线目前位于650美元，比4月20日我上次写报告时价格更高。

周线图

图片来源：CQG公司版权所有©2006
www.cqg.com

日线图

图片来源：CQG公司版权所有©2006
www.cqg.com

此幅图与前一幅图都呈现了最后的冲高过程。X线与A线和B线相平行，它到A的距离与A到B的距离相等。上周X已被跃过。

ROC正值其最高峰。这种大牛市迄今为止相当罕见，但并不是前所未有的。ROC的高点一般会在牛市开始阶段达到，唯一的另一个例外是1980年。ROC值在1980年1月21日高于100。如果现在的也可以与那次记录相媲美，高点就会在现在与6月底之间出现，金价则会涨到1085美元或更高。

在我上次（4月20日）写报告时，金价是625美元。那当时ROC的情况怎么样呢？我的回答是：

很好。19日下午议定金价未呈现任何超买的情况。这个指标从2月中旬以来就达到其最高水平。此时，其均线（蓝线）开始上升。ROC在哪里出现高点，金价也随之变化：金价可能还会进一步上涨。

我关注的两个潜在的阻力位后来都被超过了。从1955年入行以来，我见识了许多似乎永远不会完结的大牛市：如加拿大天然气公司（1953—1956）、黄金（1970—1974）、黄金（1976—1980）、镍（两家公司，包括西部矿业公司和波塞冬镍矿公司）、网络股（dot.com）、石油（20世纪70年代）、商品（20世纪80年代）、东京（1982—1990）。

灰狗公司（“二战”后），树脂唱片（“二战”前）都是我从事这一行之前就有的，华尔街（1929）也是如此。还有郁金香泡沫（17世纪）也是。

以上列出的行情，大部分我都经历过，比我工作时间早的我在书中都读到过。

最终，价格涵盖一切信息。它也会将皇帝的新装剥走。很多事情都曾在资本市场出现过。另一个看似永不完结的大牛市出现在1976—1980年，那时占据今天中国位置的是科威特、沙特阿拉伯、日本和其他一些国家。这又是老生常谈了。

无论怎样，看到那些中央银行买进／卖出黄金真是令人吃惊。上一次熊市（黄色的）是在1999年。难道我们忘了英国并不是世界上唯一的其央行（具体来说是财政大臣布朗先生）在卖空的国家吗？

中央银行那时卖空并不能延续熊市。那为什么央行应该买入来延续现在的牛市呢？

我是在预言终点吗？不是。不过，这一次也不会永远这么下去。从来不会。消息利好，牛市就会终止，只有熊会在消息不利时终止。

商情报告11

2006年5月29日

黄金下午议定价为642.25美元。

与大家普遍的误解相反，我还没有预测黄金达到了顶点。但是人们相信他们想相信的，而那些从未加入过进军900—1000美元之旅的，我只在今年一种场合下预言了黄金看涨。显然，我预测2006年整个一年都下跌的神话已经树立起来了。

在1月16日到2月27日之间，黄金价格从来没有高于569.75美元或是比写报告时的539.70美元更低。每个报告都包括这样的内容：

黄金明日走势如何头绪全无（图表不会显示），尽管它可能在短期内进一步看涨，我也不会看多。不过，如果我对整体趋势预测正确，黄金的确会从目前水平上下甚或更高位大幅下滑。长期来看，它还很容易跌得更厉害。

即使我对长期走势估计错误——上两次它就像今天一样处于超买状

态，黄金分别下跌了13%和8%——我们难道不该预期3个月之后出现类似的下跌吗？

我还真是错估了这次下跌：最坏情况是，黄金仅仅从第一季度的高点下跌了5.44%。

3月7日报告（565.25美元）总结：

假如2月的下午议定金价572.15美元被超过至少3%的幅度，即在589.03美元位，我的想法就该变了。自从布雷顿森林体系失败以来，所有的熊市都是在12月和2月之间开始的，这是否意味着牛市也不得不再持续10–13个月？不一定。

4月5日的总结是“如果下午议定金价达到589.38美元，则牛市会继续下去”。第一个位于/高于589.30美元高位的下午议定金价是4月6日的592.50美元。12日的总结是“牛市持续”。20日（625美元）的总结是“黄金可能进一步上涨”，需要补充说明的是：那一天上下午议定金价之间的跌幅是3.06%，是1970年以来第四大价差。上下午议定金价之间出现较大价差总是与主要顶点相关联的，尽管曾出现过上下午出现较大价差39天后金价才见顶的情况。

图片来源：CQG公司版权所有©2006
www.cqg.com

5月12日黄金议定价格是在725.75美元。13日我的总结是：

我是否在预言终止？不。但这（牛市）不会永远这么下去。从来不会的。

备注：当消息出现利好[1]时，牛市将终止；只有熊市会在消息不好时终止。

这可能是我今年在黄金上犯的最大错误。所有黄金牛市的顶点都是下午议定金价的最高点。而且，那看起来越来越像是5月12日的725.75美元。

图片来源：CQG公司版权所有©2006
www.cqg.com

周线图是依照相同的半对数标度画出来的。在1975年8月（下图）到1980年1月（上图）之间金价涨幅达415%，而在2001年12月到2006年5月相同的4年半时间里金价涨幅达165%：前者比后者大1.515倍。

牛市于1980年1月达到顶点，而在头两个星期，金价下跌了20%。在5月12日的725.75美元和26日的642.25美元的两周时间内，黄金下跌了13%。不过，如果第二次下跌是为了调节之前4年半上涨规模的差距，那么这些起初的下跌是完全相同的。

但相似性并未到此为止：就在快到1980年和2006年顶点的几周前，两图都曾突破牛市上回调线。

当上涨趋势几乎呈直立形态时，一般是牛市就要终止的信号。1980年的确如此。

注释

① “好消息”是，据说中国人要买入黄金了。

图片来源：CQG公司版权所有©2006
www.cqg.com

1980年，月线直到1月顶点之后18个交易日后才开始下跌。

我不是在建议在均线开始下跌前18天就预测下跌。不过，这次我抵制住了诱惑，在其月线开始下滑前没有预测2006年全年富时100指数、富时250指数、标准普尔指数和泛欧股价指数都会下跌，这与接下

图片来源：CQG公司版权所有©2006
www.cqg.com

来的下跌相比不会错过太多。我并不准备用黄金来搞创新。

但如果下午议定金价在星期二位于661.00美元、星期三位于673.60美元、星期四位于673.50美元、星期五位于678.00美元之下，月线就会开始下跌。不过，看看3月的ROC吧。

4个交易日之前，趋势在5月22日形成顶部反转。1980年，ROC的顶部反转是在1月28日发生的，即月线开始下跌前13个交易日。当预测顶点来临时，我认为ROC是比月线重要得多的指标。

图片来源：CQG公司版权所有©2006
www.cqg.com

预测牛市终止我需要把以上两个图表结合起来，不只是出于这两个原因，还由于牛市的长度（差2个月7年，是史上最长的），它的形状是与1976／1980年的牛市相似的长钉状冲高回落的形态，最近的超买状况（比1980年之外的任意一次都强），都说明这一次它不寻常是实实在在的。从1月以来，我论述的预测迹象除一次外都显现在这里了。

图表中显示了7次上涨的趋势，这与1980年的相同。从未见过比这更多的。1、3和7都已标出。（灰线是第3条线的平行线，是牛市中有效的趋势通道。看看3月底以来的冲高回落形态即可知。）

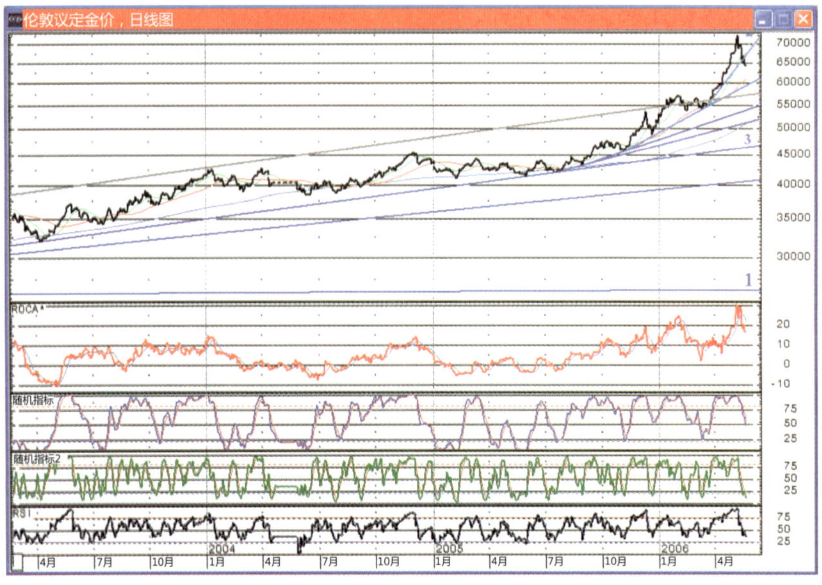

图片来源：CQG公司版权所有©2006
www.cqg.com

根据我给牛市下的定义（40多年都未变），黄金依然还在牛市中，因为其年线在上升。均线的问题是，直到市场已经进入熊市几个月之后才开始下跌。

例如，在1980年（见前一幅图），年线直到一年之后才开始下跌。那时金价是550美元，就在达到1980年1月的顶点后不到两个月，黄金价格经历了481.50美元的低点（跌幅达43.35%）。

还想在我预测前，等到它跌到518.11美元吗？（做跟我早前在此报告中做的同样的调整的话，518.11美元是可能的下跌位置。）

如果月线开始下滑，我就预测这是熊市了。

假设实际行情发生改变，正如J. M. 凯恩斯所说的：

如果实际行情改变，我的想法就会变。先生，你怎么做？

想知道“事实”就要观察图表，如果图表发生改变，我的想法也会变。我以前就是这样做的。

当6月1日下午议定金价低于661美元时，我预言熊市来了。

商情报告12

2006年5月1日

美元指数盘中点位在86.11（上一次在87.23）。

美元指数的大趋势是上升的，而且可能直到2007—2008年仍然保持升势。

主要的上升趋势。

两个主要下跌趋势之间的间歇，开始于前一次下跌的低点位，终止于下一次下跌前夕的高点位。

在大部分上升趋势阶段，年线上升，它只会在高点后发生反转。

主要下跌趋势从2001年7月以来的高点开始，在42个月之后终止于2004年12月。这是自1985—1987年那次34个月的下跌趋势（跌幅达48.15%）以来最长的。2001—2004年的下跌幅度达33.40%。

下跌走势时间越长，幅度越大。接着发生的上升趋势也趋向于时间越长，幅度越大。

经过1985—1987年的大下跌趋势之后，随后的大上升趋势持续了17个月，美元指数上升了23.40%。至此，这大上升趋势的最高点是在

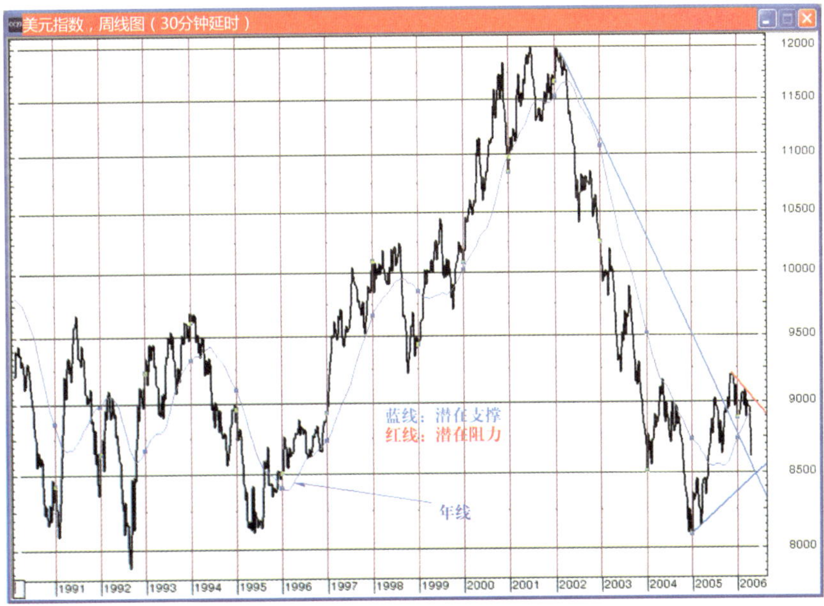

图片来源：CQG公司版权所有©2006
www.cqg.com

11个月后才发布的（低点之上13.84%）。

假如目前这种上涨趋势的确在去年11月终止，它将是有史以来第二短、幅度最小的上涨趋势。随之而来的是30多年来长度和幅度都居第二位的下跌。

有没有可能自1979年以来的第7次上升趋势在1975年以来涨幅最小的上涨后终止?

在1978年到1981年之间，美元指数是在底部区域。它进入目前的区域是在28个多月以前。美元指数在1978年的低点之后，消耗了27个月才从其33个月前进入的底部区域中浮出水面。之后的4年美元获益强劲，增幅达64%。

如果美元指数像它在直到1977年6月终止的底部区域表现的那样，那么，目前的美元牛市一定得维持住，才能在2004年的低点和去年11月的顶点间的什么位置耐心地再撑4—5个月。

与接下来的日线图不同，上面的周线图的主要上升趋势线目前是在84.90点的位置，还未被突破。的确，它也还未被考验。

下跌之势从红三角突破，预测会进一步下跌到从9月低点以来画的下跌趋势线，目前位于83.30点。

接下来的4周，美元指数面临的主要问题是：（1）ROC趋势是下跌的；（2）直到5月25日动量环境都不友好。因此，为使这个指数形成上升之势，并保持任何后续的上升趋势，美元指数应该于现在到25日之间迅速上升，比它在1月底到2月下旬之间的那次上升升得还快。有难度，但不是不可能。

考虑到有回升的可能性，重要的是要留意潜在支撑的接近情况（星期五呈现的蓝色横向线是最接近的。灰色线在85.62点，位居第二），以及ROC下的三个摆动指标的状况。所有这些都显示出一种极端超卖状态。但它们的趋势依然保持下行直到发生反转。从技术上讲，预测反弹是天真的：超卖状态在摆动指标中可以持续很长一段时间。

ROC（以及随机指标）是以63日或34日为时间周期参数的，RSI和随机指标2是以5日和9日为时间参数的。所以，这两个指标都极其敏感。即使一两天的上涨也会导致两者都发生底部反转。

与周线图的主要上升趋势线不同，2004年的低点以来的主要上升趋势线在星期五收盘时被跌破。一旦趋势线失败，一个主要上升趋势在此之后还能继续原来的走势吗？有很多例子证明它可以这样，特别是当一

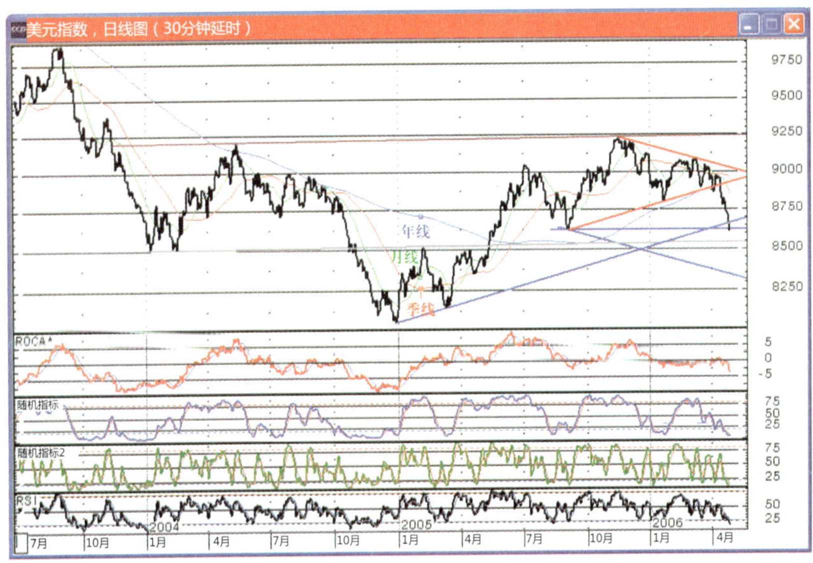

图片来源：CQG公司版权所有©2006
www.cqg.com

种比率在形成反向头肩形态的右肩时。头肩图形只有被确认才能被算是头肩形态（本例中，当指数跌破颈线0.5%时）。参见下图的灰色平行线。

位于92.35点上方的线是假设的颈线，位于85.62点下方的线是假设的右肩可能开始的水平位，而前提是市场能够形成这种形态。

如果上面的假设听起来太异想天开，那么除非我做了必要的实验观察，否则我会不予置评。而我常看到反向头肩形态（在主要上升趋势线被突破时）与这里的潜在的形态很相似。

鉴于目前回合的利率冉冉上升之势会更早而不是更迟终止的最新评论，美元的基本面观望怎么样？市场因素在所有新的发展中都非常有效而神速。因而，最近美元指数严重下跌：说明最近的新闻已经“出现在市场”了。这里面蕴涵着没有说出来的可能性——这一回合不会更早，而是会更迟结束。

不过我不是基本面分析师。无论如何，以我作为技术分析师多年的经验看，我知道，在目前主要上升的趋势阶段，貌似基本面分析师的人会对图表信息可能意味着什么胡说一气：那时我还很年轻，经验没那么多，有太多次我被捉弄说是牛市初期来了，恐怕那只是短暂的小牛市显露迹象，那时的情形就像今天一样，值得“怀疑”的是那图表。

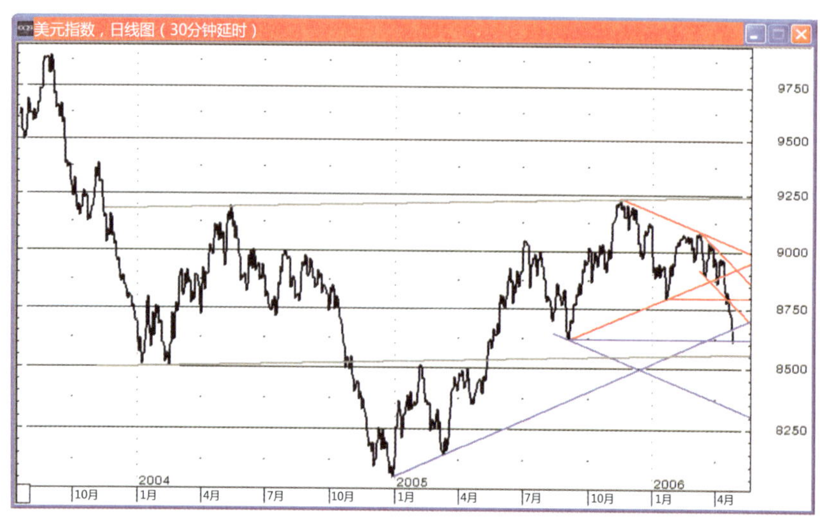

图片来源：CQG公司版权所有©2006
www.cqg.com

什么时候图表出错了，让我告诉你吧：实际上，它还真没错呢。

商情报告13

2006年5月10日

美元指数盘中点位在84.63（上一次在86.11）。

以前被突破的蓝色下跌趋势线还是潜在支撑，已被切断。而在这幅周线图中，若星期五收盘于84.98点则需要确认那支撑失败了。

星期五收盘于84.53点，主要上升趋势线会被突破。

接下来的两周，美元指数面临的主要问题是：（1）ROC的趋势是下跌的；（2）至少直到5月25日动量环境都不利好。为使这个指数形成上升之势，并保持任何后续的上升趋势，美元指数应该在现在与25日之间上涨，要比它在1月初和2月下旬之间的那次涨得更快。困难，但不是不可能。

正如我在1日的报告提到的，摆动指标显示了一种极端超卖状态，但是其趋势还保持下跌直到发生反转。从技术分析的角度出发，预测回升是天真的：超卖状态在摆动指标中可以持续很长一段时间。

ROC和随机指标计算的是63日或34日为时间参数的价格变动情况，

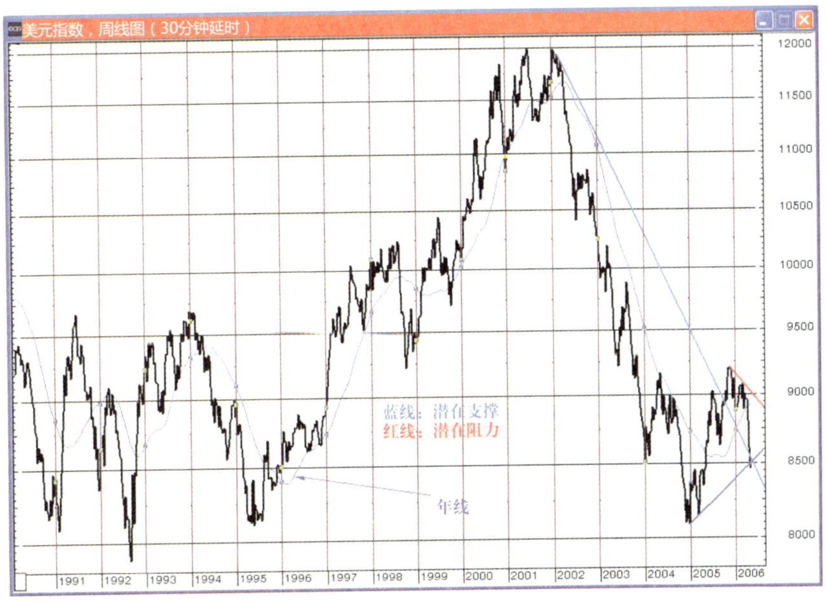

图片来源：CQG公司版权所有©2006
www.cqg.com

RSI和随机指标2计算的则以9日和5日为时间参数。因此，后两个指标极其敏感。即使是一两天的上涨也会导致其中之一或两者都发生底部反转。

下幅日线图中，从2004年低点以来的主要上升趋势线在4月26日被跌破。很多例子显示，主要上升趋势线会持续下去直到上升趋势线被突破之后，特别是在存在形成反向头肩形态的可能性时。本例中，如果有收盘低于84.59点的任何状况，在这里形成这种形态的可能性便会消失。

指数在昨天收盘时跌破了灰线（参看5月1日的报告了解它的意义），如果收盘价出现在84.59就会打破2004年2月的85.02点，如果这样，将无法合理预期在目前的位置出现反向头肩形态的右肩了。

根据下幅图表推断，红三角会保持下跌之势直到接近83.00点位。

所有形态中最可怕的是遇到可能于今天出现的死叉。日线图中的年线已被季线从上面穿越。如果其指数收于84.94点以下，年线则于今天开始下跌；如果收盘高于这个点，均线明天也会下滑，除非收于86.11点或更高的水平。

至于周线图，还要重点看星期五的收盘价。除非星期五收于86.64点或更高，年线将开始下跌之势。

三项确认主要趋势已经走跌的标准中有两项已经达到了，年线的下跌则是第三项。

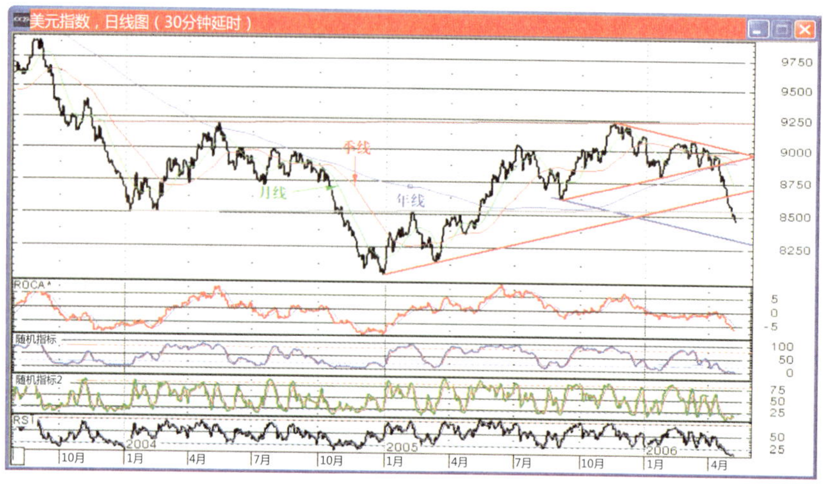

图片来源：CQG公司版权所有©2006
www.cqg.com

我不想和主要趋势方向开战，但就在死叉显现后几天之内就出现低点长衰不起的例子，除非美联储在今天稍后的新闻里能给出理由。假如年线的确下跌，那么看多美元的仓位应该予以平掉。

当然，如果美元指数真的继续下跌，它或许会在2004年的低点反转。但就在10月到12月两个月内的下跌幅度达8.48%。紧接着5天的反弹，美元指数上升了1.96%。这就是下跌之势中唯一的小幅回升。之后，在触底前美元进一步下跌了2.45%。

最近的回升开始于一个月之前，至今，美元已损失了5.86%。与2004年底的下跌相似，在4周后跌到82.11点，在8周后跌到81.65点。

商情报告14

2006年8月18日

美元指数：长期。

1976年6月到1978年10月，美元指数下跌近23%。在低点之后，美元在1981年从宽达33个月的底部区域（双底）做上升突破之前，又过了27个月。之后，美元指数的上升之势持续了4年，从突破点算，获利增幅69.64%，从1978年的低点算是100%。

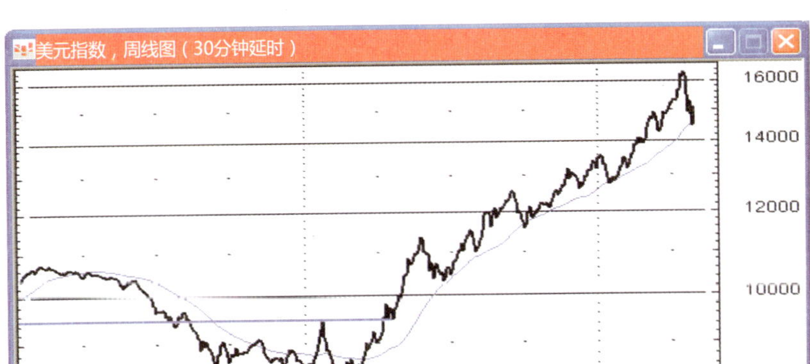

图片来源：CQG公司版权所有©2006
www.cqg.com

2002年到2004年间，美元指数下跌了33%。描绘出2004年低点以来的20个月期间的指数，假若低点没有突破，那里会成为底部区域。

图片来源：CQG公司版权所有©2006
www.cqg.com

2002—2004年的下跌比1976—1978年的幅度大了近50%，因而底部区域（反向头肩形态）用了33个月才完成。为什么目前的宽达33个月的底部区域不能更长久呢？根本没有缘由，考虑到1985—2002年之间的情况更是如此。

1985—1992年间美元的下跌幅度达50%以上。底部区域（反向头肩形态）用了90个月才形成。从1992年低点以来的上涨持续了56个月，美元盈利了51%。

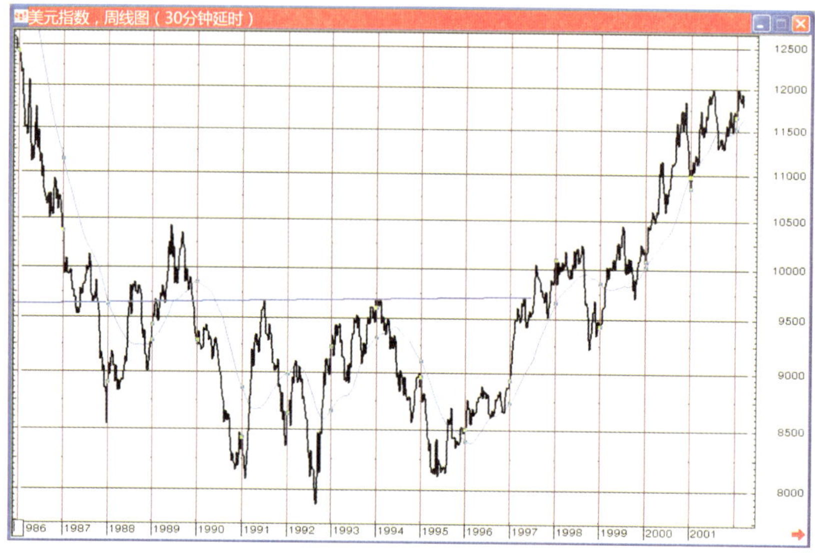

图片来源：CQG公司版权所有©2006
www.cqg.com

我要表达的是，自从1971年美元指数被推出以来，仅仅有两次完整的底部区域——1978—1981年的和1989—1997年的。从低点衡量随后的上涨，幅度分别是100%和51%。

假如美元指数能够完全形成目前的底部区域，我承认这个底也许会很大，如果能与1992—2002年的涨幅相当，就可能到达121.50点，比目前水平高出43%。

我的关于“指数或许已形成潜在反向头肩形态的右肩”的说法是有理有据的。不过，如果虚右肩——5月12日收于83.96点，被跌破0.50%，收于接近或低于83.54点——这形态就会停止形成。如果这样的点位出现，可以推断会有朝向/接近2004—2005年低点的进一步下跌。

假如没有出现83.54的收盘点位，无论如何，颈线（下图）都会最终被站上（收于93.50点是必要的）。无论这形态会被确认用了多久，都可以推断在不受限定的时间内指数将一直涨到至少102点的位置，而此类形态的上涨常常比最小的预期幅度更大。

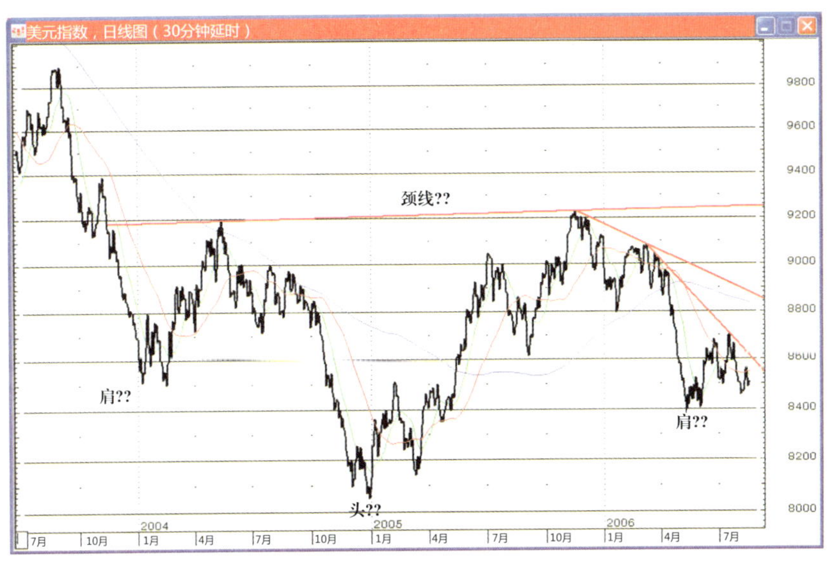

图片来源：CQG公司版权所有©2006
www.cqg.com

我意识到，上述没有什么是对一个短线交易者有用的。但是，生活显然比短线交易的内容多得多，市场也一样。

商情报告15

2006年9月10日

美元指数在85.95点（4日在84.75点）。

在86.04点的收盘会突破3月到7月的下跌趋势线，而86.07点的收盘能确认平行线之间就是双底的区间范围，进而可以推断86.72的目标点位。指数自己就能论证了，短线有利，长线（ROC）不利。

对美元指数不利的动量环境持续了两周多的时间。正如我在9月4日论述的："如果美元指数跌破84.57点，这更可能发生在现在和25日之间。由于那时美元指数已表现得很好，25日既没有来，也没有走。"

在任何一个交易日的收盘时，都不可能知晓下一个的价格方向。图表显示不了这些，这就是为什么每日分析最好留给愚人去看。无论如何，4个连续上升日之后，接一个强势的星期五，接下来的一周走势常会令短线看多的人大失所望。不过并不总是如此，出现8—10天的连续上涨的情况并非不正常，也不罕见。

图片来源：CQG公司版权所有©2006
www.cqg.com

图片来源：CQG公司版权所有©2006
www.cqg.com

商情报告16

2006年9月10日

石油

如果你感觉好像以前看到过这页，你是对的：这是8月29日的报告，8月31日又重印了。为预见未来，你需要了解过去：看得越远，历史就得了解得越久。任何情况下，如果接下来的情况不再重复发生，没办法，我就只能解述我自己的文章。

不要说你没有被警告过。

有人说巴别塔能通天。

但它从来没有通到天。任何牛市都也一样。

石油价格到100美元了又怎么样？

布伦特原油在2006年12月的盘中价格是71.58美元。

上次结论是布伦特原油在75.45美元。

7月的低点和季线分别在74.55美元和74.23美元，是潜在支撑。不过，如果它们失败了，出现72.31的收盘价，推论是70.38美元。如果达到这个水平，这目标价位将跌破从2004年底以来的上升趋势线。

留意这种情况很重要：8月高点出现时，ROC已经远远低于其7月高

图片来源：CQG公司版权所有©2006
www.cqg.com

点，这往往会形成双头形态。

双头今天确认。

现在看看图表上的RHS灰三角，它刚被确认为旗形。推论结果是进一步的跌势，不晚于9月8日进一步跌到68.00美元。如果3日连续上升或收盘高于最低点3%的情况出现，无论哪个在先都可确认下跌失败。

潜在支撑位于70.00美元和67.50美元。

9月8日收于67.64美元。

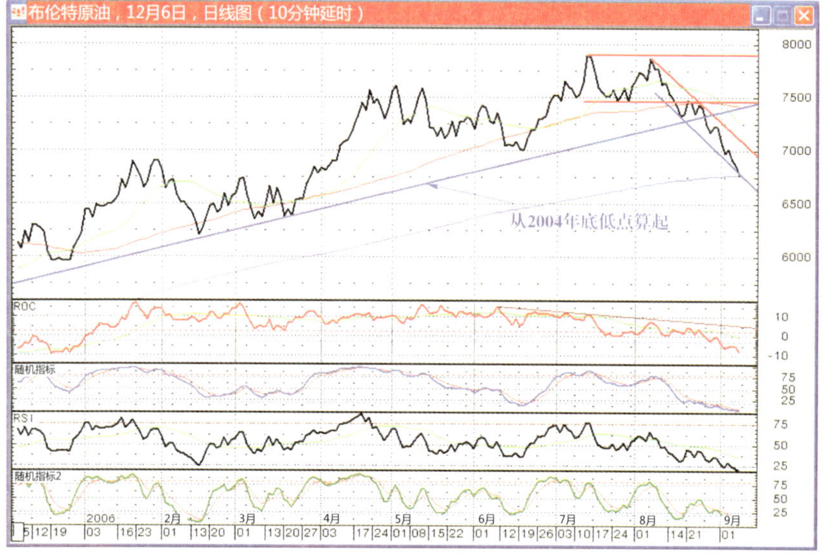

图片来源：CQG公司版权所有©2006
www.cqg.com

旗形的目标价位68.00美元当日已达到。在下跌过程中，自2004年低点画出的上升趋势线被跌破，而由双头形成的70.38美元目标价位也已达到或被超出。

从2004年以来的趋势线被跌破有多重要？所有的趋势线都重要，而下幅周线图显示，2004年的趋势线也是众多趋势线之一。既然根据标准定义，牛市会一直持续到它被突破，了解牛市趋势线现在位于39.00美元又有什么益处呢？

你想再损失29美元来找出答案吗？技术分析师的工作不是预测市场名字，而是它的方向。如果你一直遵循着我的讲解，你就还没遭受损失，因为在8月29日71.58美元位我告诉你双头和旗形已被确认，这意味

图片来源：CQG公司版权所有©2006
www.cqg.com

着石油价格下跌到70.38和67.50美元。在趋势已不容置疑地转为下跌时卖空，你的纸上收益就是5%。

逆势操作有时可以挣到钱，而且毫无疑问也能使你感到自己很聪明。但这有意义吗？对于一个技术分析师来说，没有意义。趋势是你的朋友，为什么要和朋友争吵呢？

那么这一波牛市目前怎么样呢？已经成熟了。在2001年的低点和2006年的高点之间已盈利450%。这的确不是一波小牛市行情。当双头坐在大老牛之上时，这可能不仅是压倒骆驼的最后一根稻草，它也能把牛背压倒。有什么感想吗，对技术推断什么都说不出吗？2001年有谁在谈论布伦特原油会上涨到100美元？没人。但有人最近在讨论这个问题了。现在除了图表分析师谁在看空市场呢？当然，人人认为他们是“疯子”。

技术条件很糟糕，虽然三个短期指标（34日随机指标、9日RSI和5日随机指标）都处于超卖状态，并可能引起一段回升之势，特别是两重支撑——趋势线下轨和年线（布伦特原油星期五的收盘低于年线）在星期五都被触到。

为确认回升已开始，布伦特原油的收盘价必须高于均线。如果它能做到的话，最近的潜在支撑就是红色趋势线，它目前位于71.50美元，但趋势是下跌的。

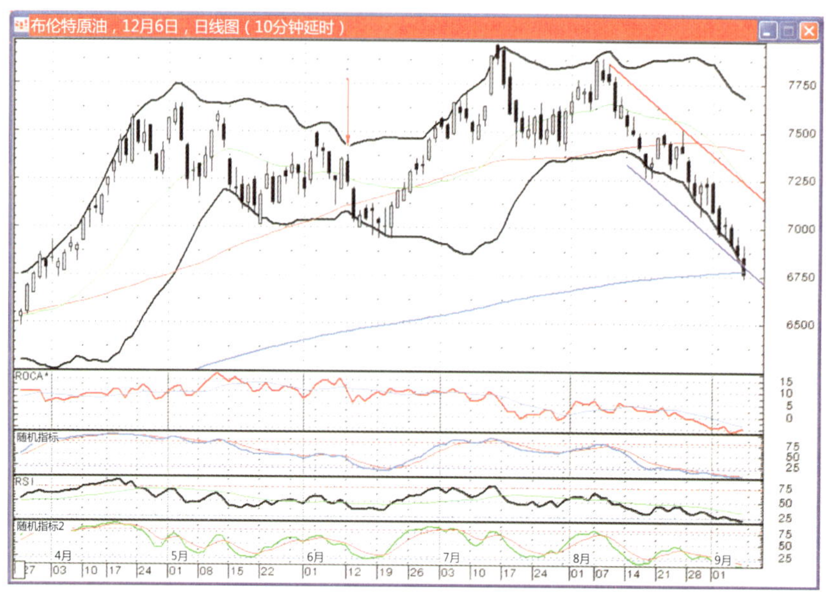

图片来源：CQG公司版权所有©2006
www.cqg.com

不过，红色箭头显示出布伦特原油3个月前做交易的位置。从现在算起一周后，6月的上涨将开始给ROC（3个月的变动速率指标，也是我认为最重要的指标）施加了下行压力。这个压力将持续4周时间。如果压力起了作用，ROC在决无超卖可能的情况下会继续下跌，除了下个星期之外，延展回升的可能性甚微。

在4周下跌后接着有1周的上升，我不认为这是做多的好时候，我更喜欢一直等到反弹发生，然后再卖空。但你如果听从我的建议，在71.58美元时卖空，现在正是时候。如果你是短线交易者，获利出局，保持观望吧。

商情报告17

2006年9月13日

商品指数

头肩形态确认

目标：364

假若目标达到，当指数下跌时，上升趋势线如下图所示已被切断，将被果断地跌破。那条线是有效的牛市上升趋势线，还有一条线在360

点的位置，不过，谁会等待这条线被跌破再采取行动呢？

如果目标是要做空指数的话，那么应定在6月的低点和年线上。当/如果前者被跌破，双头即被确认：可能在330点位。

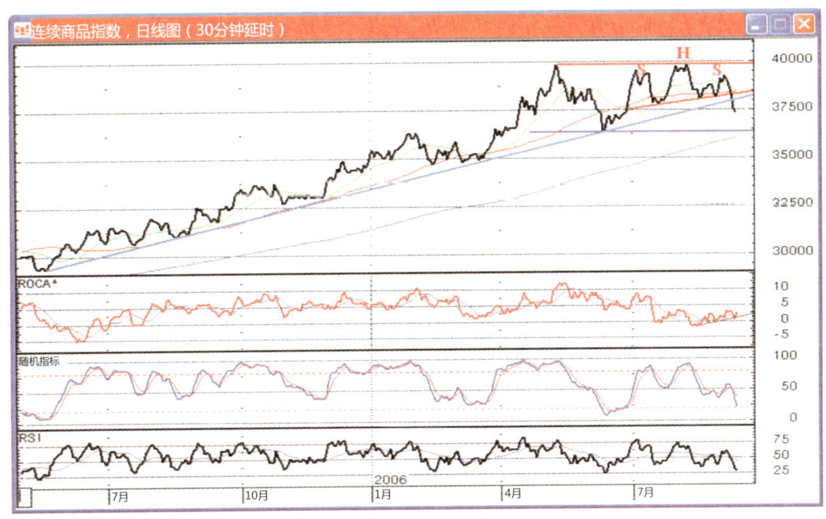

图片来源：CQG公司版权所有©2006
www.cqg.com

依照定义，指数还在牛市，但技术分析师的工作不是预测市场名字，而是它的方向。如果我们还没看到牛市的顶点，我会感到吃惊。

如果你想知道你要往哪里走，需要了解你去过哪里。因此，我要重复8月14日写的报告。

8月14日报告

这个牛市没什么不对头的，是不是？

8月9日，自从2001年10月22日的熊市低点过了4年零9个月之后，CRB指数形成牛市并创立新高398.87点。在这个阶段中获利117.34%。

与其他牛市相比，长度怎么样？它已经比之前的任何一个牛市都长了。在此之前最长的牛市在1977—1980年，仅仅持续了3年零4个月。1993—1996年的牛市保持了3年零2个月。1971—1974年的牛市更微不足道，仅保持2年零4个月。

最后提到的是个小牛市行情，那为什么要提它呢？因为它创造了134%的盈利，这是从我1971年记录以来最大的获益幅度。在上周的高点时，这个牛市盈利117.34%，成为迄今为止获益幅度居第二位的牛市。

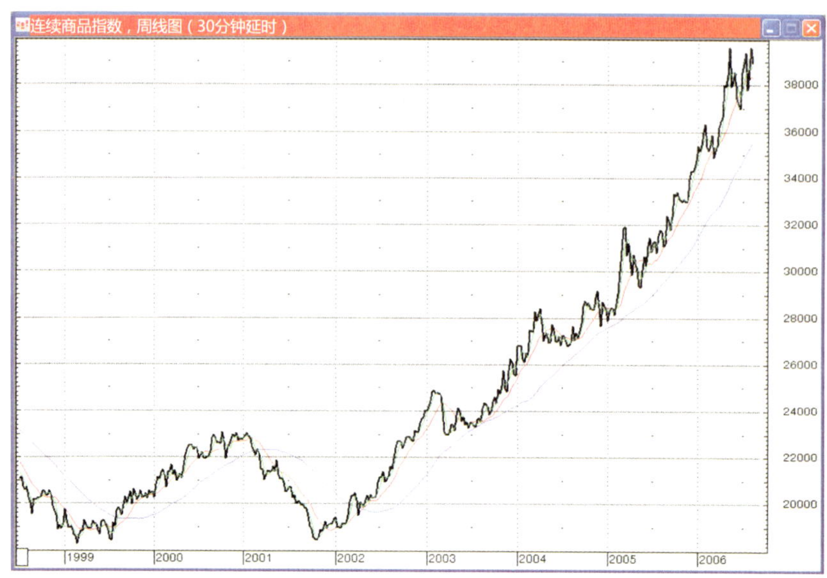

图片来源：CQG公司版权所有©2006
www.cqg.com

我说“迄今为止”是因为，除了它的时间跨度，几乎找不到技术原因可以判断牛市已达顶点。我们要抛开一个无可辩驳的事实——哪怕是高点之后的一点点的下跌，都可能意味着所有熊市之母的诞生。

不管怎么说，考虑到它可能已终止的可能性时，牛市持续的时间、规模，是主要决定因素。

虽然我说过几乎找不到技术原因可以判断牛市已经结束，但“几乎找不到”并不意味着“没有”。

如果在牛市花园的所有一切都那样美好，那么……

在下图中，灰色三角形在7月的高点被超过时，确认起看涨作用并暗示目标价位在435点，这个走势本不应失败，起码不会在5月高点价格反转时失败，这仍属正常。但在上周跌破三角形的顶点延伸的水平线时，下跌形成了。

价格应该不会站不上5月高点：失败来自考验高点后2%或更大幅度的下跌。

当考验高点时，ROC（价格图表下的红色指标）本不会在零位，也不应在零位。6月到8月价格上涨发生时伴随着指标的下滑。如此偏差预示着一个潜在的弱市场即将来临。

最近的下跌可能是短命的。它已经在月线（绿线）处获得潜在支

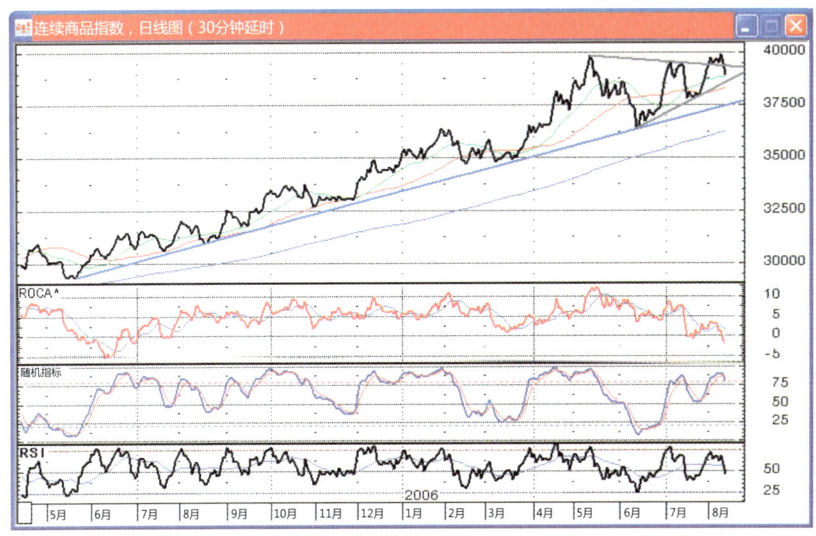

图片来源：CQG公司版权所有©2006
www.cqg.com

撑，而季线（红线）就在它下方不远处。也有可能那些支撑都会失败。如果失败，6月低点就会受到考验。如果被跌被2%，形成的双头形态足以令牛市终止了。

依我之见，什么会发生呢？我不思考，我解读图表。当前一个高点被考验，ROC显示负面效果时，双头常常会随之出现。鉴于这波牛市已经形成很久，形成双头的机会相应更大了。

11 I Remember

我曾记得

我记得就在加入洛希尔公司后不久，问一位金融记者："你知道雅各布和伊夫林吗？"他的回答是："喜欢那位男士，但厌恶那位女士。"

我还记得放弃经济学改学法律的时候，由于我并不想当初级律师，学出来后我该怎么办？有人介绍我认识了一位证券经纪人。当时我对做经纪人意味着什么毫无头绪，就问这位极其圆滑的年轻人他是做什么的。"买入和卖出公债和股票，给他人做代理，拿佣金。"这么生活多蠢啊，我想。之后，我成了个经纪人，但这想法从未改变。

我也记得读过被人称为"伟大的投机商"的杰西·利弗莫尔在财富上大起大落的故事。最后，在他的钱全部赔光之后，他在一所破旧不堪的酒店自杀了……又一个这样的故事！这叫什么伟大的投机商！"伟大的投机商"应该住高级的酒店，他们不会在市场不景气的时候死去。

自食其言的话，他们应该对自己的嘴开枪，而不是对准自己的脑袋。杰西·利弗莫尔只不过是一个糟糕的预言者，他把大量的钱财置于风险之中，时有小赚，之后又全部赔掉，经常这样，最终——走到了尽头。

我记得一位经理人告诉我，他的工作不是为客户赚钱，而是要让信托公司高兴。我在洛希尔公司时就和一位经常给客户做愚蠢推介的外面的主管使用了他的方法。在一次会上，他建议我们买一些不合适的小汽车修理公司的股票。“当然了，”我说，“那我们将5%的基金（这在那时是最高限额了）投进去怎么样？”他吓坏了，说1%就够了。

我买了这公司的股票（只有1%没什么关系），后来也这样。从此以后，如果股票表现出色，我就使劲儿夸他有洞察力；如果表现糟糕，我就什么都不说。有关那股票和其他的事，那位主管也是这么做的。

我曾去过一家经纪人事务所，一位高级合伙人给我看一间办公室：就像投资行业，没有什么人性色彩，全都是带金把手的绿色真皮面的桌子。“这是什么？”我问他。这问题真糟糕。“这是专员的席位。”我已经有了一个专员手提公文箱，是母亲为了鼓励我成为大律师而送给我的。天哪！看来做这种专业人士是我的命了。我就是被这些专员抓住的，还要服役终身（好像被判了27年还没有假释）。

做商务专员公司不付薪水。他就在那儿辛辛苦苦地找生意做，介绍成功就收取三分之一的佣金，公司把余下的大头收入囊中。

我还记得在阿布达比给投资局的年轻人讲授技术分析的基本要素。一个交易员告诉我，他的工作是要每周赚5000英镑，他感到很不好做，问我有什么简单的办法赚钱。我说，你不用试了，一个月赚2万英镑要容易达到得多。

我记得在一个股票交易所，有人给我看它的一扇门，白色珐琅质地的标志牌上印着几个蓝色的字：“只有在此开户者准入。”这到底是什么意思？一旦被允许进来了，他们就永远不走了吗？难道他们不是进来后，什么事也只能做一次吗？开户人是什么？

我还记得在洛希尔公司做经理人，不是洛希尔父子有限公司，只是洛希尔父子合伙人公司。我一被任命，我母亲就到处宣传说她儿子是个银行经理了。但在洛希尔公司，经理人级别更高，仅次于合伙人和副合伙人。

洛希尔公司的经理人具有代理签字的权限：两位签字代理人签了字就代表银行了，他们能以公司的名义从全世界任何一处分行提款并负有法律义务。这造成了一个问题：签字代理人对其要负的重大责任倍感恐惧。

我就是这么成为经理人的：我给位于根西岛的信托公司做顾问，从那里接受订单。我的建议是电传过去的，因为签字代理人的签字必须得到授权，他们最终要负全责，所以根本不可能找到任何持有人签字。

我和伊夫林·洛希尔交谈。“你最好也被发展成经理人。”他说。

“我不想给你找麻烦。”我说。他的回答是：“不会有什么麻烦的，这是我的银行。”

不过，我成为经理人的确给高级合伙人带来了麻烦。埃德蒙德·洛希尔说：我还在一年的实习期内。但正如埃德蒙德先生解释的：“我一般不和实习生握手。”但是他握了。

我记得上经济学课，学第一部分时，我得写一篇股票市场的小论文。那是在1952年，我18岁。那些日子里，那么大的孩子根本不知道股票交易是怎么回事。还好，不是关于这个的。

就这样，由于对股票市场毫无了解，我进了学校图书馆查资料。我所发现的供给和需求法则即便没有构成我的人生，至少也筑成了我的事业。它的确符合逻辑，特别是当买家比卖家多的时候。

我成了交易现场技术分析师，尽管那时我还不知道技术分析师是干什么的，这是当然的。但我直到1963年才开始做技术分析师的工作，之后我就一直做了下去，试图成为一个真正的技术分析师。

虽然埃德蒙德是一个高级合伙人，但他只是一个小老板。当时，“教父”是伊夫林·洛希尔。人们总叫他“伊夫林先生”，但他才是整个事情的主使、集团的灵魂人物。副合伙人是顾问，而经理人是疯子。

在我众多的其他客户中，我记得有一位朋友在另外一个家庭商业银行做事。他负责的是那家银行以及一位非家庭董事会成员的交易账户。他并不喜欢这位非家庭董事会成员，也不喜欢他的工作，他是被迫的。

一天早晨，这位非家庭董事会成员告诉我的朋友让他卖掉经理人为他买的一只股票。还说这事儿他决不可以告诉任何其他人。我的朋友做了承诺，答应不说出去。几分钟之内，他被召去见另两位主管。他们其中一位是家庭成员，他对持有这家公司股票是否明智表示怀疑。

由于他们的投资意见没有什么权威性，我的朋友决定不去理会。但整个事件令人困扰，他去见了也是家庭成员的总裁。

我的朋友对他做的卖出交易避口不谈，只是谈到开第一次会议时发生了什么。总裁站起来说“这会还没开呢”，随即把我的朋友请了出去。

哪个会还没有开？是与另两位主管的，还是和那位总裁开的？他根本不知道。第二天，公司被停业清算了。很明显，那位让他卖出股票的主管知道将要发生什么事，他背叛了别人对他的信任，欺骗了同事。

反思这件事情，如果不是被自己的承诺困住，我的朋友完全可能（或应该？）去告发那位主管，然后一切化险为夷。事已至此，他三缄其口。到今天，他觉得从那时起，对那些重要人物来说，他只不过被看做是个诚实的傻瓜。

我记得在澳大利亚黄金会议上做常规演讲人，我向代表团陈述我的职业资格：我首先是个专家。专家就是专家，因为我们专家的话总让人引述。

第二，我够格给精通黄金的观众做报告。这是因为：对于黄金我不比屋内的任何人了解得更多，甚至比任何新南威尔士人知道的都少，可能还不如威尔士王妃戴安娜知道的多。

我对黄金的一无所知使我身无负担，我没有计划。从那些靠不住的理智判断和带情感色彩的先入为主的偏见中，我将自己自由地释放出来，仅凭我对价格倾向于如何变化的经验，我就可以成为这屋里最合格的发言人，谈论当天的主题并分析黄金价格在未来会怎样表现。

我记得1979年那次在联合碳化物公司会议上，财务总监告诉我，他对我做长期预测的能力印象深刻。我问他是什么意思。他回答说，我预测的长达3月期的股市行情怎么那么准确，他和他的同事们都服了。

由于英国的财务总监常批评股市观望的时间太短，很自然我感兴趣的是他所说的“长期”是指多长。他的回答是：“在外汇市场，三个星期就是长期了。”

我记得那位女客户跟西格蒙德·沃伯格爵士说，买了in-house基金中的一种她是多么失望。“你持有它多久了？”沃伯格爵士问。“5年了。”她说。“但你可是为长期持有而买的。”他回答说。

我记得我兄弟给我打电话说：“我们幸亏没有每人继承400万英镑，真幸运！”“为什么？”“我们要是去了劳埃德银行就什么都没有了！”

我记得一个在洛希尔公司工作的朋友来找我，说他们在找基金经理。詹姆斯·乔尔和雅各布·洛希尔请我在萨瓦共进午餐。服务员建议我们吃甜瓜、查伦泰瓜或厄根瓜，他解释说厄根瓜是以色列的。这我知道。

这真是在进退两难的境地还得做出选择。我是看起来像反犹太复国主义者（我不是）呢，还是令人毛骨悚然？我选择了后者。“谢谢你。”雅各布说。突然，我幻想出一种景象：在以色列上千公顷的土地上厄根瓜从地里长出来，上面印着“洛希尔”几个字。

我记得在每个人都穿晚装时，戈登·布朗就是不穿——一位绅士贴上这种什么都不做的标签，难道不也是对同类的冒犯吗？

我还记得我在20世纪50年代工作过的一所公司的高级合伙人请我去吉尔德霍尔赴晚宴。请柬上印着：晚装礼服，带饰品。他穿了黑色礼服，别了勋章，可这在当时社会上算是一种失礼。从那时起直到他生命的终点，他都被称做“晚装先生”。

我清楚地记得20世纪70年代末，那就像是在昨天，问题是昨天的事我都记不清了。那时我是经纪人，虽然在那之前，我已在其他公司成功地做了两次经纪合伙人，也许是成功仅此而已，我再已不想再次入行做合伙人了：我不想以个人名义为26个合伙人的行为承担无限责任，我不认识他们中的任何一个人。你怎么能将自己这辈子托付给一堆陌生人呢？

无限责任给我带来的唯一的好处，是阻止我成为劳埃德银行旗下的一员。如果我这么做了，我可能早就完了。

我记得洛希尔公司在雇用我前考察我的诚信。我写信给伊夫林·洛希尔，告诉他我挣过多少钱。我就写了这些，我从没指望得到什么反馈。但我错了。他们后来开了个会。伊夫林敲着我的信说：“要想上棒球场，我觉得我们需要配得上这位。”我简直不敢相信。我回到家，口渴极了，大汗淋漓，都是太紧张所致。

伊夫林在他巨大的办公室倚靠着他那巨大的桌子问，是不是吓着我了。我的眼镜上蒙了层雾气，真是太紧张了。“当然有点，”我回答说，“看看我的眼镜。”“你在这里会干得很好。你有点可爱的犹太人的幽默感。人们会喜欢你的。”“那，等到他们知道是你付钱给我的，他们就不会喜欢我了。”“为什么呢？”“你是洛希尔人，你不会明白的。他们会恨我的。”他们的确是这样。他们把我赶走了。

我记得作为一家经纪人公司的顾问，我决定开展外汇市场理财服务。经纪人业务那时和现在都以能力不强、只有短线投资眼光闻名。而合伙人也不例外，他们在我交易的数额之上愿意返还10%的佣金。我建议他们把服务合约落实在纸上，他们不能这么做。因此，对他们极端有利的交易是撞上的，包括他们坚持从那位唯一的已签约客户身上收取100%的费用。

合伙人被吓坏了。无论如何，我原本不准备收取任何费用：经纪人提建议是免费的，就是指望得到成功交易的佣金（因而有“即使你什么建议也没学到，你仍得买单”这句话）。

一年之后，我提议重新修订我们的合同。开始，他们的回复是：“我太贵了。”第一位客户付的钱不够与我提供服务的支出相抵。那时，我可是有57个客户。

我记得格兰特·曼海姆，他父亲把他卖给洛希尔公司当苦力。更确切地说，他是给伊夫林·洛希尔和雅各布·洛希尔当学徒，在一家时尚的纽约餐厅做午晚餐服务生。

1981年，在各行业泡沫出现的高峰期。格兰特帮了我一个大忙。我问他，我应不应该和劳埃德公司银行签约。“别这么做，布莱恩。那儿不是犹太好孩子去的地方：他们是英国高级骗子！如果你要减少税收上的亏损，我可以给你找石油承租合同。”我问格兰特，如果他不能给我找到可以赚钱的投资项目怎么办。你还能有多不成熟啊？

我记得在洛希尔公司，你不需要是犹太人就能得到一只符合犹太教规的洁净可食的火鸡。但一旦你又接受了相对“不洁的火鸡”，除非你可以证明自己在犹太教临时过渡期已皈依了犹太教，你在接下来的任何圣诞节都不能再换过来了。

你为什么还想改换呢？这种符合犹太教规的火鸡的鸡爪、后腿和内脏都已被去掉，可以直接放进烤箱烹饪。自然，非犹太教同事看到了做犹太人的好处，至少在圣诞节期间的好处。但由于规矩苛刻矛盾，他们也做不来。

我记得在洛希尔公司时被叫去为一家他们运作新股上市的肉制品公司确定公开募股价格。这并不难：已经有三家类似的上市公司可参考。发行价在16/-时，我准备承销所有的股票；在16/3时，承销50%；在16/6时，只承销25%。任何高于这个价位的，就不做了。

最后的实际发行价定在20/-，结果以1.5倍超额认购，股票价格跌到开盘价以下4/-。几个月后，股价回升到发行价时，我准备买下在银行的最后50万股。但是他们想卖时，我又改了主意。还是谨慎为妙。

不过，这并没有给我带来什么好处。新股发行乱定价的高管换了工作，成了我的老板。他在适当的时候，解雇了我。

我还记得1997年《金融时报》在伊斯坦布尔举行的世界黄金会议，每个业内人士都乐观而自信：我觉得，他们必须这样。他们是做这行的。会议达成的共识是：黄金价格（那时350美元），将在千禧年

（2000）时涨到850美元。还有比这更像牛市的吗？

我给这聚会泼了冷水——预测会有大跌之势。黄金刚从时间跨度长达12年的三角形态中突破下行，看来它会更进一步下跌到150美元。

图片来源：CQG公司版权所有©2006
www.cqg.com

黄金价格从来没有跌破250美元，但我必须及时改变看法。不过此后，我再也没有获得在《金融时报》的世界黄金会议上发言的邀请。美德不仅本身就是奖赏，而且是它唯一的奖赏。人们不要求你是对的，那就告诉他们他们想听的吧。

黄金涨到850美元？它在上一个千禧年都没有到过这个价位。在1999—2006年的大牛市也没有，那时，大多数人明显地觉得它还会继续走高。这很好地解释了为什么它在去年5月终止上升了。也许他们指的是下一个千禧年。

我记得一位身为我的雇主的高级合伙人。他是一位先锋式人物。

我还记得我的另一个公司的高级合伙人。他做生意时跑不起来是因为总是在早餐时喝一瓶白兰地。有一次，他对他的合伙人比尔·西特龙非常恼火。比尔这个人做短期交易挣的钱比他多得多。因此他指示交易员在那时的股票交易所跟着比尔，他怎么买入卖出交易员就跟着怎样操作。

这个计划失败了。当核对这大的交易时，高级合伙人发现，他是在做多ICI（英国帝国化学工业集团），而比尔没有。比尔本来是做多

ICI的，但当那交易员还在忙着模仿比尔做的交易时，在这几秒的时间里比尔改主意了，平了仓。“你得灵活一点，老头儿。”这是比尔常说的话。后来，我和他成了合伙人，他的性格对我来说过于灵活。无论如何，他是个勇敢的投机者。

我还记得自己是如何成为一个顾问的。人们向顾问征询专业意见，但当他给出意见时，特别是如果他的特长是技术分析时，人们也许会听。不过，除非他的意见恰好与提问者想的一致，否则人们不会马上照他的意见办。那为什么还要当顾问呢？因为是在室内的工作，不用做苦力扛大包，而且你可以和朋友一起吃午餐。

我还记得我刚做顾问的那家经纪人公司。那个金股分析师自己选择成分股并设立了自己的黄金股指数。但没人看到过，甚至他的设计者也没有看到过它。这个指数只存在大电脑中。

仅仅是出于练习的目的，我把那黄金指数的走势图画了出来。电脑那些日子还不会画图，因而一个图表分析师要做的事并不是快乐的，而是非常忙碌的。交易黄金的人根本从未见过这样的图表，图表展示了技术分析师想看的所有的一切：形态、支撑和阻力位等等。如果手里有支铅笔，你可以随心所欲地画趋势线画通道，直到心满意足。

那这说明了什么？虽然他们也许不知道，人们的思考是平行的。为什么？谁又在乎呢？直到我把它画出之前，没有人看到过以前就未被画出来的图表，不过，图形在画出前与画出后的表现是一样的。

我记得做顾问的那家股票交易所为我去美国出差要报销“在飞机上读报纸”的5英镑费用问题迟疑不决。我是去那里推销外汇市场理财服务的，为了少算出差时间，我星期天就出发了。在美国工作的一周时间里，我看到27位潜在客户：有几个后来成了实际客户。我从那家交易所辞了职，创立了布莱恩·马伯公司。

我记得在另外一家经纪人公司做合伙人，发现我们拿订单的一家商业银行有一位狡诈的交易经理。我告诉合伙人我们必须报告主管。他们不愿意。于是，我终止了合作。

我还记得我的出版商，哈里曼出版公司和我联系写这本书的事。他们不想要另一本关于技术分析规则的书，这是好消息：我不想写这么本书。他们也不想让我因技术分析比对基本面分析的“领土”老问题开打阿让库尔战役。很早以前英国就在这场英法战役中赢了，否则，我也不会做一个技术分析师。

哈里曼出版公司想要我给普通人写一本指南，介绍我发现的对读者有用的知识，介绍缘由，以及如何运用它们。这要求我倾泻出自己对市场的看法，包括对那令人震惊的糟糕透顶但永远不停地吸引人的市场怪兽的感觉。这是我近51年来对这个行业往事的回顾，职场起伏跌宕，无暇如常人般偷得浮生半日闲。

我还记得我所给出的最好的建议。一个年轻的同事和部门主管不合，他对主管来说不够成熟。我告诫这位特别聪明的年轻人，来这糟糕的金融城要干这行挣很多钱可是糟糕的选择。他应该放弃，干点别的聪明事，比如，做个出庭律师。

他成了一位大律师，一个御用大律师，高级法院的法官，现在是在上诉法院。他跟所有的人说多亏我给了他忠告。这事儿真不错，我很得意。

我记得曾梦想做个舞台表演艺术家。我喜欢让人发笑甚于让人赚钱。有人曾不怎么友好地说："没有什么比布莱恩·马伯试图让人赚钱更可笑的事了。"不过，我一定还不错——时不时地交点好运，在这行生存了下来。

我不介意只做了个聪明的选股专家。但是，要做你就必须竭尽所能发挥最佳才智。

我记得曾很想知道，自己能不能写好这本书。现在，书已经写完了，但我还想知道。

“引领时代”金融投资系列书目				
序号	书名	作者	译者	定价
世界交易经典译丛				
1	《我如何以交易为生》	（美）加里·史密斯	张　铁	42.00元
2	《华尔街40年投机和冒险》	（美）理查德·D.威科夫	蒋少华、代玉簪	39.00元
3	《非赌博式交易》	（美）马塞尔·林克	沈阳格微翻译服务中心	45.00元
4	《一个交易者的资金管理系统》	（美）班尼特·A.麦克道尔	张　铁	36.00元
5	《菲波纳奇交易》	（美）卡罗琳·伯罗登	沈阳格微翻译服务中心	42.00元
6	《顶级交易的三大技巧》	（美）汉克·普鲁登	张　铁	42.00元
7	《以趋势交易为生》	（美）托马斯·K.卡尔	张　铁	38.00元
8	《超越技术分析》	（美）图莎尔·钱德	罗光海	55.00元
9	《商品期货市场的交易时机》	（美）科林·亚历山大	郭洪钧、关慧——海通期货研究所	42.00元
10	《技术分析解密》	（美）康斯坦丝·布朗	沈阳格微翻译服务中心	38.00元
11	《日内交易策略》	（英、新、澳）戴维·班尼特	张意忠	33.00元
12	《马伯金融市场操作艺术》	（英）布莱恩·马伯	吴　楠	52.00元
13	《交易风险管理》	（美）肯尼思· L.格兰特	蒋少华、代玉簪	45.00元
14	《非同寻常的大众幻想与全民疯狂》	（英）查尔斯·麦基	黄惠兰、邹林华	58.00元
15	《高胜算交易策略》	（美）罗伯特·C.迈纳	张意忠	48.00元
16	《每日交易心理训练》	（美）布里特·N.斯蒂恩博格	沈阳格微翻译服务中心	48.00元（估）
实用技术分析				
17	《如何选择超级黑马》	冷风树	———	48.00元
18	《散户法宝》	陈立辉	———	38.00元

19	《庄家克星》（修订第2版）	童牧野	———	48.00元
20	《老鼠戏猫》	姚茂敦	———	35.00元
21	《一阳锁套利及投机技巧》	一阳	———	32.00元
22	《短线看量技巧》	一阳	———	35.00元
23	《对称理论的实战法则》	冷风树	———	42.00元
24	《金牌交易员操盘教程》	冷风树	———	48.00元
25	《黑马股走势规律与操盘技巧》	韩永生	———	38.00元
26	《万法归宗》	陈立辉	———	40.00元

丛书工作委员会

本书工作委员会